Rainer Horbelt / Sonja Spindler

Tante Linas Kriegs=Kochbuch

Erlebnisse Kochrezepte Dokumente

Rezepte einer ungewöhnlichen Frau,
in schlechten Zeiten zu überleben

Eichborn Verlag

Wir danken dem Archiv
der Stadt Gelsenkirchen
und dem Kultusministerium
von Nordrhein-Westfalen
für ihre Unterstützung

CIP-Kurztitelaufnahme der Deutschen Bibliothek

Tante Linas Kriegskochbuch: Rezepte e. ungewöhnl. Frau, in schlechten Zeiten zu überleben; Erlebnisse, Kochrezepte, Dokumente/ Rainer Horbelt; Sonja Spindler. — Frankfurt am Main: Eichborn, 1982.
ISBN 3-8218-1015-7
NE: Horbelt, Rainer

Eichborn Verlag
1. Auflage Februar 1982
2. Auflage Mai 1982
3. Auflage August 1982
4. Auflage Januar 1983
Umschlaggestaltung: Wolfgang Pfankuch

Reproduktionen: Ruhrklischee, Gelsenkirchen
Gesamtherstellung: Fuldaer Verlagsanstalt GmbH
ISBN 3-8218-1015-7

Inhaltsverzeichnis

Es hat Tante Lina wirklich gegeben. Sie ist keine Erfindung, keine Romanfigur eines mehr oder weniger einfallsreichen Schriftstellers. Allerdings –hätte es sie nicht gegeben, man hätte sie... hätte man sie erfinden müssen?
Nein!

Frauen wie Tante Lina hat es immer gegeben, und es wird sie immer geben. Sie sind notwendig: Frauen, die auch in gewalttätigen Zeiten voller Zerstörung, Angst, Ausbeutung, Brutalität, in menschenverachtenden Zeiten ihren Weg gehen. Widerstand leistend, dem, was sie zu unterdrücken sucht, selbstbewußt und gerissen, klug, aber auch voller Schläue, wenn das notwendig wird, und stark. Eine Kraft, die aus der Trauer kommt. Trauer darüber, was Menschen von Menschen angetan wird.

Aber genug der Spekulationen, der weisen Sprüche und unvollendeten Gedanken.

Tante Lina hat gelebt. Hat – muß ich schreiben, denn Tante Lina ist tot. Sie starb an einem nebligen Novembermorgen im vorigen Jahr. Kein schöner Tod. Kein Tod, der ihrer würdig gewesen wäre. Drei schreckliche Tage in einem Krankenhausbett, nach einem Schlaganfall künstlich am Leben gehalten, ein Körper, der sich bis zuletzt gegen den nahenden Tod wehrte.

Ich weiß noch, wie sie in ihrem Ohrensessel neben einer Jugendstilstanduhr mit Westminster-Sound saß, eine kleine robuste Frau in diesem viel zu großen Sessel, voller Würde lächelnd eine Zigarette nahm, eine selbstgedrehte natürlich, aus einem verbeulten Silberetui.

Ich weiß noch, wie ich sagte:

»Du sollst doch nicht soviel rauchen!«
und den Zeigefinger hob: ein Spiel zwischen uns. Und sie lachte, lachte laut wie immer mit einer kräftigen Stimme, die man dieser zierlichen Person gar nicht zugetraut hätte. Und ihre Antwort war zum soundsovielten Mal:

»Ich bin jetzt zweiundneunzig Jahre alt, und seit siebzig Jahren rauche ich, und vielleicht ist diese Zigarette meine letzte Zigarette, wer weiß das schon.«

Immer noch lächelnd nahm sie ein Streichholz, zündete ihre Zigarette an, machte einen tiefen Zug, und dann verlor sie das Bewußtsein.

Tante Lina ist tot.

Auf ihrem Grab wächst Rosmarin und Thymian, wird Basilikum und Borretsch blühen. Keine Totenblumen stehen da, keine gestutzten Buchsbaumhecken, keine artigen Blautannen.

Das würde zu Tante Lina nicht passen.

Tante Lina war ein lebenslustiger – nein, das ist nicht der richtige Ausdruck, sie war einfach ein lebendiger Mensch. Sie hat geraucht, getrunken (oder besser: gesoffen) und gut gegessen – Zeit ihres Lebens.

Und daß sie tot, so richtig tot ist, kann man eigentlich auch nicht sagen. Dazu ist sie zu gegenwärtig, immer noch. Dazu kursieren über sie in der Familie, der sie nie angehören mochte, in der Stadt, aus der sie nie hatte fortziehen wollen, zu viele Gerüchte, Vermutungen, sogenannte verbürgte Geschichten.

Und man spricht über sie, als lebe sie noch.

Als besuche sie noch wie an jedem Tag das Café auf der Hauptgeschäftsstraße, in dem sie die Rechnungen nur unvollständig zu begleichen pflegte, wenn ihr etwa der Kuchen nicht geschmeckt hatte. Als streite sie sich noch lauthals mit den Marktfrauen herum, wenn die ihre Preisschilder nicht richtig ausgezeichnet hatten. Als stolziere sie noch mit azurblau gefärbtem Haar dem Stadtpark zu, wo sie auf einer Bank mit einigen zweifelhaften Existenzen Skat oder Doppelkopf spielte.

Ja, Tante Lina!

Sie war mehr als nur ein Original. Sie gehörte zum Leben dieser Stadt, und sie ist auch jetzt einfach nicht daraus wegzudenken: ein unbequemer Mensch freilich bei aller Originalität. Voll bösartiger Renitenz, wenn es um Gerechtigkeit zu gehen schien. Eher gehaßt als geliebt, aber eben geachtet.

Eine Frau, die, mit blecherner Stimme die »Internationale« singend, ein Wahllokal betritt, kann in unserer Zeit nicht unbedingt mit der Zustimmung ihrer Mitbürger rechnen.

Eine Frau, die – so wurde zumindest kolportiert – mit Geld aus ihrer Rentennachzahlung es einem jungen Mädchen ermöglichte, nach England zu fahren, um dort eine Abtreibung vornehmen zu lassen, kommt leicht in Verruf. Zumal das zu einer Zeit geschah, als der betreffende Paragraph im Strafgesetzbuch noch nicht liberalisiert war.

Es gibt da viele Geschichten, wahre und unwahre, Bilder, Episoden.

Tante Lina im hochmodernen Knautschlackledermantel, bei zwei Stahlkochern untergehakt in den Reihen der Arbeiter auf einer Demonstration zum 1. Mai.

Tante Lina, die, bei einem Warenhausdiebstahl erwischt, vor Gericht einen einstündigen Vortrag über den Eigentumsbegriff hält und freigesprochen wird.

Tante Lina, die im stolzen Alter von 85 Jahren von einem Kuraufenthalt in Begleitung eines gewissen Herrn Edding wiederkommt, mit dem sie fortan zusammenlebt. Zwei Jahre lang. Dann stirbt Herr Edding, allerdings auch schon 73 Jahre alt. Ein Ereignis, das die Gerüchteküche der Stadt natürlich mächtig in Gang bringt. Da gab es Fragen über Fragen. Wo war der Herr Edding denn gestorben? Etwa gar im Bett? Hatte Tante Lina ihn...? In dem Alter? Und so weiter und so weiter.

Es geht auch das Gerücht um, Tante Lina sei gar nicht gestorben, man habe sie als »Scheintote« begraben.

Einer der Stadtoberen, ein eigentlich honoriger Mann, behauptet bis heute, die tote Tante Lina habe ihm zugezwinkert. Er hatte Tante Lina, bevor sie zu Grabe getragen wurde, noch einmal sehen wollen. Wohl, um sich zu überzeugen, letzte Gewissheit zu erlangen, daß es wirklich Tante Lina war, die dort... Nun ja, in der Aufbahrungshalle will er dieses für ihn schreckliche Erlebnis gehabt haben.

Und die Beerdigung erst.

Man stelle sich einen schönen, sonnigen Novembertag vor – so etwas gibt es im Ruhrgebiet äußerst selten –, mit blauem Himmel und angenehmen Temperaturen. An einem solchen Tag wurde Tante Lina beerdigt. Mehrere hundert Menschen folgten ihrem Sarg. Siebenundsiebzig Kränze wie Wagenräder. Selbst der Oberbürgermeister der Stadt hatte es sich nicht nehmen lassen. Und als der nun mit seiner Rede begann und in höchsten Tönen unsere Tante Lina lobte, da erschien über dem Friedhof eine einzelne dunkle Wolke, recht klein eigentlich, und es begann zu regnen. Plötzlich und unerwartet. Kein gewöhnlicher Regen, es schüttete wie aus Kübeln.

Die Trauergesellschaft, spätsommerlich gekleidet und selbstverständlich unbeschirmt, wurde in Sekunden naß bis auf die Haut, flüchtete fluchend über Gräber und Grabsteine.

Tante Lina hatte ihre Trauergäste »besprenzt« (das war ihr Ausdruck für ein weniger heiliges Geschäft).

Ja, Tante Lina!

Wirklich und wahrhaftig geliebt, aus dem heraus, was man ein »reines Herz« nennen mag, haben nur wir Kinder die Tante Lina.

Sie hatte immer Zeit für uns. Für uns, aber nur für uns, war ihre Haustür immer offen. Sie konnte zuhören, trösten, uns mit Rat und vor allen Dingen mit Tat beistehen, unsere Sorgen verstehen, wunderbar kochen, mit uns Feste feiern, tolle Geschichten erzählen. Und sie hatte eine Gabe, über die nur wenige Erwachsene verfügen: Sie behandelte uns wie ihresgleichen, wie gleichwertige Partner, nicht wie Kinder.

So schrullig sie auch manchmal den Erwachsenen erscheinen mochte, uns gegenüber war sie herrlich normal.

Sie wußte viel von dem weiterzugeben, was sie in ihrem Leben an Erfahrungen gesammelt hatte, ohne uns »erziehen« zu wollen.

»Aus der Vergangenheit kann man lernen, aber seine Erfahrungen muß jeder selbst machen.«

So pflegte sie zu sagen.

Sie versorgte uns mit Selbstgebackenem, mit Büchern und später, als wir älter, »erwachsener« wurden, auch mal mit Geld, denn:

»... das ist ja schließlich zum Ausgeben da. Wer spart, hilft den Kapitalisten oder ist selbst einer.«

Ja, Tante Lina!

Als wir nach ihrem Tode begannen, ihren Nachlaß zu sichten, fiel mir aus einer alten Holzschatulle ein dickes sauber gebundenes Rechenheft entgegen: ein eigentümliches Sammelsurium von ausgeschnittenen und eingeklebten Zeitungsartikeln und Kochrezepten, handschriftlichen Notizen, von Tagebucheintragungen, alten Fotos, Lebensmittelmarken und vielem mehr – alles Dokumente aus dem Zweiten Weltkrieg. Auf den Umschlag hatte Tante Lina in ihrer steilen Sütterlinschrift meinen Namen geschrieben und:

»Mach' ein Buch daraus!«

Ja, das war Tante Linas Vermächtnis.

Ein eigentümliches Ansinnen. Was sollte das für ein Buch geben? Ein Kriegskochbuch? In unserer Zeit ein solches Buch schreiben, da unverhohlen Krieg wieder als politische Möglichkeit offeriert wird, auch in Europa, da allerorten aufgerüstet wird, nicht nur mit neuen Waffensystemen, da Kriege stattfinden in unserer allernächsten Nähe. Hysterische Frauen sangen »We are sailing«, als die britische Flotte in den Südatlantik auslief, wo wahnsinnige Politiker »Schiffe versenken« spielten, und die Heimkehr der »siegreichen« Mariner geriet gar zum Volksfest.

Im Libanon begeht ein Volk Völkermord, dessen Menschen in der Zeit, über die wir hier berichten wollen, in den Gaskammern von Auschwitz und Treblinka ermordet wurden.

Und bei uns: Kriegsheldenschnulzen im Kino, die Regale der Bahnhofsbuchhandlungen voll von Kriegsbüchern, eigentümliche Kommentare in Zeitungen, in Rundfunk und Fernsehen zur Kriegsberichterstattung. Worauf wird hier vorbereitet?

In den USA sagen Leute, die sich gern »Experten« nennen lassen, innerhalb der nächsten fünf Jahre einen Krieg auch bei uns in Europa voraus. Und dann ein solches Buch. Wird nicht auch da ein »Was wäre, wenn« diskutiert, Anweisungen für die schrecklichste aller Lebenslagen: Was kochen wir, wenn...

Ich habe lange gezögert und überlegt, bevor ich die Arbeit an diesem Buch begann. Und ich weiß heute noch nicht, ob es richtig war, es zu schreiben.

Mut gemacht hat mir ein Zitat, das Tante Lina wohl aus einer Zeitung des Jahres 1933 ausgeschnitten und in ihr Rechenheft geklebt hat. Da schrieb Sigmund Freud an Albert Einstein in einem Brief: »Alles, was die Kulturentwicklung fördert, arbeitet auch gegen den Krieg!« Und Kultur – das war für Tante Lina immer, vielleicht vor allen Dingen, auch Küchenkultur.

Und was Krieg mit Essen zu tun hat? Heute? Bei uns? Wer heute rüstet, muß wissen, daß deswegen anderswo Menschen verhungern.

Und noch etwas:

Ich weiß jetzt, da wir bei Familienmitgliedern und Bekannten mühselig Tante Linas Kriegserlebnisse erforscht haben, da wir aus Archiven ihre Dokumente, ihre Rezeptsammlung ergänzt haben, da wir die ungewohnten Kochrezepte ausprobiert haben – zumindest alle, die in diesem Buch gesammelt sind –, warum Tante Lina quasi als Motto auf die erste Seite ihres unscheinbaren Rechenheftes schrieb:

WIR DÜRFEN DAS NIEMALS VERGESSEN

1939

„Polen hat nun heute Nacht zum ersten Mal auf unserem eigenen Territorium auch durch reguläre Soldaten geschossen.
Seit 5.45 Uhr wird jetzt zurückgeschossen, und von jetzt ab wird Bombe mit Bombe vergolten!"

(aus der Reichstagsrede des »Führers« vom 1. September 1939)

In den Morgenstunden des 1. September 1939 überfielen deutsche Soldaten Polen. Der Zweite Weltkrieg hatte begonnen, an dessen Ende fast ganz Europa und halb Asien in Trümmern lag. Nahezu 60 Millionen Tote waren zu beklagen und über 30 Millionen Verwundete.

Dieses Buch soll nicht Ursachen und Folgen dieses Krieges untersuchen, soll nicht über die Kriegsereignisse berichten. Dafür gibt es Geschichtsbücher, Dokumentationen, wenn auch nur wenige, in denen geschildert wird, was wirklich geschah.

Und doch wird es notwendig sein, bisweilen an Daten zu erinnern, geschichtliche Fakten ins Gedächtnis zurückzurufen, die die Umstände verdeutlichen, unter denen Menschen wie Tante Lina in dieser Zeit leben mußten: grausamste Menschenvernichtungen unvorstellbaren Ausmaßes, Haß, Hetze, Unterdrückung, Propagandalügen, die Versklavung ganzer Völker...

Hitler hatte diesen Krieg immer gewollt. Krieg gehörte notwendig zu seinem imperialistischen Programm. Und auch die Zielrichtung war klar. In dem Protokoll einer Besprechung, in der Hitler am 23.5.1939 führende Generale und Offiziere der Wehrmacht über »die Lage und Ziele« seiner Politik unterrichtete, heißt es:

»Der Lebensraum, der staatl.(ichen) Größe angemessen, ist die Grundlage für jede Macht. Eine Zeit lang kann man Verzicht leisten, dann aber kommt die Lösung der Probleme so oder so. Es bleibt die Wahl zwischen Aufstieg oder Abstieg...

Es handelt sich für uns um Arrondierung des Lebensraumes im Osten und Sicherstellung der Ernährung... Lebensmittelversorgung (ist) nur von dort möglich, wo geringe Besiedlung (ist). Neben der Fruchtbarkeit wird die deutsche, gründliche Bewirtschaftung die Überschüsse um ein Mehrfaches steigern. In Europa ist keine andere Möglichkeit zu sehen.«

1939 sah sich Hitler einer geschlossenen Front außenpolitischer Gegner gegenüber. Es mußte ihm gelingen, seine eigene machtpolitische Position zu stärken und die seiner Gegner zu schwächen.

Am 22.5.1939 wurde der sogenannte »Stahlpakt« mit Italien geschlossen, am 23.8.1939 ein Nichtangriffs- und Freundschaftspakt mit der Sowjetunion.

Wenn auch Hitler den Hauptzweck dieses Vertrages, »eine Einschüchterung der Westmächte«, nicht erreichen konnte, die »Front der Gegner« war »aufgebrochen«.

Der Propaganda-Krieg, den die nationalsozialistischen Zeitungen und Zeitschriften schon Monate vor dem Überfall gegen Polen begonnen hatten, wurde noch verstärkt: Berichte und Fotos über angebliche Deutschen-Verfolgungen und Progrome in Polen, über Ermordungen sogenannter Volksdeutscher in diesem Lande erschienen immer häufiger. Vermeintliche polnische Eroberungspläne des Deutschen Reiches wurden veröffentlicht, Übergriffe polnischer Soldaten auf das Reichsgebiet wurden gemeldet.

Dem Einmarsch deutscher Soldaten in Polen folgte am 3. September 1939 die Kriegserklärung der Westmächte an Deutschland.

Am 1. Oktober 1939 brach der letzte polnische Widerstand zusammen. Drei Tage vorher war zwischen Deutschland und der Sowjetunion ein sogenannter »Grenz- und Freundschaftsvertrag« geschlossen worden.

Am 6. Oktober 1939 machte Hitler den Westmächten zum Schein ein Friedensangebot, wobei er gleichzeitig den Angriff auf Holland, Belgien und Frankreich vorbereiten ließ.

Daß dieser Krieg nicht nur ein begrenzter Krieg gegen Polen sein würde, daß er sich zum Weltkrieg ausweiten sollte, daß er nicht Monate, sondern Jahre dauern sollte, ließ sich einer Verordnung entnehmen, die Ende August 1939 veröffentlicht wurde. Aber es waren wohl nur wenige, die dies verstanden.

Denen es gegeben war zu lesen, auch zwischen den Zeilen der nationalsozialistischen Gazetten – und Tante Lina gehörte zweifellos zu ihnen –, die wußten ohnedies längst, was die Stunde geschlagen hatte. Die »Zeichen der Zeit«, von den Faschisten immer wieder beschworen, sprachen eine eindeutige Sprache.

Der Krieg, der angeblich geführt werden mußte, um Deutschlands Lebensmittelversorgung zu sichern, begann am 28. August 1939 mit Lebensmittelrationierungen und der Ausgabe von Lebensmittelmarken, eine Maßnahme, die »wirklich einzig und allein dem Schutz der Interessen aller deutscher Menschen dienen« sollte.

An

<u>die Obersten Reichsbehörden</u>

zur Weitergabe an alle Beamten.

<u>Nicht zur Veröffentlichung bestimmt.</u>

Auf Befehl des Führers habe ich folgendes bekannt zu geben: Heute am 28. August tritt die Bezugsscheinpflicht für eine Reihe von lebenswichtigen Verbrauchsgütern in Kraft. Ihr Zweck ist die gerechte Verteilung dieser Verbrauchsgüter auf die Gesamtheit des Deutschen Volkes.

Es ist eine Selbstverständlichkeit, daß jeder Angehörige der NSDAP., ihrer Gliederungen und angeschlossenen Verbände und jeder deutsche Beamte dem ganzen deutschen Volke in der striktesten Durchführung und Innehaltung der Verordnung der Bezugsscheinpflicht ein vorbildliches Beispiel gibt. Die Durchführung der Bezugsscheinpflicht entspricht einem Gebot nationalsozialistischer Disziplin und Gerechtigkeit.

Wenn alle, die in Partei oder Staat an sichtbarer Stelle Verantwortung für das Volk tragen, für ihre Person und mit ihren Familien ein solches Beispiel geben, dann wird das Deutsche Volk umso freudiger und williger die Pflichten erfüllen, die ihm die Regelung des Verbrauchs in Tagen ernster politischer Entscheidung auferlegt.

Heil Hitler! gez. Dr.Goebbels.

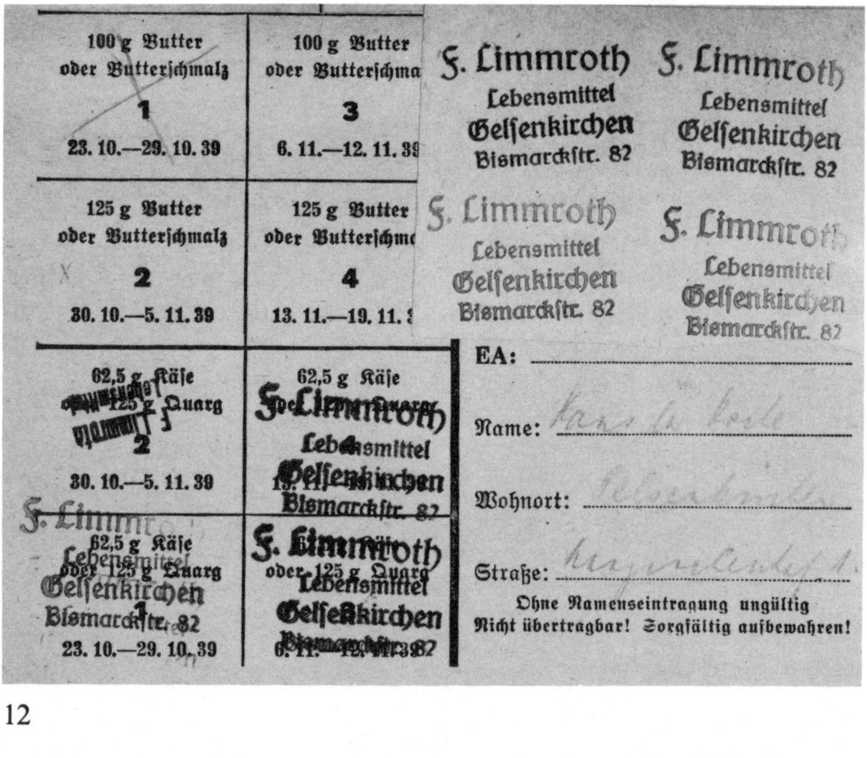

Von Tante Linas sogenannter Mischpoke und wie Tante Lina sich für den Krieg rüstete als alle noch an den Frieden glaubten

Es muß an dieser Stelle nun wohl ein Blick auf die Leute geworfen werden, die Tante Lina auch zu Zeiten des sogenannten »Dritten Reiches« mit dem hebräischen Wort »Mischpoke« zu bezeichnen pflegte, auf Tante Linas hochwohllöbliche Verwandtschaft. Und es sei angemerkt, daß dieser Exkurs wenig leicht fällt, da Tante Linas Verwandtschaft unumgänglich auch die meine ist.

Tante Lina entstammte einer durch und durch arischen Familie, was in jenen Tagen – wenn auch nicht für Tante Lina – von einiger Wichtigkeit war. Tante Linas Bruder Bruno hatte beträchtliche Zeit darauf verwendet, eine Ahnentafel der Familie zu erstellen, die bis in das Jahr 1624 zurückging.

Damals war im schönen Franken-Lande ein Vorfahr namens Michael geboren worden, der im Mannesalter dem Beruf des Bauern nachging – ein nahezu idealer Vorfahr: fränkisch und Bauer.

Es erübrigt sich zu erwähnen, daß Bruder Bruno, der Ahnenforscher, Mitglied der NSDAP und zudem strammer SA-Mann war. In seiner braunen Uniform brachte Bruno es immerhin zum Untergruppenführer. Und die Parteimitgliedschaft war für ihn auch schon von Nutzen gewesen: Sie hatte ihm geholfen, seine Stellung als Oberbaurat bei der Stadtverwaltung zu bewahren, als er sich allzu laut in der Öffentlichkeit über die Liebesbeziehungen eines Vorgesetzten ausließ, die er durch das Schlüsselloch von dessen Bürotür zu beobachten Gelegenheit genommen hatte. Was allerdings unserer Stadt einige weitere bauliche Häßlichkeiten und eine Unmenge von Bunkerbauten bescherte, denn Bruno war nicht nur Untergruppenführer, sondern auch Luftschutzberater. In dieser Eigenschaft und wohl auch, weil er eine dichterische Ader in sich verspürte (»nicht Architekt allein, auch Dichter«), ließ er in der örtlichen Presse ein Gedicht erscheinen, von ihm selbst verfaßt, unter dem Titel »Der Luftschutzraum«, von dem ich Ihnen einige Zeilen nicht vorenthalten will:

»Wenn auch die Feindesbomben knallen,
Brandsätze auf die Dächer fallen,
Wenn Gelbkampfstoff und gift'ge Gase
Vorüberziehn an Deiner Nase,
Dann sitzt Du still und wohlgeborgen
In Deinem Schutzraum ohne Sorgen
Und hörst dabei in aller Ruh'
Dem tollen Krach und Zauber zu.
Denkst Dir dabei vor allen Dingen
Wie weiland Götz von Berlichingen.«

Wer mochte sich wohl solcher Logik entziehen?! Es wurden also Bunker gebaut in der Stadt und Schutzräume. Betonklötze, die sich zum Teil nach dem Krieg nicht sprengen ließen und bis zum heutigen Tag von der Bauwut meines Großvaters künden.

Es soll Pläne geben, streng geheime natürlich, diese Bauten in einem sogenannten »K-Fall« wieder ihrer ursprünglichen Bestimmung zuzuführen. Es soll auch Listen geben mit Namen von Bürgern dieser Stadt, die dann dort..., aber lassen wir das. Großvater jedenfalls hätte sich gefreut, wenn er das noch hätte erleben dürfen.

Meine Großmutter, Tante Linas Schwägerin, war eine dicke, stille und sehr katholisch-fromme Frau. So still, daß es weiter nichts über sie zu berichten gibt.

Großvater Bruno hatte bereits vor dem ersten Weltkrieg zwei blonde, blauäugige deutsche Kinder gezeugt.

Ottomar, mein Vater, war zu jener Zeit, nach einem abgebrochenen Studium der Ingenieurswissenschaften und da von der Vorsehung mit Gardemaß ausgestattet, Mitglied bei der Elite der Elitetruppen, der »SS-Leibstandarte Adolf Hitler«. Und das war damals schon etwas Besonderes.

Nach dem Krieg verstand er die Welt nicht mehr, wurde Alkoholiker, ließ das »gottgläubig« in seinem Ausweis tilgen und »konvertierte« zum evangelischen Glauben. Beruflich strebte er seinem Vater nach und hat diese Stadt mit einigen eigentümlichen Kirchen und Krankenhäusern verschandelt.

Brunhilde, seine Schwester, pflegte sich nach dem Krieg – sie lebte damals in der sowjetisch besetzten Zone – aus begreiflichen Gründen Katja zu nennen. Sie versuchte nicht nur freundschaftlich zu nennende Bande zu Offizieren der Roten Armee zu knüpfen. Allerdings vergeblich: Ihr Russisch war wohl nicht gut genug.

Zeitlebens stand ihr der Sinn nach Höherem. In jener glorreichen Zeit, über die wir hier berichten, war sie mit einem gewissen Gauleiter Reichsstatthalter Dr. Meyer eng befreundet, einem – durfte man Tante Lina glauben – ständig nach Schweiß duftenden Herrn mit Nickelbrille. Später heiratete Brunhilde den Bruder meiner Mutter, von dem sie sich just in dem Moment wieder scheiden ließ, als dieser zu einer dreijährigen Zuchthausstrafe verurteilt wurde. Eine feine Sippschaft!

Kein Wunder also, daß Tante Lina mit diesen ihren Verwandten nichts zu tun haben wollte und es nachdrücklich vermied, ihnen auch nur zu begegnen bis auf die paar Male, da es sich wirklich nicht vermeiden ließ.

Tante Lina selbst war nie verheiratet, was freilich nicht heißen soll, daß sie allein lebte – sehr zum Schrecken ihrer feinen Verwandtschaft.

1939 ging ein langjähriges Verhältnis mit ihrem Freund Walter Kaminski vorübergehend zuende. Man sagt, auf Grund von Meinungsverschiedenheiten zwischen den beiden, als das Bündnis zwischen Nazi-Deutschland und der Sowjetunion geschlossen und bekannt wurde.

Walter Kaminski war Kokereimaschinist und, so wurde vermutet, KPD-Genosse, einer der Organisatoren der konspirativen Parteiarbeit im Untergrund.

Diese Beziehung zwischen Walter Kaminski und Tante Lina wurde nach einigen Wochen störrischen Schweigens (auf seiten von Tante Lina) wieder aufgenommen, aus verschiedenen, auch praktischen Gründen.

Zu erwähnen sind noch einige Randfiguren, die in Tante Linas Leben eine bisweilen nicht unbedeutende Rolle spielen sollten.

Es gab da noch einen zweiten Bruder von Tante Lina namens Otto, der war Abteilungspräsident bei der Reichsbahn. Dann der berühmt-berüchtigte Nazi-Journalist Hanfstengl, ein Freund der Familie und besonders Bruder Bruno zugetan. Und schließlich sei noch

Saatmann erwähnt, ein Freund meines Vaters, der zu Besuch kam, so oft sich nur die Gelegenheit dazu ergab, wohl geblendet von Tante Brunhildens Schönheit.

Saatmann war in den letzten Kriegstagen stellvertretender SS-Kommandeur von Prag gewesen, der – leider, muß man wohl sagen? – einem tschechischen Erschießungskommando entkommen konnte. Nach dem Kriege wurde er Mitbegründer einer rechtsradikalen Partei und war einer der führenden Männer in der OdeSSA.

Im Frühjahr 1939 – dieser Zeitpunkt kann als sicher angenommen werden – begann Tante Lina mit einem Mal wieder die Bande zu ihrer Verwandtschaft und deren Bekannten zu pflegen: Ihre Besuche bei Bruder Bruno häuften sich, ihr Interesse an politischen Gesprächen wuchs, ja, man berichtet, daß sie eine sehr aufmerksame Zuhörerin gewesen sei. Ein Umstand, der allgemein Verwunderung auslöste, der Bruder Bruno gar zu der Ansicht gelangen ließ, seine Schwester sei (nun endlich!) von den »politischen Tatsachen« und der Größe Deutschlands und der Überlegenheit des deutschen Menschen zu überzeugen. Und so machte er selbst sich in jenen Tagen auf den Weg zum örtlichen NSDAP-Büro, um einen Aufnahmeantrag für die Partei zu besorgen, den er seiner Schwester in günstiger Stunde zu überreichen gedachte mit einer bereits vorbereiteten kleinen feierlichen Ansprache. Aber dazu kam es nicht.

Genau so plötzlich, wie die vermehrte Besuchstätigkeit begonnen hatte, hörte sie auch wieder auf. Tante Lina machte sich rar, schob tausenderlei Gründe vor und ließ eine ratlose Verwandtschaft sich in Vermutungen ergehen.

Dafür begann sie mit einer regen handwerklichen Tätigkeit in Haus und Garten, was wiederum von ihrer Nachbarschaft mit einigem Mißtrauen beäugt und zur Kenntnis genommen wurde.

Tante Lina hatte von ihrer Großmutter ein Zweifamilienhaus geerbt, von dessen Mieteinnahmen sie einen Teil ihres Lebensunterhaltes bestreiten mußte. In der Parterre-Wohnung lebte sie selbst, die Mansarde bewohnte Walter Kaminski, und der erste Stock war an eine Familie Varenholt vermietet.

Vor dem Haus war ein schmaler Vorgarten, der auf beiden Seiten um das Haus herum hinten in einen großen Garten überging. Dort standen ein paar Obstbäume auf gepflegtem Rasen, Ziersträucher und herrliche Blumenrabatten waren angelegt: Tante Lina vollbrachte wahre Wunder in der Gestaltung ihres Gartens, und man merkte an jeder Ecke, wieviel Freude ihr das auch machte. Im Sommer gab sie Feste dort für ihre Freunde oder auch für die Nachbarskinder. Und eine Einladung bei Tante Lina, das wußte jeder, war immer ein besonderes Vergnügen.

Als sie nun anfing, diesen Garten, den sie so sehr liebte, von vorne bis hinten umzugraben, konnte das niemand verstehen. Die Blumenbeete verschwanden, der Rasen wurde abgetragen. Statt dessen wurden Möhren angepflanzt, Salat, Kartoffeln, Kohl, Zuckerrüben und einige den Nachbarn unbekannte Gemüsesorten. Die Ziersträucher ersetzte Tante Lina durch Stachelbeer-, Johannisbeer- und Himbeersträucher. Mit Hilfe von Walter Kaminski wurde ein Hühnerstall gebaut, sehr zum Ärger der Nachbarschaft, die nun jeden Morgen vom Krähen des Hahnes geweckt wurde, den Tante Lina natürlich nicht zu kaufen vergessen hatte.

Auf der Rückseite des Hauses, wo eine überdeckte Veranda war, entstanden unter Kaminskis Anleitung einige Kaninchenställe.

Tante Linas Kräutergarten wurde um das dreifache vergrößert und mit einigen »Sträuchern« komplettiert, von denen Tante Lina behauptete, es seien Tabakpflanzen.

Jeder, der Gelegenheit hatte, Tante Linas Tun zu beobachten, tippte sich bedeutungsvoll an die Stirn, und es hieß in der Stadt, Tante Lina sei nun endgültig verrückt geworden. Und jeder lachte, als bekannt wurde, Tante Lina hätte gesagt, in Kürze wäre mit einem Krieg zu rechnen.

Bruder Bruno, von »höchster Stelle« auf die Äußerungen seiner Schwester hingewiesen, leugnete auf einer örtlichen Parteiversammlung sogar »jede verwandtschaftliche Beziehung mit dieser Person, eine zufällige Namensgleichheit, nichts anderes...«, obwohl es jeder der Anwesenden besser wußte. Aber wer hätte einem Untergruppenführer wohl in jenen Tagen widersprochen?

Nachdenklich wurde man erst, als Varenholt, Tante Linas Mieter, und mit ihm viele andere zu einer, wie es hieß, »Reserveübung« eingezogen wurden, als die Artikel in den Zeitungen immer hitziger, die Kommentare im Rundfunk immer unverblümter wurden.

Aber selbst nach Kriegsbeginn – Tante Lina hatte ihre erste Ernte eingebracht und war mit Vorbereitungen für das folgende Jahr beschäftigt –wollte niemand auf sie hören. Alle sagten: »Der Krieg ist doch bald zuende...« oder »Das dauert höchstens ein paar Wochen« und »Auch wenn es Nazis sind, einen Weltkrieg kann doch niemand ernsthaft wollen...«

**Es mag
kommen
was will,
wir werden
die Kiefer
zusammenbeißen,
die Köpfe klar
behalten und
vorwärts
marschieren**

ADOLF HITLER

Lebensmittel in Hülle und Fülle

Besuch in einer Gelsenkirchener Lebensmittelgroßhandlung: Mangel herrscht an keiner Ware, jede Lagermöglichkeit wird ausgenutzt!

ek Ein glücklicher Zufall führte uns gestern in die Läger einer Gelsenkirchener Lebensmittelgroßhandlung, und die Einblicke, die wir hier in die Versorgung unserer Stadt tun konnten, erhärteten die Ueberzeugung, die wir alle in uns tragen: Nie wird es den Engländern gelingen, uns durch eine Blockade in die Knie zu zwingen; um so fester sind wir auch davon überzeugt, daß Hermann Göring recht hatte, als er das Wort prägte: „Wenn schon gehungert werden soll, dann wird England vorangehen!"

Eine moderne Lebensmittelgroßhandlung hat nichts mit der Behäbigkeit zu tun, wie sie Gustav Freytag in seinem „Soll und Haben" so treffend darzustellen weiß, — aber die Fülle dessen, was uns dort vor Augen geführt wird, findet ihre Steigerung in den hellen und luftigen Räumen, die wir durchwanderten. Unbestimmbare Düfte schlugen uns entgegen, wechselten einander ab,

vom Keller bis zum Boden ist alles mit Lebensmitteln vollgestapelt und gepackt,

und da die eigentlichen Lagerräume zur Unterbringung der Bestände bei weitem nicht ausreichten, hat man alle nur verfügbaren Nebenräume in Anspruch nehmen müssen. Durch die schmalen Gänge schlendert man, zwischen Kisten, Verschlägen, Säcken und Fässern zwängt man sich hindurch. Vor der Rampe wird gerade ein Lastkraftwagen entladen, eine neue Sendung Sauerkraut ist von Neuß eingetroffen. Die Fässer rollen, werden auf Karren geladen, registriert und finden ihren vorbereiteten Platz.

„Was Sie hier sehen, ist nicht etwa als Vorrat aufgestapelt, der einer Reserve dienen soll. Selbstverständlich müssen wir auch darauf vorbereitet sein, einmal Ansprüchen genügen zu können, die über das normale Maß hinaus gehen. Wir haben einen Warenumschlag von täglich 700 Zentner, und das will heißen, daß wir täglich 700 Zentner Ware an die Lebensmittelgeschäfte liefern, daß wir aber gleichzeitig täglich auch rund 700 Zentner Waren von den Fabriken und Herstellerfirmen hereinbekommen."

Von der Expedition aus kommen Anordnungen herein, um Lieferungen zusammenzustellen, die Bestellscheine durchwandern die einzelnen Abteilungen, und schließlich ist eine Lastkraftwagenladung, säuberlich nach der Reihe der Abnehmer geordnet, zusammengestellt und kann verladen werden. Indez Fahrer und Begleiter die entsprechenden Papiere überprüfen, erzählt uns unser Führer weiter: „Sie sehen schon an den gedrängten Verhältnissen, daß

unser Lagerbestand heute weit größer als zu normalen Zeiten

ist. Wir haben uns nicht etwa „eingedeckt", wie man annehmen könnte, — nein, es handelt sich ganz einfach um den rechnerisch festgestellten Bedarf unserer Kundschaft . . ."

Man wundert sich ein wenig über die Vielfaltigkeit dessen, was einen umgibt. — „Wir vertreiben über 2000 Artikel", meint unser Betreuer lächelnd, „und daraus ergibt sich, daß der Lebensmittelgroßhandel nur bestens geschultes, auf einigen Gebieten spezialisiertes Personal benötigt. Was Sie hier sehen, ist auch nur ein Teil dessen, was unsere Bestände ausmacht. Wegen Transportschwierigkeiten sind wir nicht in der Lage, alle unsere bei den Lieferfirmen bereitstehenden Waren hereinzuholen, — und im Augenblick ist uns diese Stockung im Hinblick auf die herrschenden Unterbringungsmöglichkeiten sogar recht willkommen."

Durch das Fenster des Gefolgschaftsraumes überblickt man den Hof und die Laderampe. Es wird dort fleißig geschafft, und kaum ist einer der Kraftwagen abgefertigt, setzt schon der nächste gegen die Rampe zurück.

Wie sich die Lebensmittelbewirtschaftung beim Großhandel bemerkbar gemacht habe, will man erfahren? — „In den ersten Tagen gab's natürlich eine Fülle übereilter Anfragen, aber in dieser Zeit sicherten wir uns das Vertrauen unserer Abnehmer durch eine gerechte Verteilung des zunächst Vorhandenen. Heute hat sich bereits alles gut eingespielt, und wenn es noch Zweifel gibt, so werden sie doch Zug um Zug aus der Welt geschafft.

Wir können ruhigen Gewissens sagen, daß in keiner Ware ein Mangel herrscht,

und wenn wirklich einmal in einem Lebensmittelgeschäft ein Artikel nicht zu haben ist, so liegt das nicht am Mangel, sondern an der Minderung der Beförderungsmöglichkeiten, die im Kriege nun einmal geringer sind als in normalen Zeiten. Aber auch hier versuchen wir allen billigen Ansprüchen gerecht zu werden, es wird alles getan, um jeden zufrieden zu stellen.

Unsere Hausfrauen können also in jeder Beziehung unbesorgt sein, unser Personal nimmt willig und gern die Mehrarbeit hin, die sich einmal dadurch ergibt, daß zahlreiche Gefolgschaftsmitglieder unter den Fahnen stehen, zum anderen durch die Organisation, die die Lebensmittelbewirtschaftung mit sich bringen mußte."

Natürlich ist man auch neugierig, wie sich die Warenabgabe an die Lebensmittelgeschäfte nach Einführung des Kartenwesens abspielt? — „Die Grundlage bilden hier die Lebensmittelscheine Unsere Reisenden erhalten sie bei der Bestellung von den Lebensmittelhändlern ausgehändigt, wenn diese nicht bereits im Besitze einer Sammelbescheinigung sind, die auf Grund der von ihnen abgegebenen Lebensmittel von der Behörde ausgestellt wird. Diese Lebensmittelscheine und die Sammelbescheinigungen sind der Ausweis der Großhandlung zur Erlangung eines Großbezugsscheines des Ernährungsamtes, und dieser Bezugsschein geht wieder an die Lieferfirmen der Großhandlung. Ein Teil des Großbezugsscheins geht auch an den Getreidewirtschaftsverband, der die Belieferung des Großhandels mit Kaffeeersatz, Hafernährmittel usw. regelt. Eine Stockung kann nicht eintreten, da die Lieferfirmen aus ihren großen Beständen nötigenfalls den Bedarf sofort zu decken vermögen, so daß die betreffenden Bezugsscheine nachgeliefert werden können. Gegebenenfalls stellt der Großhandel aus seinen Beständen auch den Lebensmittelgeschäften Waren zur Verfügung unter späterer Ablieferung von Bezugsscheinen."

Und dann erkundigt man sich noch nach den bezugsscheinfreien Lebensmitteln?

„Stimmt, Sie schrieben ja in Ihrer Zeitung mal etwas vom Hamstern von Thermometern, Barometern, Waschmaschinen und was weiß ich! Es gibt schon solche Käuze, aber sie werden nicht zurecht kommen, wenn es sich um Lebensmittel dreht. Der Großhandel beliefert die Geschäfte nur im Verhältnis ihres früheren Bedarfs. Die eingehenden Aufträge werden in den Büros geprüft und gehen zur Rechnungsabteilung, wo die Lieferscheine ausgeschrieben werden. Im Lager wird die Einteilung der Waren vorgenommen. Der Lebensmittelhändler hat von sich aus die Uebersicht, was seine Kunden in normaler Zeit an bezugsscheinfreien Lebensmitteln benötigten, — er muß die Augen offenhalten, daß ihm nicht irgendjemand seinen Bestand leerkauft."

*

Es greift alles ineinander, und wenn es hier und dort noch kleinere Reibungen gibt, so überzeugten wir uns auch durch den Besuch dieser Lebensmittelgroßhandlung, daß das Wort Hermann Görings: „Wenn schon gehungert werden soll, dann wird England diesmal vorangehen!" seine Berechtigung hat.

Wir alle stehen heute mit unseren Pflichten und Aufgaben in der Verantwortung für Volk und Staat. Auch die deutsche Hausfrau muß um die Lage ihres Volkes wissen. Sie muß wissen, welche Mittel unserem Volk in dieser schweren Zeit zur Verfügung stehen und wie sie diese Mittel aufs beste ausnutzen und auswerten kann für eine gesunde Ernährung und gesunde Volkswirtschaft. Dann lebt sie einen Nationalsozialismus der Tat, der ihren kleinen Lebensbereich hineinstellt in unser großes gemeinsames Aufbauwerk: Deutschland.

(aus Reden der Reichsfrauenführerin Gertrud Scholtz-Klink)

Am Kochtopf wird der Krieg gewonnen

Genau wie der Krieg waren dessen Folgeerscheinungen von den Kriegstreibern seit langem vorausberechnet. Die Ausgabe von Lebensmittelmarken, die Rationierung bestimmter Bedarfsgüter war Monate vor Kriegsbeginn geplant worden. Die »Verbrauchslenkung in Kriegszeiten« sollte eine vom »gegnerischen und neutralen Ausland möglichst unabhängige Ernährungsweise« gewährleisten.

Man mußte damit rechnen, im Kriegsfall (immer vorausgesetzt, es war ein Krieg geplant, der sich weltweit ausdehnen würde) von überseeischen Einfuhren gänzlich, von Einfuhren aus Ländern des Kontinents zumindest teilweise abgeschnitten zu werden.

Für Lebensmitteleinfuhren sollten auch keine kostbaren Devisen ausgegeben werden müssen. Devisen wurden nahezu ausschließlich gebraucht, um den Bedarf an sogenannten »kriegswichtigen Gütern« zu decken. Die nationalsozialistische Kriegskonjunkturforschung (so etwas gab es!) stellte damals folgende Prognose:

»Es können (an Lebensmitteln) im Inland gedeckt werden: Brotgetreide, Kartoffeln, Zucker, Trinkmilch, Weiß-, Rot- und Wirsingkohl, Mohrrüben, Steckrüben. Fleisch nur zum Teil mit Hilfe ausländischer Futtermittel; noch stärker ist der Zuschußbedarf bei Molkereierzeugnissen, Eiern und vollends bei Fetten. Deshalb ist es notwendig, mehr denn je einer fett- und fleischarmen Nahrung den Vorzug zu geben, also pflanzliche Erzeugnisse, wie Kartoffeln, Gemüse und Zucker gegenüber den tierischen Erzeugnissen zu bevorzugen.«

Die Verbraucher sollten »beim Einkaufen zu den täglichen Mahlzeiten... unsere hauptsächlichen deutschen Lebensmittel... bevorzugen, die der Jahreszeit entsprechend in größeren Mengen auf den Markt kommen. Dadurch wird der Absatz solcher Waren erleichtert und die Nachfrage nach knappen Waren entlastet. Durch einen raschen Verbrauch und richtige Verwendung in der Küche werden sie somit dem Verderb entzogen.«

Eine Ernährungsumstellung, wie die beabsichtigte, in großen Teilen der Bevölkerung durchzusetzen, erfordert großen propagandistischen Aufwand.

Und richtig! Mit Kriegsbeginn erschienen unter Rubriken wie »Die Welt der Frau« in Tageszeitungen und Zeitschriften Rezeptvorschläge und Anregungen zu einer sparsamen und »zeitgerechten, den Umständen angepaßten Haushaltsführung«.

In den Buchhandlungen gab es bereits Anfang September 1939 Kriegskochbücher zu kaufen: Bücher, die – so kann man vermuten – lange vor Kriegsbeginn geschrieben und gedruckt worden waren.

In dem Vorwort zu ihrem Buch »Gut gekocht – gern gegessen« schreibt die Autorin Edith-Sylvia Burgmann an ihre »lieben, verehrten Köchinnen« gewandt:

»Unsere Mahlzeiten sind bescheidener geworden, aber darum hat das Essen für uns keineswegs seinen Zauber verloren... Darum geben wir uns der Bereitung unserer Mahlzeiten mit noch mehr Liebe hin. Wir strengen unsere Phantasie noch ein wenig mehr an, liebäugeln nicht mehr mit Dingen, die unerreichbar, sondern sind tugendhaft und verschenken uns mit vollem Herzen der Kartoffel und dem Kohl, und entdecken, daß wir tatsächlich früher wenig Ahnung hatten, wie ausgezeichnet die sein können, abgesehen von ihrer Nützlichkeit... Satt werden wir, zu hungern braucht keiner... Wir haushalten mit dem, was wir in Deutschland haben... Schließlich dienen alle unsere Opfer ja einem großen Ziel, das das Opfer wert ist. Und je disziplinierter wir uns heute verhalten, um so größer ist unser Triumph... Also! Am Kochtopf und im Haushalt helfen wir Frauen den Krieg gewinnen! Denken wir dabei immer an die rechte Würze. Und mögen manche Gewürze auch knapp sein – in einem sind wir Selbstversorger: Das ist der Humor! Sorgen wir dafür, daß uns dieses Gewürz nie ausgeht!«

Tante Lina hat diese Zeilen in ihr Rechenheft übertragen, und ich habe mich beim Lesen gefragt, wie lange die Kochbuchautorin wohl ihren nationalsozialistischen Humor bewahrt hat.

1939, nach Kriegsbeginn, gab es natürlich noch reichlich Lebensmittel. Man bekam auch auf seine Lebensmittelmarken das, was darauf gedruckt zu lesen war. Später wurde das dann anders.

Dennoch riefen die Rezepte, die in Kriegskochbüchern, Frauenzeitschriften oder in den Tageszeitungen veröffentlicht wurden, bereits zu diesem Zeitpunkt zu Sparsamkeit und Ernährungsumstellung auf, als wüßte man, was da kommen würde.

Diese vom sogenannten Reichsnährstand »Blut und Boden«, vom Reichsausschuß für Volkswirtschaftliche Aufklärung oder vom Deutschen Frauenwerk verbreiteten Rezepte waren vor allen Dingen darauf gerichtet, den gesamten Fleischverbrauch zu reduzieren und statt dessen den Verbrauch von Kartoffeln, Gemüsesorten, die in Deutschland angebaut werden konnten, von Graupen, Grütze, Haferflocken und so weiter zu steigern. Die Rezepte sollten »neuartige« Zubereitungsmöglichkeiten dieser Lebensmittel aufzeigen. Einer Kritik, daß mit der »Rationierung auch die Eintönigkeit der deutschen Mittagsmahlzeit gekommen sein könnte«, mußte von vornherein energisch begegnet werden. Die hier abgedruckten Rezepte sind für vier Personen berechnet, soweit nicht anders angegeben, und selbstverständlich auch »nachkochbar«.

HAUPTGERICHTE OHNE FLEISCH

Sauerkrautnudeln

Zutaten: 500 g rohes Sauerkraut, ein Ei, vier gehäufte Eßlöffel Mehl, Salz, Fett zum Braten.

Das Sauerkraut wird fest ausgedrückt, kleingeschnitten und mit Salz, dem Ei und so viel Mehl verknetet, daß ein fester Teig entsteht. Den Teig kann man auch aus Sauerkraut, Mehl, Salz und 250 g gekochten und geriebenen Kartoffeln zubereiten.

Aus dem Teig wird eine Rolle geformt. Davon schneidet man kleine Stücke ab, formt sie zu Nudeln und wirft sie in kochendes Salzwasser. Sie müssen kochen, bis sie obenauf schwimmen. Die Nudeln abtropfen lassen, mit etwas Fett in einer Pfanne rösten, bis sie goldgelb sind.

Gemüsegulasch

Zutaten: 750 g Möhren, 250 g Sellerie, 750 g Weißkohl, zwei große Zwiebeln, ein Eßlöffel Fett, vier Eßlöffel Mehl, Salz, Pfeffer, etwas Thymian, ein Eßlöffel gehackte Petersilie, ⅛ l Wasser oder Brühe.

Die geputzten Möhren und der geschälte Sellerie werden zu Stiften, der Weißkohl nudelig geschnitten, die Zwiebeln und die Petersilie fein hacken.

In einem Topf Fett heiß werden lassen. Das Mehl unterrühren, bis es braun wird. Das Gemüse dazugeben und, wenn es gut durchgedünstet ist, Wasser oder Brühe darangießen. Mit Salz, Pfeffer und etwas Thymian abschmecken. Etwa 30 Minuten bei kleiner Flamme schmoren lassen. Mit gehackter Petersilie bestreuen. Dazu Salzkartoffeln servieren.

Möhrenpuffer

Zutaten: 750 g Möhren, zwei große, rohe Kartoffeln, eine Zwiebel, ein Ei, drei Eßlöffel Kartoffelmehl, Fett zum Ausbacken, Majoran.

Die Möhren werden geputzt und auf einem Reibeisen grob gerieben, ebenso die Kartoffeln. Die Zwiebel klein hacken. Mit Salz, Pfeffer, etwas Majoran, dem Kartoffelmehl und dem Ei gut verrühren. Mit einem Löffel legt man kleine Puffer in heißes Fett und backt sie auf beiden Seiten. Dazu passen gut Kartoffeln in Kräutertunke und Salat.

Kartoffelpudding

Zutaten: vier große gekochte Kartoffeln, drei Eier, ⅛ l Magermilch
und entweder: 75 g Zucker, ein Päckchen Vanillin-Zucker, eine Prise Salz, acht Tropfen Zitronenaroma
oder : zwei Eßlöffel Reibekäse, ein Eßlöffel gehackte Petersilie, Salz, ein Teelöffel Majoran.

Kartoffeln fein reiben, Eigelb, Milch, Zucker, Vanillin-Zucker,

Salz und Zitronenaroma zugeben, gut verrühren. Das Eiweiß steifschlagen, leicht darunterziehen. Die Masse in eine gefettete Auflaufform geben und etwa 50 bis 60 Minuten im Wasserbad kochen. Statt Zucker kann man auch geriebenen Käse nehmen, dazu Gewürze und Salz.

Um das Angebot an Gemüsen zu erweitern, war es nötig, auch für Gemüsesorten zu werben, die auf dem deutschen Markt zur damaligen Zeit nicht eingeführt und den Hausfrauen meist unbekannt waren: für Römerkohl, Schikoree (in dieser »deutschen« Schreibweise angepriesen), Fenchel, Eierpflanzen (das sind Auberginen) und Endivien. Als der sogenannte »Westfeldzug« beendet war, gab es auch Topinambur zu kaufen, eine Erdartischocke, die in Südfrankreich angebaut wird.

In der »Deutschen Frauen-Zeitung« hieß es über Schikoree:

»Schikoree ist eines der feinsten Wintergemüse. Leider wissen ihn viele Hausfrauen nicht zuzubereiten oder haben eine Abneigung dagegen wegen des leicht bitterlichen Geschmacks. Um ihn zu beseitigen, wird der Schikoree leider oft abgekocht und dann das Kochwasser weggegossen.«

»Das Blatt der Hausfrau« klärte seine Leserinnen über Fenchel auf: »Der Fenchel (Finocchi) kommt aus Italien und seinen Nachbarländern zu uns... Man kann das Gemüse abkochen, dann verliert es viel von seiner anisartigen Süßigkeit, oder man kocht es nicht ab, dann bleibt der Geschmack erhalten.«

Und da in dem Heft natürlich auch ein Artikel über den faschistischen italienischen Frauenverband, die »Fasci Femminili«, zu finden war, wurden gleich Rezepte mitgliefert wie dieses hier:

Fenchel mit Spaghetti

Zutaten: vier Fenchelknollen, 350 g gekochte Spaghetti, 20 g Fett, ein Eßlöffel Tomatenmark, Thymian, ½ Lorbeerblatt, Salz, Pfeffer, ein Eßlöffel Mehl, ½ l Wasser, ein Eßlöffel Reibekäse.

Die Fenchelknollen werden gesäubert und in Salzwasser fast gar gekocht. Fett, Tomatenmark, Mehl und die Gewürze verrührt man mit Wasser zu einer Tomatentunke. Einkochen lassen, bis diese dickflüssig wird.

Die in Salzwasser (al dente) gekochten Spaghetti werden in eine gefettete Auflaufform gefüllt, die Fenchelknollen gibt man in die Mitte und bestreut alles mit geriebenem Käse. Im Ofen überbacken. Die Tomatentunke darübergießen.

Auflauf mit Eierfrüchten (Auberginen)

Zutaten: ein kg Eierfrüchte, ein kg Pellkartoffeln, zwei Eßlöffel Tomatenmark, ein Eßlöffel Hefeflocken, Salz, Pfeffer, etwas Oregano, ½ l Wasser.

Die Eierfrüchte schälen. Pellkartoffeln und Eierfrüchte werden in Scheiben geschnitten.

In eine gefettete Auflaufform abwechselnd eine Schicht Eierfrüchte, eine Schicht Pellkartoffeln geben.

Tomatenmark, Wasser, Salz, Pfeffer und Oregano gut verrühren und darübergießen. Zum Schluß die Hefeflocken darüber streuen. 30 bis 40 Minuten überbacken.

Ähnlich »unbeliebt« wie Schikoree und Fenchel war der Endiviensalat, »den die meisten Hausfrauen nur als Rohsalat kennen und dann auch nur in dem üblichen Allerweltsrezept... Endiviensalat ist von einer erstaunlichen Vielfalt in der Verwendungsmöglichkeit. Er kann nämlich nicht nur roh, sondern auch gedämpft oder gekocht (als Spinat!) gegessen werden...«

Endiviensalat als Spinat gekocht

Zutaten: drei bis vier Köpfe Endiviensalat, ein Eßlöffel Fett, zwei Eßlöffel Mehl, eine Zwiebel, ¼ bis ½ l Milch, Salz, Basilikum, Liebstöckel, Rosmarin (wenn vorhanden, frische Kräuter verwenden).

Die Salatköpfe werden zwei- oder dreimal durchgeschnitten und mit einer Tasse Wasser gedämpft, bis der Endiviensalat weich ist. Aus Fett, Mehl, der fein gehackten Zwiebel und Milch wird eine helle Mehlschwitze hergestellt. Der gedämpfte Salat wird in einem

Handtuch vorsichtig trocken geschleudert, fein gehackt und in die Mehlschwitze gegeben. Mit Salz und den gehackten Kräutern abschmecken.

Seit 1933 gab es in Deutschland »Opfer-« oder »Eintopfsonntage«. Mit aufwendigen Propagandafeldzügen wurde die Bevölkerung aufgefordert, statt eines teueren Sonntagsmenüs Eintopfgerichte zu essen.

Zur »Eintopfsammlung« des Winterhilfswerkes sollte der Betrag gegeben werden, der den Unterschied zwischen den Aufwendungen für das teuerste Wochengericht (was ja im allgemeinen am Sonntag auf den Tisch kam) und für das Eintopfgericht ausmachte.

In den Kriegsjahren wurde der »Eintopfsonntag« dann zur »freiwilligen Pflicht«. Niemand sollte sich mehr dem Ruf nach »Opfern« entziehen können. Selbst in Wand- und Taschenkalendern waren die Daten der »Eintopfsonntage« ähnlich wie Feiertage ausgezeichnet. Mit Gedichten wie diesem, das in der »Gelsenkirchener Allgemeinen Zeitung« 1939 abgedruckt war, wurde für die Teilnahme geworben:

»Wir schreiten vorwärts in Schritt und Tritt
Und reißen den letzten Zagen mit!
Ein Wollen, ein Streben hält uns frisch,
Wir sitzen zusammen an einem Tisch,
Ganz Deutschland saß gestern Kopf an Kopf
In Einheit zusammen um einen Topf!«

Um auch bei diesen Gerichten Einfallslosigkeit zu vermeiden, dachten sich die Kochpropagandisten immer neue Eintopfrezepte aus. Die meisten dieser »Neu-Kreationen« allerdings waren alte Rezepte, nur mit neuen Namen versehen. Hier drei Eintopf-Rezepte:

Rominterner Jagdgericht

Zutaten: zwei Salzheringe, ¼ l Milch, ein kg Kartoffeln, 150 g Wurstreste, 100 g Speck, zwei Zwiebeln, Pfeffer, 50 g Butter oder Margarine, eine Salzgurke.

Zwiebeln und Pellkartoffeln in Scheiben schneiden. Heringe entgräten und säubern. Ebenso wie die Wurstreste, den Speck und die Salzgurke in Würfel schneiden. Eine Auflaufform mit Butter ausfetten. Mit der Hälfte der Pellkartoffeln den Boden bedecken. Speck, Zwiebel, Gurke, Heringe und Wurstreste darüberschichten. Mit den restlichen Kartoffeln abdecken. Die Milch wird mit dem Pfeffer verrührt und über die Kartoffeln gegossen.

Statt der Wurstreste kann man auch Schinken oder Rindfleisch nehmen oder das Fleisch ganz weglassen. Im Ofen 30 Minuten überbacken.

Allgäuer Eintopf

Zutaten: 500 g Kohlrabi, 500 g Sellerie, 500 g Kürbis, ein kg Kartoffeln, 50 g Fett, eine große Zwiebel, eine Stange Lauch, zwei Eßlöffel Petersilie, Salz, ein Teelöffel Paprika, zwei l Wasser oder Brühe.

Sämtliche Gemüse werden klein geschnitten und in Fett, in dem schon die gehackte Zwiebel und die Petersilie angeröstet wurden, halb weich gedünstet. Rohe Kartoffeln schälen, würfeln und dazugeben. Das Ganze mit Wasser oder Brühe aufgießen und bis zum Garwerden langsam köcheln lassen.

Mit Salz und Paprika abschmecken.

Schroteintopf

Zutaten: 50 g Speck, eine Zwiebel, 125 g Weizen- oder Roggenschrot, ein kg grüne Bohnen, 500 g grüne Erbsen, eine Tomate, ein Stück Sellerie, ein Eßlöffel geriebener Käse, Salz, 500 g Kartoffeln, 1½ l Gemüse- oder Knochenbrühe.

Speck und Zwiebel würfeln. In einem Topf zusammen mit dem Schrot andünsten. Mit der heißen Brühe auffüllen. Die geputzten, zerkleinerten Gemüse werden mit den rohen Kartoffelstücken darin auf kleiner Flamme gar gekocht. Mit Käse und Salz würzen.

Bereits 1939 wurde der Trend sichtbar, auf die Abschnitte der Lebensmittelmarken für Nährmittel fast ausschließlich Grieß und Nudeln zu verlangen. Ein Umstand, der die Lebensmittelproduzenten mit Besorgnis erfüllen mußte, denn das Angebot an Haferflocken, Graupen und Gerstengrütze etwa blieb weitgehend ungenutzt. In der

Rubrik »Welt der Frau« der »Gelsenkirchener Allgemeinen Zeitung« heißt es im ersten Kriegsjahr:

»Viele Hausfrauen werden sich noch gar nicht überlegt haben, wie vielseitig sie Haferflocken und Graupen beim Kochen verwenden können... Es gibt aber... mancherlei Gerichte... die sich durchaus mit den zur Verfügung stehenden Mengen herstellen lassen. Die Gerichte sind sehr schmackhaft und helfen mit, den Küchenzettel abwechslungsreicher zu gestalten.«

Ein Propaganda-Feldzug für den erhöhten Verbrauch dieser Nährmittel wurde gestartet. Und was wäre dazu besser geeignet gewesen als die Veröffentlichung von Rezepten, zumal mit Graupen oder Haferflocken auch das immer weniger werdende Fleisch »gestreckt« werden konnte.

Pilaw

Zutaten: 250 g Graupen, 50 g Fett, zwei Eßlöffel geriebene Zwiebel, ½ Teelöffel süßer Paprika, drei Eßlöffel Tomatenmark, Salz, Basilikum, ½ Zehe Knoblauch ausgedrückt, ein l Wasser oder Brühe.

In heißem Fett werden Zwiebel und Knoblauch zusammen mit dem Paprika angedünstet. Dann gibt man Graupen hinzu (man kann auch Reis stattdessen nehmen) und läßt sie anrösten. Tomatenmark, Basilikum und Salz zugeben, mit Wasser oder Brühe auffüllen, etwa 45 Minuten gardünsten lassen. Dazu passen Spinat, Wildgemüse oder gedünstete Tomaten und Rührei.

Haferflockenpfannkuchen

Zutaten: 200 g Haferflocken, eine Zwiebel, 100 g Sellerie, ein Ei, Salz, ein Eßlöffel Petersilie, ½ l Wasser, Schmalz zum Ausbacken.

Die Haferflocken läßt man in einem halben Liter heißem Wasser aufquellen. Zwiebel und Sellerie sehr fein raspeln, Petersilie klein hacken.

Alle Zutaten mit Salz und Ei verrühren. In heißem Schmalz dann kleine Pfannkuchen backen.

Grützrand

Zutaten: 200 g Grütze, $3/4$ l Wasser, Salz, etwas Basilikum, Thymian, Majoran, Petersilie, eine Zwiebel, 250 g Schweinefleisch.

Die Gerstengrütze wird mit Wasser und Salz kalt angesetzt und dann gar gekocht. Das Fleisch hacken, mit der gewürfelten Zwiebel und den fein gewiegten Kräutern in einer Pfanne unter ständigem Rühren braten. Die noch kochende Grütze füllt man in eine gut gefettete Randform und stürzt sie auf eine angewärmte Platte. In die Mitte das Hackfleisch füllen, den Rand mit dem Rest der Kräuter bestreuen.

Wer heute Mülltonnen öffnet, der wird darin große Mengen nicht mehr genießbarer Lebensmittel finden. Die Überfülle des Lebensmittelangebots in unserer Zeit führt mit dazu, daß unnötig viel gekauft wird: Eßwaren, die man oft gar nicht verbrauchen kann, die selbst in Kühlschränken schlecht werden, die verschimmeln, bis sie eines Tages weggeworfen werden müssen.

Die Menschen im Jahre 1939 waren gar nicht in der Lage, ihre Lebensmittel in solcher Weise zu verschwenden. Sie waren gehalten, mit dem dürftigen Angebot dessen auszukommen, was es zu kaufen gab, auch Essensreste noch zu verwerten. Gemüseabfälle, Kartoffelschalen, Speisereste wanderten nicht in den Mülleimer, sondern in Behälter, die das »Ernährungshilfswerk« aufgestellt hatte. Diese wurden regelmäßig geleert, und die Abfälle wurden an Schweine verfüttert.

Zur Verwertung von Essensresten im eigenen Haushalt wurden Ideenwettbewerbe ausgeschrieben.

Die Autorin Edith-Sylvia Burgmann teilt in ihrem bereits erwähnten Kriegskochbuch eigene Erfahrungen mit:

»Bratenreste oder einen Rest Leber verwandle ich in ein aromatisches Gulasch... Die Wurstschalen (ich denke besonders an die Blutwurst) werden eine Woche lang gesammelt, ausgekocht – hallo, die Basis für eine kräftige Gemüsesuppe ist da... Sind Sie schon einmal auf die Idee gekommen, Suppenfleischreste mit Zwiebelscheiben anzubraten und mit Apfelstücken zu dämpfen? Fischreste! Die Phantasie überschlägt sich!«

Auf der Leserbriefseite der »Deutschen Frauenzeitung« macht Gertrude F. aus Kronach 1940 folgenden Vorschlag:

»Aus Apfelschalen läßt sich ein herrlicher Tee bereiten. Von jedem gesunden Apfel heben Sie die Schalen auf und trocknen sie im Ofen. Der Tee wird besonders aromatisch, wenn die Schalen etwas scharf getrocknet werden. Dann treibt man sie durch den Fleischwolf und hebt die gemahlenen Schalen in einer Glasbüchse auf...«

Es gab damals natürlich eine Fülle von Rezepten zur Verwertung von Lebensmittelresten. Als Beispiel hier einige dieser Rezepte, die im ersten Kriegsjahr erschienen.

Pfannenback mit Obst

Zutaten: ein 1 Milch, zehn alte Brötchen (oder altbackenes Weißbrot), etwas dünngeschnittenes Obst, auch: Backobst, eingemachter Kürbis oder Rosinen, ein Ei, zwei Eßlöffel Zucker, etwas Fett.

Die Brötchen (oder das Brot) werden auf einer Reibe zerrieben, in ¾ l Milch eingeweicht und später solange verrührt, bis ein Brei entsteht. Das Eigelb wird mit dem Rest der Milch verquirlt, mit Obst, Zucker und dem Semmelbrei vermengt. Zuletzt zieht man den steif geschlagenen Eischnee darunter. Eine Pfanne wird ausgefettet, die Masse eingefüllt, einige Stückchen Fett daraufgegeben und bei mäßiger Hitze etwa 45 Minuten gebacken.

Der Pfannenback wird heiß gegessen. Man kann ihn mit Sirup oder Fruchtsaft übergießen oder Kompott dazu essen.

Gemüsescheiterhaufen

Zutaten: 250 g Blumenkohl, zwei Stangen Porree, 250 g Möhren (oder andere Gemüsereste), drei alte Brötchen, Salz, Pfeffer, ein Eßlöffel kleingeschnittener Schnittlauch, 20 g Fett, eine Tasse Milch oder Brühe, ein Ei.

Möhren und Porree in Scheiben schneiden, vom Blumenkohl Röschen pflücken. Getrennt in wenig Wasser gardünsten. Brötchen in dünne Scheiben schneiden, in heißem Fett anbräunen. In eine Auflaufform schichten: jeweils eine Lage Brötchen, Porree, Brötchen,

Möhren, Brötchen, Blumenkohl, Brötchen. Milch mit Ei, Salz, Pfeffer und Schnittlauch verrühren, über den Scheiterhaufen gießen. 30 Minuten überbacken.

Nudelkuchen

Übriggebliebene Nudeln werden gehackt und mit etwas Mehl, allen möglichen Resten von Gemüse, Fleisch, Fisch und Soßen, einem Ei und Semmelbröseln (man kann auch altbackenes Brot oder Brötchen nehmen, die man in Milch eingeweicht hat) zu einem Teig gemischt.

Je nach der Menge des Teiges muß man mehr Ei nehmen. Die Masse wird dick auf ein gut gefettetes Backblech gestrichen und gargebacken.

Den Kuchen in Stücke schneiden, heiß servieren mit Salat oder Gemüse.

1940

1940 – ein Jahr der »Siege«: Siegesmeldungen von den »Groß«deutschen Rundfunksendern verbreitet, Schlagzeilen in den nationalsozialistischen Zeitungen, Filmbilder in den Kino-Wochenschauen mit Liszt- oder Wagnermusik untermalt.

Daten:

Am 9.4. wird Dänemark besetzt, das sich kampflos ergibt.

Am 9.4. beginnt auch der Angriff auf Norwegen.

Am 9.6. kapitulieren die norwegischen Streitkräfte.

In Hitlers Tagesbefehl vom 10. Mai 1940 an »die Soldaten der Westfront« heißt es: »Soldaten der Westfront!... Der heute beginnende Kampf entscheidet das Schicksal der Deutschen Nation für die nächsten tausend Jahre. Tut jetzt eure Pflicht. Das deutsche Volk ist mit seinen Segenswünschen bei euch.«

Am 15.5. kapituliert die holländische Armee.

Am 28.5. kapituliert Belgien bedingungslos.

Am 10.6. erklärt Italien Frankreich und Großbritannien den Krieg.

Am 22.6. wird in Compiègne ein Waffenstillstandsvertrag mit Frankreich unterzeichnet.

»Jubel über Jubel im Reich«, meldete die Zeitschrift »Die Wehrmacht« und verkündet unter der Überschrift »... den Helm fester binden« im September 1940: »In den Wochen, die dem glorreichen Ende des Frankreich-Feldzuges folgten, kehrten manche Verbände der deutschen Wehrmacht in die Heimat zurück – nicht um auf ehrenvoll errungenem Lorbeer auszuruhen, sondern um den Helm fester zu binden und sich neu zu rüsten gegen den letzten Feind des Friedens.«

Gemeldet wurden der Dreimächtepakt zwischen Deutschland, Italien und Japan, der italienische Angriff auf Griechenland, der Beginn des Krieges in Afrika.

Nicht gemeldet wurde, daß am 30.4.1940 das erste polnische Ghetto in Lodz eingerichtet wurde, nicht gemeldet wurde die Zahl der Ermordeten, der sinnlos Gefallenen, der in KZ's Inhaftierten und Gefolterten.

In den Zeitungen nahm die Zahl der Todesanzeigen zu. Fast unbemerkt. Für die meisten Deutschen waren Kinoanzeigen damals wichtiger.

Der Markt schwimmt in Salat

Riesige Zufuhren an frischem Gemüse aus Holland erfreuen unsere Hausfrauen

dn Es ist noch gar nicht so lange her, daß unsere Hausfrauen sich um einen Kopf frischen Salat fast gerissen haben. In ganz kurzer Zeit hat sich die Situation grundlegend gewandelt. Wie wir bereits vorgestern mitteilten, ist die Ausfuhr holländischer Gemüseerzeugnisse nach Deutschland in großem Umfange wieder aufgenommen worden. Ueber die Auswirkung dieser erfreulichen Tatsache unterrichtet ein Gang über unseren Markt und den Großmarkt an der Wilhelminenstraße. Wohin man sieht: Salat!

Salat ist so reichlich da, daß der Markt sozusagen darin schwimmt. Neben Salat aus deutscher Anzucht ist es vor allem holländischer Salat. Es war uns gelungen, in Holland mehrere hundert Waggon Salat, die beladen fertig für den Abtransport nach England standen, in die Hand zu bekommen und nach Deutschland zu dirigieren. Da diese Wagen einen oder zwei Tage in der heißen Sonne gestanden hatten, war der erste holländische Salat in der Qualität nicht so gut wie der, der jetzt hereinkommt. Der Einkauf geschieht durch die Vermittlung der Reichsstelle für Garten- und Weinbauerzeugnisse, die sich auch in die Preisbildung eingeschaltet hat.

Neben Salat sind es in erster Linie Gurken, die aus Holland auf unseren Markt kommen, weniger noch Blumenkohl, Tomaten und Mohrrüben. Aber auch das erste Obst ist schon auf den Marktständen zu haben: Kirschen, Erdbeeren und Stachelbeeren.

Die Hausfrau wird sich über diese Reichhaltigkeit der Gemüsekarte freuen, hat der lange und harte Winter doch das Verlangen nach frischem Gemüse recht stark werden lassen. Die Hausfrau muß sich jetzt aber auch auf das einstellen, was zur Zeit am meisten zu haben ist, und das ist eben Salat. Er ist ebenso wohlschmeckend, wie bekömmlich und beliebt und zur Zeit billig.

Also heißt die Parole:
Salat essen und nochmals Salat essen!

Das braucht durchaus nicht in Einseitigkeit auszuarten. Man kann ja noch Gurkensalat unter den Kopfsalat mischen oder auch Tomatensalat, man kann auch Salat aus allen dreien machen. Immer schmeckt er gleich gut. Die Hauptsache aber ist, daß die riesigen Mengen, die jetzt auf den Markt kommen, auch aufgenommen werden, es darf nichts umkommen!

Und das sollten unsere Hausfrauen inzwischen ja doch gelernt haben, daß es volkswirtschaftlich und ernährungspolitisch falsch ist, sich ausgerechnet auf dasjenige Gemüse zu kaprizieren, das noch knapp ist. Das würde auch die Arbeit verkennen heißen, die Markthändler und Großhändler im Interesse der Sicherstellung unserer Ernährung leisten. Denn es ist doch nicht nur so, daß jeden Morgen früh um sechs Uhr der Betrieb auf dem Großmarkt einsetzt, nein, auch Sonntags müssen die Transporte abgenommen werden und oft genug muß sich der Großhändler selbst hinter das Steuerrad setzen, wenn seine Fahrer zum Heeresdienst eingezogen sind.

*

Wie uns von zuständiger Seite mitgeteilt wird, sind augenblicklich auch größere Mengen Kartoffeln in guter Qualität bei den Händlern vorhanden. Es empfiehlt sich daher, für alle Verbraucher, sich jetzt für einige Zeit mit Kartöffeln zu versorgen, da die neuen Frühjahrs-Kartoffeln voraussichtlich in diesem Jahre später als sonst zur Verfügung stehen.

Frau Menkenke geht zum Markt

Zum Markt ging Frau Menkenke
(es war im Monat März),
sie hatte Geld die Fülle,
sie hatte Mut und Herz.

Gemüse wollt' sie haben
(in dieser Jahreszeit!);
die Marktfrau sagte leise:
„Das ist noch nicht soweit."

Darauf zog Frau Menkenke
ein säuerlich' Gesicht:
„Sie, Frau, das muß ich sagen,
das paßt mir alles nicht!"

Und im April das Gleiche:
Menkenkes Mittagstisch
sehnt sich nach Frischgemüse.
(Ach ja, wo tut's das nicht?)

Nun fängt für Frau Menkenke
die Zeit des Leidens an:
April und Mai und Juni ...
Seht euch die Aermste an!

Ist kein Salat zur Stelle,
ist sie empört, entsetzt;
kann sie ihn reichlich haben:
seht, wie sie schnell entwetzt!

Sie führt die ersten Bohnen,
die ersten Erbsen heim.
Den Spargel möcht' sie kaufen
am liebsten schon im Keim.

Sie liebt nur das, was selten,
und haßt, was reichlich da;
und kann sie was nicht kriegen,
dann trumpft sie auf (oja):

**„Marktordnung? Volksgemeinschaft?
Was geht das mich schon an?
Ich ford're, was ich wünsche,
wann, wie und wo ich kann."**

„Momentmal, Frau Menkenke",
darauf die Marktfrau spricht,
„wie Sie sich das so denken,
so geht das nun mal nicht!

Erst müssen wir mal essen,
wovon's am meisten gibt,
und dann erst kommt in Frage,
was einer grade liebt.

Wir tun, was muß, und handeln
pflichttreu wie ein Soldat —"
und stülpt ihr in die Tasche
drei Stücke Kopfsalat.

Karl Irgendwer.

Am 1. Oktober 1940, einem Dienstag, war in der nationalsozialistischen Tageszeitung »Westfälischer Beobachter« innerhalb der Polizeiberichte ein kurzer Artikel unter der Überschrift »Kaffee war ihre Leidenschaft« aus dem Ort Blomberg (Lippe) zu lesen:

»Eine Einwohnerin war so auf den Bohnenkaffee versessen, daß sie auch verbrecherische Mittel nicht scheute, um sich in den Besitz der Bohnen zu setzen. Sie sprach bei den verschiedensten Dorfbewohnern unter irgendwelchen Vorwänden vor und erkundete die Gelegenheit, wo noch Kaffee vorhanden und zu stehlen war. In mehreren Fällen wartete sie, bis die Leute ihr Haus verließen, um dann den kleinen Kaffeevorrat, der meist aus Liebesgabensendungen stammte, an sich zu bringen. Rund zwanzig solche Fälle konnten von der Polizei aufgeklärt werden.«

Ein Ereignis, so mag man annehmen, über das nun wirklich nicht, noch dazu überregional, berichtet werden müßte, wenn nicht... Ja, wenn es nicht zu einem sehr sorgsam vorbereiteten Gesamtkonzept eines Propagandafeldzuges gehören würde.

Propaganda zum einen gegen den Genuß von Bohnenkaffee überhaupt. Malzkaffee sollte getrunken werden, seit es der deutschen Handelsmarine und der deutschen »Seekriegsführung« nicht mehr gelang, Bohnenkaffee nach Deutschland zu importieren, jedenfalls nicht in größeren Mengen. (Gewisse Leute hatten allerdings immer genügend Bohnenkaffee zur Verfügung.) »Bohnenkaffee war schließlich nie ein Volksgetränk«, hieß es.

Zum anderen war die Propaganda gegen den Schwarzhandel mit Bohnenkaffee gerichtet, welchselbiger wiederum von oben beschriebenen Leuten betrieben wurde, die davon im Überfluß hatten.

Ja – 1940 war das erste Blütejahr des Schwarzmarktes. Eine Folge nationalsozialistischer Kriegswirtschaftspolitik. Lebenswichtige Güter des täglichen Bedarfs sind preisgestoppt. Es gibt Höchstpreisvorschriften. So entsteht ein »Geldüberhang«, dem kein entsprechendes Handelsvolumen gegenübersteht. Das zwingt zur Verbrauchsrationierung durch Marken oder Bezugsscheine. Das Geld wandert auf den schwarzen Markt, wo die Preise dann folgerichtig übermäßig hoch sind.

Zum dritten schließlich läßt sich der erwähnte Artikel in eine Reihe von Zeitungsmeldungen einordnen, die in diesem Jahr 1940 erschienen: Meldungen über Verbrechen gegen die Reichswirtschaftsverordnung. Da wird ein Schwarzschlächter zu drei Jahren Gefängnis verurteilt. Da wird ein Bäcker vor Gericht zitiert, in dessen Bäckerei »unglaubliche Unsauberkeiten« festgestellt werden. Die Filialleiterin eines Lebensmittelgeschäftes muß eine hohe Geldstrafe bezahlen. In ihrem Laden waren 260 verschimmelte Brötchen entdeckt worden. Ein Gelsenkirchener Metzgermeister muß drei Jahre ins Gefängnis, weil er in seine Teewurst nicht nur Magermilchpulver und »Fremdwasser«, sondern auch Pferdefleisch getan hatte. Diese Liste ließe sich beliebig fortsetzen: Zeitungsartikel, die der Abschreckung dienen sollten und die gleichzeitig den Volksgenossen das Gefühl geben sollten: »Mit der Ernährung ist alles in Ordnung, wir passen schon auf!«

Es ließ sich nicht mehr verbergen: Die Lebensmittel waren knapp geworden. Auch wenn das Gegenteil behauptet wurde. Auch wenn die Rationssätze der Lebensmittelzuteilung unverändert blieben. Das Papier der Lebensmittelmarken war geduldig. Es gab sogar Sonderzuteilungen: 125 Gramm Fleisch pro Person je Woche im Februar 1940, 62,5 Gramm Kakaopulver für alle Kinder im September.

Am 16. Februar noch hatte Hermann Göring die Parole für die »Erzeugungsschlacht 1940« ausgegeben:

»Was an Kräften in diesem deutschen Boden steckt, muß heraus, koste es, was es wolle!«

Am Ende des Jahres häufen sich die Sparappelle. In ihrer Novemberausgabe fordert die »Deutsche Frauen-Zeitung«:

»... In unseren Suppentopf wird jede Bratpfanne, jeder Kochtopf mit ein wenig heißem Wasser abgespült, bevor er ins Aufwaschwasser wandert... Nußschalen und getrocknete Kartoffelschalen sind eine gute Hilfe beim Feueranmachen. Eierschalen geben, in Wasser ausgelaugt, wertvollen Dungguss für Pflanzen.« Die Ernte war schlecht gewesen, mit dem wenigen sollte man haushalten und Vorratswirtschaft betreiben. Der Reichsnährstand »Blut und Boden« startete die Aktion »Kampf dem Verderb«.

Heizungsrohre
gehören nicht
in den Vorratskeller

Schlechte Ware frißt gute
Ware

ATA
Aus Seifenresten
ein Seifenstück machen!
Seifenreste einzeln aufbrauchen ist unpraktisch. Die kleinen Reste entgleiten den Händen leicht, rutschen in den Abfluß und verstopfen das Abflußrohr. Zum Sammeln der Seifenreste ist ein kleiner Beutel sehr nützlich, den man dann zubindet und wie ein Seifenstück gebraucht.
Beim Säubern stark verschmutzter Hände ist übrigens ATA – allein oder in Verbindung mit Seife – ein ausgezeichneter Seifensparer.
ATA ist die altbewährte Haushaltshilfe bei jeder Reinigungsarbeit. Es ersetzt Seife und fetthaltige Reinigungsmittel. Zu haben in grob, fein, extrafein.

RM 10.-
jährlich.

Frost

Wie Tante Lina zwei Reisen machte und dabei zum fahrenden Volk kam

Es war an einem Spätsommertag des Jahres 1940, als zu Tante Lina die Gestapo kam. Zwei Herren in langen Ledermänteln und mit Schlapphüten auf dem Kopf – sie sahen aus, wie aus einem schlechten Kriminalfilm entsprungen. Für ihr Erscheinen hatten sie – allen gängigen Klischees zum Trotz –eine frühe Morgenstunde gewählt.

Um sechs Uhr hämmerten sie mit den Fäusten gegen Tante Linas Haustür, solange bis die gesamte Nachbarschaft sich im Nachthemd hinter ihren Gardinen eingefunden hatte, zum Teil hocherfreut und feixend.

»Jetzt geht es dieser Verrückten endlich an den Kragen!«

Tante Lina erschien in der Tür, zur Verwunderung aller vollständig bekleidet. Die Männer stürmten an ihr vorbei ins Haus, die Treppe hinauf zu Walter Kaminskis Mansarde. Doch die war leer.

»Wenn Sie Herrn Kaminski suchen sollten, der ist verreist«, ließ sich Tante Lina von der Haustür her vernehmen.

Die Geheimpolizisten fluchten einen langen nationalsozialistischen Fluch, begannen den Dachboden zu untersuchen, polterten die Treppe herunter, rissen die verschlafenen Varenholtschen Kinder aus ihren Betten, trampelten mit ihren dreckigen Stiefeln durch Tante Linas saubere Wohnung, stahlen aus Tante Linas Keller zwei Flaschen Wein und verschwanden wieder durch die Haustür, wie sie gekommen waren, grußlos und schlecht gelaunt, eben Polizisten.

Tante Lina hatte während der ganzen Zeit ihren Platz an der Haustür nicht verlassen. Hatte das Treiben der Polizei in ihrem Hause ruhig beobachtet. Jetzt schloß sie gelassen die Haustür wieder und ging in den Garten und begann ihre Kaninchen und Hühner zu füttern, nicht ohne den hinter den Gardinen der umliegenden Häuser versammelten Nachbarn freundlich zuzuwinken.

Es war noch ein wenig dunstig, aber der Himmel war ohne Wolken, und es versprach, ein wunderschöner Tag zu werden.

Später am Tage sah man Tante Lina geschminkt und in voller Montur (einem Kleid aus Waschkrepp, wen's interessiert – das war damals der letzte Schrei) das Haus verlassen. Und wer Tante Lina kannte, wußte, wohin sie ging, wußte, daß ein solcher frühmorgendlicher Polizeibesuch zumindest für die Polizisten nicht ohne Folgen bleiben würde.

Tante Lina ließ ihre Beziehungen spielen. Und ihr Bruder Bruno, der Untergruppenführer, mußte in seinen Diensträumen mehr als eine Stunde Tante Linas Empörung über sich ergehen lassen.

Als sie befriedigt nach Hause zurückkehrte, hatte sie ihr Ziel erreicht: Ihr Haus würde von der Gestapo nie wieder betreten werden – das jedenfalls hatte Bruder Bruno versichert.

Kaminski kam in der darauffolgenden Nacht, von niemandem bemerkt, von Tante Lina erwartet und durch die hintere Kellertür ins Haus gelassen. Was war passiert?

Kaminski hatte unter dem Namen de Groot und mit einem holländischen Paß ausgestattet aus Amsterdam, aus einer der wenigen Druckereien, die dort im Untergrund noch arbeiten konnten, Flugblätter holen wollen.

Das Unternehmen war ganz planmäßig abgelaufen. Ein Genosse hatte die Pakete mit den Flugschriften in einem Koffer verstaut in ein Zugabteil des Schnellzuges von Amsterdam nach Köln transportiert und war wieder ausgestiegen. Kaminski war mit demselben Zug gefahren, einige Abteile weiter, versteht sich, aber dicht bei dem Koffer mit den Flugblättern.

Das waren die üblichen Sicherheitsmaßnahmen und hatte vorher bereits einige Male geklappt.

Kurz hinter der deutschen Grenze war dann Gestapo in den Zug gestiegen, hatte erstaunlich schnell den Koffer mit den Flugblättern gefunden, und als Kaminski dann seinen Namen nennen hörte, war ihm nur die Flucht geblieben. Er war aus dem fahrenden Zug gesprungen und entkommen.

Kaminskis Verdacht, er sei verraten worden, wurde bald von offizieller Seite bestätigt.

Gauleiter Reichsstatthalter Dr. Meyer, Tante Brunhildens Busenfreund, teilte auf Tante Linas Befragen im engeren Familienkreise mit, die Hinweise, die fast zu Kaminskis Ergreifung geführt hatten, waren von Kaminskis eigenen Genossen gekommen. Von einem Mann, den die Gestapo durch Zufall auf einer Razzia gefaßt hatte.

»Jüdisches Pack, diese Kommunisten, alle verweichlicht, halten nichts aus...«, kommentierte Meyer den Vorgang, rot vor Freude im Gesicht, während er sich die Nickelbrille putzte. Sein Zynismus – offenbar ein zartfühlender Hinweis auf die Foltermethoden der nationalsozialistischen Polizei.

Es bedarf wohl kaum einer Erwähnung, daß Kaminski zunächst von Tante Lina versteckt wurde und weiterhin im Haus lebte in einem Kellerraum, den Tante Lina ihm wohnlich zurechtgemacht hatte. Nicht einmal Frau Varenholt bemerkte Kaminskis Anwesenheit, nur eines ihrer Kinder besuchte ihn regelmäßig. Aber das war ein Kind, das ein Geheimnis für sich behalten konnte.

Tante Lina vermietete ihre Mansarde wieder. An den Bergmann Johann Kuszmierz, einen Freund von Kaminski. Allerdings machte ihr Kaminskis Leben im Untergrund des Kellers Sorgen. Der Freund war dort keineswegs sicher, so ungern Tante Lina sich das auch selbst eingestehen mochte, aber das waren mehr private Gründe. Und dann – Kaminski brauchte Kleidung, brauchte Essen. Lebensmittelmarken hatte er natürlich nicht, es gab ihn schließlich gar nicht. Und wer keine Lebensmittelmarken hatte zu dieser Zeit, der hatte nur wenig Chancen zu überleben.

Nur eine Woche nach dem erfolglosen Gestapoeinsatz in Tante Linas Haus, betrat selbige das Büro des »Deutschen Frauenwerkes« in Gelsenkirchen und meldete sich zum Ernteeinsatz des Frauenhilfsdienstes.

Bruder Bruno fiel fast vom Stuhl, als er bei seinem wöchentlichen Stammtisch höherer NS-Funktionäre in der Gaststätte »Zur Post« davon erfuhr. Er ließ sich auf die Schulter klopfen und meinte, daß sei wohl seinem »Entgegenkommen« in der »Gestapo-Sache« zu verdanken.

Tante Linas Gründe für ihren unerwarteten Entschluß waren weitaus prosaischer. Sie wollte ihre (und vor allem Kaminskis) Lebensmittellage verbessern.

Tante Lina ging in die Kartoffeln. Denn so viel stand fest, nach der schlechten Ernte würde man in diesem Jahr weitgehend auf Kartoffeln angewiesen sein. Ein Pfund pro Kopf und Tag hatte Tante

Lina errechnet, und dafür würden weder die Lebensmittelrationen noch die selbstangebauten Knollen reichen.

Und so sah man eines Tages Tante Lina ins Münsterland zum Ernteeinsatz fahren, und die Leute wunderten sich wieder einmal über den Anblick, der sich ihnen bot: Tante Linas Koffer stand auf einem Handwagen, den sie aus einem ausgedienten Kinderwagen gebaut hatte (Kaminskis Werk natürlich) und den sie hinter sich zum Bahnhof zog. Tante Lina fuhr in ein kleines Dorf nahe bei Lüdinghausen. Ossmann hieß der Bauer, bei dem sie einquartiert wurde.

Mit der Bauersfrau hatte sie schnell Freundschaft geschlossen. Sie konnte es mit den Münsterländern, und schließlich wollte sie nicht mit einem leeren Handwagen ins Ruhrgebiet zurückkehren.

Die Arbeit auf dem Feld war nicht leicht, aber Tante Lina war zäh, und die Liebe zu Kaminski, an den sie wohl oft dachte in diesen Tagen, verlieh ihr die nötige Kraft.

Geradezu beschwingt und voller Übermut sah man sie Kartoffeln sammeln nach einer Begegnung, die sie während einer Frühstückspause auf einem Weg neben dem Kartoffelacker gehabt hatte, und die ihr zumindest eine vorläufige Hilfe bringen sollte.

Die Damen der NS-Frauenschaft, die mit ihr gemeinsam Kartoffeln aus dem Acker klaubten und mit hochgezogener Nase Pickert aßen (die Ossmannsche war eine Bauerstochter aus dem Lipper Land), sahen sie mit einem Hausierer zusammenstehen und lange reden, einem Mann von den Reisenden, vom »fahrenden Volk«, einer, der mit allen Wassern gewaschen schien. Tags darauf ließ sie sich den Vormittag von der Arbeit befreien, ging in der Kreisstadt zur Kreisverwaltung und beantragte einen Wandergewerbeschein.

Nach ihrer Adresse befragt, gab sie die des Bauern Ossmann an. Nach Gründen befragt, murmelte sie etwas vom Verkauf von Haushaltsgegenständen an die Bauern der Umgebung.

Der Wandergewerbeschein wurde ihr »erteilt«. Und stracks ging Tante Lina damit einige Büros weiter und ließ sich unter Vorweisung des eben erworbenen Scheines darauf Lebensmittelmarken geben. Von da an gab es Tante Lina zweimal. Einmal als Hausiererin im Münsterland ohne ständigen Wohnsitz, aber ständig mit Lebensmittelmarken, und einmal als Tante Lina in Gelsenkirchen, eine brave Volksgenossin auch mit Lebensmittelmarken.

Die Besuche im Münsterland wurden stets in der Wochenmitte getätigt, einmal je Lebensmittelzuteilungsperiode, und endeten meist beim Bauern Ossmann.

Reich mit Kartoffeln beladen kehrte Tante Lina vom Ernteeinsatz zurück, nun von den Nachbarn mit eher neidischen Blicken bedacht. Und sie war voll neuer Ideen.

Kuszmierz mußte sich ein Schwein anschaffen, ein Jungschwein, das großgezogen werden konnte: eine Idee des Reichsnährstandes in diesem Jahr zur »Kriegsernährung des Bergmannes«. Für diese »zusätzliche Ernährung« gab der Staat Zuschüsse; Gruben und Zechen mußten sich ebenfalls an der Finanzierung beteiligen. Der Reichsnährstand und die Getreidewirtschaftsverbände stellten preiswerte Futtermittel zur Verfügung.

Der Bergmann sollte wieder an seine Ursprünge erinnert werden, schließlich war die Schweinehaltung bei Bergleuten im vorigen Jahrhundert im Ruhrgebiet nichts Ungewöhnliches.

Kuszmierz sträubte sich lange gegen diese Idee, hatte er doch, wie er immer wieder sagte, keine Ahnung von der Schweinehaltung. Es half nichts. Die Nachbarschaft zeterte ob des Gestanks, ging zum Amtsgericht, verklagte Tante Lina. Tante Lina gewann den Prozeß, und Kuszmierz behielt sein Schwein.

Das Lebensmittelproblem war fürs erste gelöst durch Kuszmierz' Schwein und Kaminskis Lebensmittelkarten-Reinkarnation als Tante Linas Münsterländer Doppel.

Doch damit war Kaminskis Leben noch nicht gerettet.

Noch im selben Jahr fuhr Tante Lina zu einem zweiten ländlichen Arbeitseinsatz des Frauenhilfsdienstes. Diesmal nach Thüringen, dem »grünen Herzen Deutschlands«, wie es damals genannt wurde. Wie es ihr gelungen war, nun gerade hierhin verschickt zu werden, war nicht in Erfahrung zu bringen.

Vielleicht hatte sie wieder gewisse Beziehungen spielen lassen. Zu erfahren war, daß Tante Lina während ihres Aufenthaltes in Thüringen jede freie Minute benutzt haben soll, um im Lande umherzufahren.

Und es muß ihr dort ausnehmend gut gefallen haben. Die Ossmannsche hatte ihr einen guten Tip gegeben.

Wasserleitung und Rundfunk gab's noch nicht in jedem Haus,

aber gewiß einen Verschlag mit Stallhasen. Die Leute waren verschlossen, sprachen wenig, aber aßen gut. Sonntags gab's unweigerlich Kartoffelklöße und Kaninchenbraten mit Soße, dazu Salat der Jahreszeit. Ein Festessen, für das man keine Lebensmittelmarken brauchte.

Es gab viele abgelegene Höfe und wenig Polizei.

Als Tante Lina aus Thüringen wiederkam, war die Sache beschlossen. Kaminski sollte im »grünen Herzen« untertauchen, und Tante Lina hatte schon Quartier gemacht.

Diese Geschichte hat keine Moral und auch kein Ende. Das haben Geschichten in dieser unmoralischen Zeit meist nicht. Oder doch?!

Kaminski »machte« nach Thüringen. Tauchte dort unter. Tante Lina erhielt bisweilen einen Brief von einer »Freundin« aus Thüringen. 1944 wurde Kaminski geschnappt – in Leipzig. Er hatte lange seine Untergrundarbeit wieder aufgenommen. Auf »einem Transport wurde Kaminski bei einem Fluchtversuch erschossen« – so heißt es zumindest in der Gestapo-Akte.

Wer anders als ihr Bruder Bruno konnte Tante Lina diese Nachricht überbringen.

1940 – wir haben es schon erwähnt – wurde das Jahr der Kartoffel. Nicht nur wegen der schlechten Ernte (es gab beispielsweise kaum heimisches Obst, selbst das Angebot an Äpfeln war knapp geworden) Edith-Sylvia Burgmann, Autorin des Buches »Gut gekocht – gern gegessen«, weiß:

»Plötzlich ist die Kartoffel große Mode geworden. Wie Pilze aus der Erde entstehen neue Kartoffelgerichte. Wir tragen plötzlich keine Bedenken mehr, Kartoffeln roh, gekocht, gequetscht, gebacken, gegrillt, gedämpft als Auflauf oder als Pastete auf den Tisch zu bringen. Es macht uns ein Vergnügen, unserer Phantasie endlich einmal wieder die Zügel schießen zu lassen.«

Die Gründe dieser neuen »Kartoffelmode« allerdings waren wohl in den zahlreichen Veröffentlichungen der Kochpropagandisten zu diesem Thema zu suchen. Kartoffeln zumindest gab es in diesem Jahr in ausreichender Menge, und sie mußten als Ersatz für alle möglichen fehlenden Lebensmittel herhalten. Und – die Kartoffel, einst aus Amerika zu uns eingeführt, wurde zum »deutschesten« aller deutschen Nahrungsmittel ernannt. Tante Lina hat mehr als zweihundert Kartoffelrezepte in ihrem Buch gesammelt. Wir stellen hier nur die für den Krieg typischen vor, die sich auch in anderen Publikationen aus dieser Zeit wiedergefunden haben.

Köstliche Kartoffeln

Gerichte, die manche Hausfrau nicht kennt

Jetzt, wenn es reichlich frische Kartoffeln gibt, da ist so recht die Zeit dafür, sie auf köstliche Weise zurechtzumachen. Auf „köstliche Weise“, dann also wohl mit kostbaren Zutaten oder in besonderer Form zubereitet? O nein! Man braucht nicht nur den Physiologen zu fragen, sondern eigentlich gibt schon unsere in der Beziehung feine Zunge die Antwort, daß die heute leider meist übliche Form der „Salzkartoffeln“ durchaus weder die wohlschmeckendste, noch die gesundheitlich wertvollste Art der Zubereitung ist. Warum schmecken die im Herbst im Kartoffelfeuer in sich gebratenen Kartoffeln denn gar so „köstlich“? Es ist nicht nur der Spaß an sich, die frische Luft, vielleicht auch die Arbeit, die wir geleistet haben, die sie uns zu einem wahren Genuß machen, sondern in dieser Form, die wir wirklich als die beste bezeichnen müssen, ist die Knolle in sich gar geworden, nichts von ihr fortgenommen, nichts hinzugefügt, das Nahrungsmittel in seiner Einheit auf die vorzüglichste Weise so gar gemacht, daß nicht nur alle Nähr- und Gesundheitswerte erhalten sind, sondern auch ihr voller Wohlgeschmack entwickelt wurde. So sind sie wahrhaft köstlich!

Nun können wir uns ja nicht beliebig oft Kartoffelfeuer anzünden, aber die Hausfrau hat es wohl in der Hand, die Kartoffeln in ähnlich wohlschmeckender Weise herzurichten. Wir kochen sie beileibe nicht in Wasser, aber wir machen sie auch nicht im Dampfe gar, wie wir es jetzt dem Kochen vorziehen, sondern sie werden im Ofenrohr gebacken!

Die frischen Kartoffeln werden mit der Wurzelbürste in reichlich Wasser sehr sauber abgebürstet, dann noch ein- oder zweimal in Wasser nachgewaschen, damit sie vollkommen sauber sind, dann läßt man sie trocken werden. Man kann sie dann auf verschiedene Weise backen; entweder auf ein eingefettetes Backblech legen und in nicht zu starker Hitze langsam gar werden lassen. Oder mal ölt sie vorher ein, dann bäckt nach dem Garwerden die Schale so knusprig, daß man sie gern mitgenießt. Sehr gut im Geschmack werden sie auch, wenn man sie auf einer Längsseite einschneidet, Kümmelkörnchen in den Einschnitt streut und nun backen läßt. Man kann es aber auch so machen, daß man die Kartoffeln einmal durchschneidet, die Schnittfläche erst in Fett, dann in gestoßene Kümmelkörner taucht, auf ein eingefettetes Blech mit dieser Kümmelfläche stellt und nun backen läßt. Mit ein wenig frischer Butter und Salz schmecken diese Kartoffeln so köstlich, daß man sie gar nicht wieder anders essen möchte. Und wir überzeugen uns davon, daß Salzkartoffeln aber auch längst nicht so gut schmecken!

Noch ein kleiner Wink für die Hausfrau: Machen Sie die Kartoffeln für einen Kartoffelteig zu einem Strudel oder zu einem Kuchen immer im Ofen gar, sie werden wunderbar locker und ganz trocken, so daß auch der Kuchen viel besser geraten wird.

Eifeler Eintopf

Zutaten: eineinhalb kg Kartoffeln, 40 g Fett, eine Zwiebel, zwei Stangen Porree, ½ l Buttermilch, Salz, eine Essiggurke, ein Kopf Endiviensalat.

Die Kartoffeln werden mit wenig Wasser gargekocht, gepellt und gestampft. Zwiebeln und Porree würfeln, in Fett dünsten und zusammen mit der heißen Milch dazugeben. Alles verschlagen. Zuletzt den feingeschnittenen Endiviensalat und die kleingehackte Essiggurke darunterrühren und sofort anrichten.

Saure Kartoffeln

Zutaten: ein kg Kartoffeln, drei Eßlöffel Mehl, 50 g Fett, eine Gewürzgurke, vier Gewürznelken, ein Lorbeerblatt, Salz, Pfeffer, zwei Eßlöffel Essig, eine Knoblauchzehe, ein l Brühe, ein Bund Petersilie.

Das Mehl mit Fett in einem Tiegel braun rösten, mit der Brühe auffüllen, die kleingehackte Gurke, die Gewürze zugeben und das Ganze aufkochen lassen.

Die Kartoffeln schälen, in dünne Scheiben schneiden, in die Brühe geben und alles noch einmal unter ständigem Rühren etwa 20 Minuten gut durchkochen lassen. Mit Essig und Petersilie abschmecken.

Kartoffel-Quarkauflauf

Zutaten: 250 g gekochte, geriebene Kartoffeln, 250 g Speisequark, ein Ei, 75 g Zucker, ein Eßlöffel Margarine, ein Teelöffel abgeriebene Zitronenschale oder Zitronenaroma, ein Eßlöffel Semmelbrösel.

Die Margarine wird mit Zucker und dem Eigelb schaumig gerührt. Nach und nach werden die Kartoffeln mit dem Quark dazugetan, unter den man die Zitronenschalen (oder das Zitronenaroma) gerührt hat. Das Eiweiß wird zu Schnee geschlagen und zum Schluß leicht untergezogen. Man füllt die Masse in eine Auflaufform, streut Semmelbrösel darüber und setzt ein paar Fettflöckchen obenauf. Der Auflauf wird ca. 45 Minuten im Ofen gebacken.

Kartoffelauflauf mit Hering

Zutaten: 750 g gekochte Kartoffeln, ein Hering, eine Zwiebel, 30 g Fett, ½ l sauere Milch, ein Eßlöffel Mehl, ein Ei, 25 g geriebener Käse, Salz, etwas geriebene Muskatnuß, Pfeffer, ein Eßlöffel Semmelbrösel.

Die Kartoffeln kochen. 250 Gramm davon reiben und mit Fett, Salz, Pfeffer, Muskatnuß und dem Eigelb zu einem Teig verarbeiten. Das steif geschlagene Eiweiß vorsichtig darunterziehen.

Der geputzte und entgrätete Hering wird in kleine Würfel geschnitten und mit der grob gehackten Zwiebel angedünstet.

Der Rest der Kartoffeln wird in Scheiben geschnitten, und der Boden einer gefetteten Auflaufform wird damit belegt. Die Kartoffeln mit dem Hering bedecken, mit saurer Milch übergießen und als letzte Schicht den Kartoffelteig darüberstreichen. Mit geriebenem Käse und Semmelbröseln bestreuen.

Den Auflauf im Backofen etwa 45 Minuten kross backen.

Schupfnudeln

Zutaten: ein Pfund Salzkartoffeln, 60 g Mehl, etwas geriebene Muskatnuß, etwas Fett oder Schmalz, Salz.

Die in Salzwasser gekochten Kartoffeln werden heiß durch ein Sieb gedrückt, mit dem Mehl, Salz und Muskatnuß auf einem Backbrett vermischt und zu fingerdicken Würstchen geformt. Ganz kurz in Salzwasser abkochen. Wenn sie steigen, nimmt man sie sofort heraus und schmälzt sie.

Man kann sie auch in Fett rösten, bis sie hellbraun sind.

Leineweber

Zutaten: 750 g Pellkartoffeln, ½ l Milch, 250 g Mehl, ein Ei, Salz, eine halbe Zwiebel, etwas Fett.

Mehl, Milch, Salz und das Ei zu einem dickflüssigen Teig verquirlen. Mit der in Fett getauchten Zwiebel die heiße Pfanne ausfetten. Abgezogene, dünne Kartoffelscheiben hineingeben, bis der Boden bedeckt ist. Etwas Eierkuchenteig darübergießen und von beiden Seiten backen.

Esst Pellkartoffeln
KÖLN
LST
4,5 Millionen Tonnen Kartoffeln
füllen einen Eisenbahnzug von Köln bis Jstanbul.
So viele Kartoffeln gehen jährlich durch unwirtschaftliches Schälen verloren
JSTANBUL: 3.080 km

Pellkartoffeln mit Tunke
Senftunke

Zutaten: fünf Eßlöffel Senf, zwei Eßlöffel Zucker, ein Eßlöffel Mehl, ½ l Wasser, fünf Eßlöffel Essig, 50 g Butter, fünf Eigelb.

Zu Essig und Wasser in einem Topf Senf und Eigelb unter stetem Rühren geben. Mehl darüber stäuben. Mit Zucker und Butter verquirlen. Drei Minuten aufkochen lassen.

Kalte Kräutertunke

Zutaten: ⅓ l Wasser, 30 g Mehl, ein Ei, ein Eßlöffel Öl, eine Gewürzgurke, ein Apfel, ein Eßlöffel Tomatenmark, Salz, Estragon, Dill, Schnittlauch, Petersilie, Basilikum, eine Knoblauchzehe.

Mehl unter das Wasser rühren, zum Kochen bringen und unter Schlagen das Ei und das Öl dazugeben. Erkalten lassen. Dann die kleingehackten Kräuter und Gurke, den geraspelten Apfel und das Tomatenmark unterziehen. Salzen.

Soldatenkappen

Zutaten: acht große Kartoffeln, ein Eiweiß, 50 g Fett, eine rohe, grobe Bratwurst (etwa 150 g), eine Zwiebel, ⅛ l Sahne (oder Rahm), Salz, Pfeffer, ¼ l Brühe.

Die Kartoffeln schälen, dabei unten eine Scheibe abschneiden, damit man sie in die Pfanne stellen kann. Oben einen Deckel abschneiden, und die Kartoffeln zwei bis drei Zentimeter tief aushöhlen. Die Bratwurstfülle in die Kartoffeln eindrücken. Die Kartoffeldeckel mit Eiweiß bestreichen und aufsetzen.

Die gefüllten Kartoffeln werden dicht beieinander in eine Pfanne gesetzt.

Die Brühe mit Salz und Pfeffer würzen, über die Kartoffeln gießen. Eine halbe Stunde im Ofen backen.

Die Zwiebel kleinhacken und in einer Pfanne goldgelb werden lassen, den Rahm dazugeben, mit Salz und Pfeffer abschmecken. Zu den fertigen Soldatenkappen geben.

Jugend — ran an den Kartoffelkäfer!

Ein paar Worte an die Gelsenkirchener Jungens — Hier könnt ihr dem Vaterland nützen

Jugend heran! Ihr alle habt so oft geschwärmt und geträumt, Soldat sein zu können. Nichts interessanteres gibt es für euch, als mit Soldaten zu plaudern und euch in die Ereignisse der einzelnen Truppengattungen einweihen zu lassen. Aber um Soldat zu sein, muß man Mann sein. Da hat es bei euch noch eine Weile Zeit, schade wird mancher sagen, gerade jetzt, wo doch wirklich Krieg ist, muß ich noch zu jung sein. Aber Jungens, auch für euch gibt es viele und bestimmt nicht unwichtige Dinge, wo ihr eurem Vaterland dienen und nützen könnt.

Wie oft habt ihr von Blut und Boden, vom täglichen Brot und von der Ernährungsfreiheit unseres deutschen Volkes gehört und gelesen. Das ist gerade in Kriegszeiten noch wichtiger als es in Friedenszeiten schon war und hier könnt auch ihr

eure junge Kraft zur Verfügung stellen

und wichtige Arbeit leisten. Ihr wißt sicher, wie ungeheuer wichtig unsere Kartoffel für die deutsche Ernährung ist, und ihr selbst könnt euch den Mittagstisch kaum ohne Kartoffeln vorstellen. Da ist nun ein Käfer in unseren deutschen Gauen, der gerade die Kartoffeln sich als Lieblingsspeise ausgesucht hat. Gegen den richtet sich ein großangelegter und äußerst notwendiger Krieg, in dem ihr, Jungens, Soldat sein könnt und sollt. Der Bauer allein, der schon an und für sich eine ungeheure Menge an Arbeit Tag für Tag zu leisten hat, ist nicht in der Lage, diesen Kampf auch noch zu führen. Deshalb deutsche Jugend heran!

Es gilt an erster Stelle zu wissen, wo der Feind ist. Daher müssen wir sorgfältig und regelmäßig jedes Kartoffelfeld absuchen. Jede Woche muß die Suche nach diesem äußerst gefährlichen Feind deutscher Ernährung durchgeführt werden. Aber ich glaube, mancher von euch weiß noch gar nicht, wie eigentlich der Feind aussieht, paßt auf!

Was jeder vom Kartoffelkäfer wissen muß:

ein kleiner niedlicher Käfer, 1 Zentimeter groß, gelb mit 10 schwarzen Längsstreifen. Sein Nahrungsmittel die Blätter der Kartoffelpflanze. Aeußerst flugtüchtig. Legt Strecken bis zu 50 Kilometer fliegend zurück. Die Hauptgefahr liegt in der übergroßen Vermehrungsfähigkeit — ein Weibchen hat im Laufe eines Sommers bis zu 32 Millionen Nachkommen, die zu ihrer Ernährung das Laub einer 10 Morgen großen Kartoffelanbaufläche benötigen.

Entwicklung des Käfers: das Weibchen legt Eier in Häufchen von 40—80 Stück an die Unterseite der Kartoffelblätter. Nach 6—8 Tagen schlüpfen aus diesen die Larven, die anfangs fleischrot und im ausgewachsenen Zustand bei einer Größe von 1,5 Zentimeter gelblichrot gefärbt sind. An der Seite tragen sie zwei Reihen schwarzer Punkte. Nach etwa 3 Wochen verkriechen sich die Larven in die Erde, verpuppen sich und nach kurzer Zeit schlüpft der fertige Jungkäfer aus. Wenige Tage nach dem Ausschlüpfen sind die Jungkäfer schon fähig, sich weiter zu vermehren. Dieser Kreislauf in der Entwicklung wiederholt sich bis zu dreimal im Sommer.

Nun weiß jeder von euch, wen er zu suchen hat. Während eure Väter und Brüder da draußen im Kampfe gegen unsere Feinde stehen, sollt ihr nun helfen, diese schwarzgelbe Gefahr aufzufinden und zu vernichten. Hier seid ihr Soldaten und wie wir alle uns auf unsere Front da draußen verlassen und verlassen dürfen, so verläßt sich das deutsche Volk auch auf euch im Kampfe um das wichtigste deutsche Nahrungsmittel, die Kartoffel, im Kampfe gegen den Kartoffelkäfer.

Kartoffelwaffeln

Zutaten: 250 g Grieß, 250 g Kartoffelmehl, 250 g gekochte geriebene Kartoffeln, 125 g Mehl, ein Ei, 65 g Zucker, 40 g Hefe, ½ Teelöffel Salz, ¾ l Milch, Fett für das Waffeleisen.

Man löst die Hefe in der lauwarmen Milch auf und verrührt sie mit den übrigen Zutaten in einer Schüssel. Den Teig dann zudecken und etwa eine halbe Stunde gehen lassen. Waffelteig muß dickflüssig sein.

Nachdem er gegangen ist, füllt man ihn in das gefettete erhitzte Eisen und backt die Waffeln auf beiden Seiten hellgelb.

Will man sie kalt essen, legt man sie nach dem Backen nebeneinander auf ein Holzbrett und läßt sie auskühlen, denn sie bleiben nicht knusprig, wenn man sie aufeinanderlegt, solange sie noch heiß sind. Man kann sie mit Puderzucker bestreuen oder heiß zu Kompott essen.

In dem Rezept oben wird Kartoffelmehl erwähnt. Das kann man heute natürlich fertig kaufen. Man kann das allerdings auch selber machen. In dem Buch »Mit Verstand und Liebe – Ein Kochbuch für schlechte und gute Zeiten« von Anne-Marie Bartel haben wir folgendes Rezept gefunden:

»Mahlen Sie frische Kartoffelschalen, so fein es geht, durch den Wolf. Tun Sie sie dann über einer Schüssel in ein feines Sieb, schütten Sie Wasser darüber – etwa zwei Drittel Wasser auf ein Drittel Schalen – und rühren Sie das Ganze gründlichst durch, so daß die gemahlenen Schalen im Sieb bleiben, die Kartoffelstärke aber mit dem Wasser in die Schüssel tropft. Dieses Wasser schütten Sie dann ab. Die am Schüsselboden abgesetzte Stärke geben Sie, nachdem Sie sie noch einmal zur Säuberung durchgespült haben, auf einer mit Pergamentpapier belegten Trockenhorde (gemeint ist ein Lattengestell) ins laue Backrohr oder ins Freie zum Durchtrocknen. Ein Pfund Kartoffelschalen bringt etwa 25 Gramm Kartoffelmehl.«

Noch ein Tip gefällig? Aus der »Deutschen Frauen-Zeitung« 1940:

»... besonders kräftigen Geschmack der Kartoffel (erreicht man), wenn man um jede Kartoffel einen Ring schält und sie dann wie Pellkartoffeln im Salzwasser kocht...«

Kartoffeltorte

Zutaten: 300 g Zucker, einige Tropfen Mandelessenz, 100 g geriebene Haselnußkerne, ein Paket Vanillezucker, etwas Zitronensaft, ein Teelöffel Arrak, zwei Eier, ein Pfund Kartoffeln, ein Päckchen Backpulver.

Zucker mit zwei Eigelb, der Mandelessenz, Haselnußkernen, Vanillezucker, Zitronensaft und Arrak verrühren.

In diese Masse werden die gekochten, geriebenen Kartoffeln gegeben (eine mehlige Art eignet sich am besten) und das Backpulver. Den steif geschlagenen Eischnee unterziehen.

Der Teig wird in einer eingefetteten, mit Semmelbröseln ausgestreuten Springform im mittelwarmen Ofen gebacken. Backzeit: etwa eine Stunde.

Man kann die Torte nach dem Erkalten mit einem Zwirnsfaden in dicke Scheiben schneiden und mit Apfelmus oder einer säuerlichen Marmelade (zum Beispiel Hollundermarmelade) füllen. Mit Puderzucker bestäuben.

Kartoffelnapfkuchen

Zutaten: ein Ei, ein Fläschchen Backaroma Zitrone (oder Zitronensaft), etwas Salz, ein Päckchen Soßenpulver (Vanille-Geschmack), ⅛ l entrahmte Frischmilch, 250 g gekochte Kartoffeln (vom Tag zuvor), 250 g Mehl, ein Päckchen Backpulver, 100 g Rosinen oder getrocknetes Mischobst, 80 g Zucker.

Das Ei, Zucker, die Gewürze und das mit etwas Milch angerührte Soßenpulver werden nach und nach gut miteinander vermischt.

Die zweimal durch ein Sieb gepreßten Kartoffeln und das mit Backpulver gemischte und gesiebte Mehl werden abwechselnd mit der übrigen Milch untergerührt. Man verwendet nur so viel Milch, daß der Teig schwer (reißend) vom Löffel fällt.

Die gereinigten Rosinen oder das gereinigte, entsteinte, in Würfel geschnittene Mischobst werden zuletzt unter den Teig gehoben. Man füllt ihn in eine gut gefettete, mit Semmelbröseln bestreute Napfkuchenform. Etwa eine Stunde bei schwacher Mittelhitze backen.

Falsche Spiegeleier

Zutaten: ein kg Kartoffeln, ¼ l Magermilch, ein Eßlöffel Mehl.
Für die Füllung: Reste von gekochtem Blumenkohl, ein Eßlöffel Tomatenmark, Pfeffer, Majoran.

Die geschälten gewürfelten Kartoffeln werden in Salzwasser weichgekocht. Man gießt das Kochwasser ab und zerstampft die Kartoffeln, die man dann mit Milch zu einem dicken Brei kocht, dabei etwas Mehl daruntermischen. Runde Platten (in Spiegeleiergröße) auf ein gefettetes Blech streichen.

Während diese mit Unterhitze backen, bereitet man die Füllung:

Gemüsereste kleinhacken, mit Tomatenmark, Pfeffer und Majoran gut verrühren und in einem Topf heißwerden lassen. Auf die gebackenen Platten geben, so daß noch ein weißer Rand zu sehen ist.

Mit Salat servieren.

Eine praktische Kartoffelkiste

Hier bewährt sich die Hausfrau — Kartoffeleinlagerung ohne Verluste

In jedem Jahre, wenn es mehr und mehr herbstlich wird, dann bewegt uns Hausfrauen ständig der Gedanke an die Ernährung während der Wintermonate. Selbst wenn uns der Markt noch das bietet, was im allgemeinen notwendig ist, um das tägliche Mittagbrot auf den Tisch zu bringen, so ist der Winter doch lang und macht bis zu einem gewissen Grade die zeitige Vorsorge nötig. Sind Beeren und Obst, Gemüse und Gurken in Gläsern und Töpfen, dann ist es jetzt an der Zeit, an die Grundlage der Ernährung im Winter, an die Kartoffel, zu denken. Nun soll dieses Denken aber gerade jetzt in richtigen Bahnen sich bewegen und nicht in die Manie des Raffens abgleiten. Wenn es auch gut ist, Vorratswirtschaft zu treiben und auf den Winter und seine Notwendigkeiten Bedacht zu nehmen, so muß doch auch hierüber die Parole „Kampf dem Verderb“ stehen. Wie leicht geschieht es doch, daß gerade die Kartoffel im Keller dem Verderb anheimfällt, wenn die Einlagerung nicht zweckmäßig durchgeführt wird und vor allem später nicht die nötige Aufmerksamkeit waltet. Es ist wohl einfach, sich jetzt dank der guten Ernte die nötige Menge Kartoffeln in den Keller schaffen zu lassen, unverantwortlich aber wäre es, wenn auch nur ein Bruchteil davon nicht dem vorbedachten Zwecke, nämlich dem Verzehr, zugeführt werden kann.

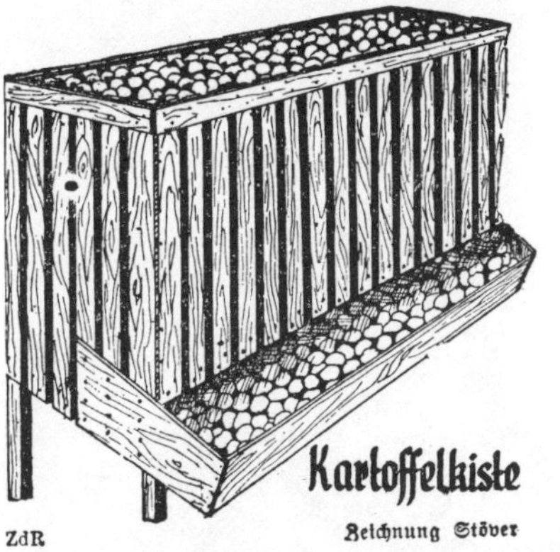

ZdR — Zeichnung Stöver

Also zuerst ist es nötig, den Keller an sich darauf zu prüfen, ob er für die Aufbewahrung von Kartoffeln überhaupt geeignet ist. Keller, durch die Heizungs- oder Wasserleitungsrohre hindurchführen, müssen von vornherein schon für die Lagerung von Kartoffeln ausscheiden, weil in beiden Fällen die Früchte sich nicht halten können, gleichviel, wie man sie sonst unterbringen will. Außerdem muß für die nötige Belüftung Sorge getragen sein, denn selbst im Winterlager atmet die Kartoffel. Zu beachten bleibt hierbei, daß selbstverständlich im Winter kein Frost eindringen darf. Am besten ist es schon, wenn der Keller eine gleichmäßige Temperatur von etwa 3—4 Grad Wärme aufzuweisen hat, die stetig gehalten werden kann. Selbst die Anbringung eines billigen Thermometers macht sich hier durchaus bezahlt, wenn man sich auf das Gefühl allein nicht verlassen möchte.

Natürlich darf man nun die Kartoffeln nicht so ohne weiteres in den Keller schütten und nun damit rechnen, daß sie sich halten werden, wenn die eben erwähnten Voraussetzungen gegeben sind. So ist das noch lange nicht. Wenn man schon gar nichts anderes hat, dann muß man zum wenigsten auf dem Steinboden des Kellers auf einigen Aulageleisten eine Holzpritsche aus ein paar Brettern zusammenschlagen, diese mit einer Randleiste versehen, so daß die Kartoffeln mit dem Steinboden nicht in Berührung kommen. Weit besser ist es, wenn man die Kartoffeln in eine eigens für diesen Zweck hergerichtete Kiste geben kann. Je luftiger nun diese Kiste ist, d. h. je mehr Luft an die Kartoffeln heran kann, um so besser wird der Erfolg der Aufbewahrung sein. Bei weitem am besten ist eine aus Latten hergestellte Kiste, deren Boden schon einen gehörigen Abstand vom Kellerfußboden hat. Diese Kiste soll zudem einen schrägen Boden und unten an der Vorderseite einen offenen Trog haben, woraus man die Kartoffeln entnehmen kann. Wird nun hier die jeweils nötige Menge entnommen, rutschen die Kartoffeln von oben nach, so daß jedesmal eine gewisse Bewegung der Kartoffeln in der Kiste entsteht. Diese Bewegung hindert bis zu einem gewissen Grade das vorzeitige Keimen und fördert den Luftzutritt zu den gelagerten Kartoffeln. Es bleibt nun nur noch zu sagen, daß eine regelmäßige Beobachtung der Kartoffeln im Winter stattfinden muß. Ebenso müssen sie von Zeit zu Zeit durchgesehen werden, ob sich nicht doch angeschlagene oder faule darunter befinden, die die anderen anstecken und so den Verderb der ganzen Menge herbeiführen können.

Mit der nötigen Sorgfalt durchgeführt, ist der Kartoffelvorrat im Keller für den Haushalt ein Segen und eine Entlastung im Winter für den Markt. Wenn aber durch Unachtsamkeit Kartoffeln verderben, dann ist es eine Schande für die Hausfrau, der das passiert und ein Frevel an der Sicherung der Ernährung des Volkes.

Maidi Wagner.

Klaus wünscht sich ...

Fragt man einen fünf- bis achtjährigen Jungen nach seinen Wünschen zum Weihnachtsfest, werden von ihm bestimmt erst einmal viele Waffengattungen und Geschützarten aufgezählt, die ihm zu seinem in der Spielecke geführten Krieg noch fehlen. Da ist dann meist guter Rat teuer, denn nicht immer läßt sich das Gewünschte beschaffen. Viele mögen wohl an das Selberbasteln dieser Spielsachen denken, doch nicht recht wissen, wie und woraus sie sie möglichst stabil herstellen können. Nachstehend angeführte Vorlagen sollen dazu Anleitungen geben: zu dem aus Pappe und Holzteilchen gebauten Panzerwagen mit drehbarem Turm ist die Beschreibung auf dem Schnittebogen. Eine unbeschränkte Anzahl von Soldaten kann nach dem Muster H 7531 aus Pappe geschnitten und bemalt werden. Zu dem gleichen Muster gehört auch das Flugzeug, das aus Holzresten gearbeitet ist. Bei kleineren Jungen spielen noch Eisenbahn und Baukasten eine große Rolle. Die Eisenbahn aus Holz, bunt bemalt, ist für die Jüngsten gedacht. Vorlage: H 7532. Aus Holzresten läßt sich leicht ein Baukasten zusammenstellen und durch Anmalen einiger Formen lustig gestalten. Muster: H 7172. Spaß macht das Fußballspiel, rechts unten; Näheres auf dem Bogen.

(aus: Das Blatt der Hausfrau, 57. Jahrg., Heft 3)

(Titelbild der »NS-Frauen-Warte«, Heft 4, Dezember 1943)

Die deutsche Frau, wie wir sie uns denken, muß,
wenn es die Lage des Volkes erfordert,
verzichten können auf Luxus und Genuß.
Sie muß geistig und körperlich arbeiten können,
und sie muß aus dem harten Leben,
das wir heute zu leben gezwungen sind,
ein schönes Leben machen können.
Sie muß innerlich um die Nöte und Gefahren,
die unserem Volk drohen, wissen.
Sie muß so sein, daß sie alles,
was von ihr gefordert wird, gern tut.

(aus Reden der Reichsfrauenführerin Gertrud Scholtz-Klink)

Wie Tante Lina ein Päckchen für den Führer packte

Bevor Tante Lina in ihrem Rechenheft damit begonnen hat, in ihrer gestochenen Handschrift Rezepte für Weihnachtsgebäck niederzuschreiben, muß sie wohl auf einen Artikel in einer Frauenzeitschrift der damaligen Zeit gestoßen sein.

Sie hat ihn ausgeschnitten und in das Heft eingeklebt. Heute ist er fast bis zur Unkenntlichkeit vergilbt, so daß wir ihn nicht mehr reproduzieren können. Und doch wollen wir einiges daraus wiedergeben. Unter der Überschrift »Vorbereitungen für die zweite Kriegsweihnacht« heißt es da:

»Allmählich rückt die Zeit heran, die für die Hausfrauen zwar eine große Arbeitsbelastung mit sich bringt, die wir aber doch alle nicht missen möchten. Die heimliche Geschäftigkeit, die schon wochenlang vor dem Fest unseren Tag erfüllt, gehört mit zum Fest, ist schon ein Teil von ihm... Gewiß können wir nicht so darauf los backen wie sonst, obwohl uns die Grenzen wahrhaftig nicht allzu enge gezogen sind. Wer klug war, hat sich übrigens selbst eine kleine Sparbüchse angelegt in Zucker, Butter, Eiern, Sultaninen und Weinbeeren, Haselnüssen oder Nüssen, wenn sie erreichbar waren, um die vielen Freuden einer vorweihnachtlichen Backstube voll genießen zu können... Was auch immer wir für diese Kriegsweihnacht vorbereiten mögen, geschieht durchweg in Gehaltenheit, im Gedenken an alle die Männer, die durch ihre unverbrüchliche Einsatzbereitschaft es uns überhaupt erst ermöglichen, daß wir an Weihnachtsvorbereitungen denken dürfen. Darum soll unser erstes Weihnachtspäckchen, das wir binden, eines sein, das wir irgendeinem unbekannten Soldaten hinaus an die Front senden zum Dank.

Das wird die schönste Überleitung sein zu einer in Wahrheit deutschen Weihnacht.«

Tagebuchnotiz von Tante Lina unter dem Artikel:

»13.12.1940. Habe Plätzchen gebacken aus den Zutaten, die ich

SOLDATEN als Adventsgäste bei Kristina Söderbaum

In dem Film: „Der große König" sind deutsche Soldaten Spielpartner der blonden Kristina Söderbaum. Am letzten Drehtag erklärt ihnen Kristina: „Sobald ich vor Weihnachten drehfrei bin, schreibe ich euch. Ich habe verwundete Kameraden eingeladen. Da müßt ihr auch kommen. Abgemacht!"

→ Und dann kommt der Adventssonntag, an dem die Soldaten anrücken. In der schmucken Tracht ihrer schwedischen Heimat bietet Kristina ihren Gästen ein herzliches Willkommen.

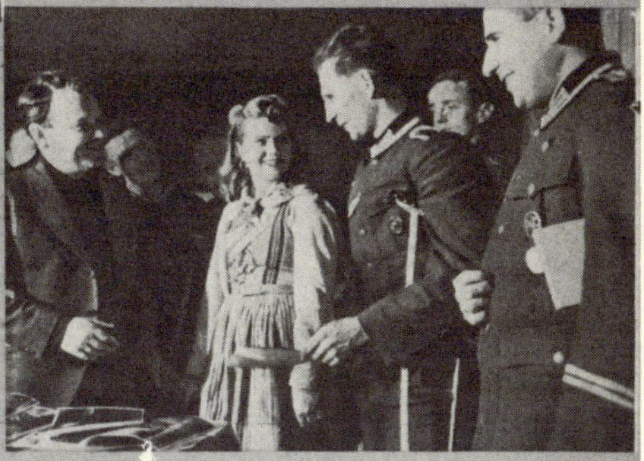

Die Aufnahmen vom Film „Der große König" finden natürlich ungeteiltes Interesse. Und auf daß die Runde vollzählig werde, erscheint jetzt auch der Hausherr Veit Harlan. Er läßt sich von den Feldgrauen erzählen und weiß selbst manche Anekdote aus seiner Arbeit zu berichten.

Alle Vorbereitungen für diese Stunden hat Kristina selbst getroffen. „Ich habe so selten Gelegenheit, Hausfrau zu sein, daß es mir doppelte Freude macht, alles bis ins kleinste selbst vorzubereiten . . ."

→ Die Lichter am Adventskranz brennen, und der Kuchen schmeckt den Jungs großartig.

748

(Seite aus der Zeitschrift »Erika – die frohe Zeitung für Front und Heimat«, Nr. 51, Dezember 1940)

mir während des Jahres habe absparen können, wenn sie erreichbar waren. Habe ein Weihnachtspäckchen gebunden, voller Backwerk, schön dekoriert und an unseren ersten (unterstrichen) und besten (unterstrichen) Soldaten geschickt, unseren Führer (das letzte Wort allerdings hatte Tante Lina in Gänsefüßchen gesetzt).«

Das Weihnachtspäckchen, so wird berichtet, hat Adolf Hitler bedauerlicherweise nie erreicht. Tante Lina brachte es, trotz der Versprechungen von Bruder Bruno, zum zweiten Mal in diesem Jahr die Gestapo ins Haus.

Man vermutete, auf den »Führer und Obersten Befehlshaber der Deutschen Wehrmacht« sollte ein Attentat verübt werden. Tante Linas selbstgebackenen Weihnachtsplätzchen bestanden nämlich lediglich aus Mehl und Wasser. Ob sie den »Führer« vergiften wollte, wurde sie gefragt. Ihre Antwort darauf ist unbekannt.

Bekannt ist, daß es Bruder Bruno einige Anstrengungen gekostet haben soll, die Sache wieder zu bereinigen. Und mein Vater Ottomar soll ihn dabei tatkräftig unterstützt haben.

Es gibt da diese »wunderbare« Geschichte, die auch nach dem Krieg noch im trauten Familienkreise immer und immer wieder die Runde machte. Als Mitglied der SS, der »Leibstandarte Adolf Hitler«, gehörte es zu Ottomars Aufgaben, wenn er nicht im Kriegseinsatz stand, den »Führer« zu bewachen: Wachaufgaben in der Reichskanzlei, später in der »Wolfsschanze«, auf dem Obersalzberg, wo sich der »Führer« gerade aufhielt.

Und nun soll es sich im Winter 1940/41 begeben haben, als Ottomar in kalter Winternacht wieder einmal dem »Führer« den Ehrendienst erwies, und es hieß, der »Führer« sei bereits abgefahren, unterwegs zur Front, um bei seinen Soldaten zu sein – da also soll sich aus der Dunkelheit kommend ein Mann auf Ottomar zubewegt haben. Und Ottomar hatte, wie ihm befohlen, das Gewehr gehoben, angelegt und gerufen: »Halt! Wer da?« Und als der Mann immer noch weiter gegangen war und nicht geantwortet hatte, noch einmal: »Halt! Wer da?«

Und da hätten ihn die Augen des Mannes aus der Dunkelheit angeblickt so zwingend, daß er nicht hätte schießen können, der Ottomar. Stahlblaue Augen wären es gewesen.

Und der Mann war zu ihm getreten und hatte ihm die Hand auf

die Schulter gelegt und gesagt: »Du willst mich doch nicht erschießen, mein Junge!« Diese Stimme – der »Führer« war's höchstselber, Ottomar hatte ihn erkannt. Und dann hatte man geredet, sehr persönlich, und Ottomar hatte die Geschichte mit Tante Lina und dem »Führer« wieder in Ordnung gebracht, nicht wahr?

Nun weiß jeder, daß die Augen des Herrn Hitler nicht gerade stahlblau zu nennen gewesen waren, und es gibt Leute, die bedauern, daß Ottomar nicht... aber dann wäre ja ... nein, nein! Lassen wir das! Es ist halt eine Geschichte, die Leute von der OdeSSA begeistern kann am Biertisch, uns schon weniger.

Der Herr Hitler hatte Tante Linas Plätzchen also nicht gegessen, die Plätzchen aus Wasser und Mehl mit Papierstreuseln. Tante Linas wirklichen Rezepte sind natürlich einfallsreicher, aber auch sie tragen den beschränkten Möglichkeiten der Zeit Rechnung.

TANTE LINAS BACKREZEPTE FÜR DIE »ZWEITE KRIEGSWEIHNACHT«

Printen

Zutaten: 185 g Rübenkraut, 100 g Zucker, 375 g Mehl, vier g gemahlenen Fenchel, vier g gemahlenen Anis, ½ Tasse Milch, ½ Päckchen Backpulver, Eiweiß zum Bestreichen.

In einer Pfanne läßt man das Rübenkraut zusammen mit dem Zucker heiß werden, bis eine flüssige Masse entsteht. In die gibt man dann Fenchel, Anis und die Milch hinein. Das mit dem Backpulver gemischte und gesiebte Mehl wird mit dieser Masse vermengt und zu einem glatten Teig verarbeitet. Der Teig wird messerrückendick ausgerollt. Mit dem Kuchenrädchen radelt man etwa vier Zentimeter breite und acht Zentimeter lange Streifen aus, die mit Eiweiß bestrichen werden. Die Backzeit beträgt etwa 15 Minuten bei 200 Grad Hitze.

Pflastersteine

Zutaten: 250 g Kunsthonig, 100 g Zucker, 50 g Margarine, ein Ei, ein gestrichener Teelöffel gemahlener Zimt, einige Tropfen Backaroma Bittermandel, einige Tropfen Kuchengewürzaroma, ein Eßlöffel Wasser, 500 g Mehl, vier gestrichene Teelöffel Backpulver, 50 g Mandeln, 50 g Korinthen, 25 g Orangeat.

Zum Bestreichen: etwas entrahmte Frischmilch.

Zum Bestreuen: etwas Hagelzucker.

In einem Topf werden Honig, Zucker und Fett bei mäßiger Hitze zerlassen und dann in eine Schüssel gegeben. Wenn die Masse fast erkaltet ist, rührt man nacheinander das Ei, die Gewürze, das Wasser und ⅔ des mit Backpulver gemischten und gesiebten Mehls hinzu. Den Rest des Mehls auf ein Backbrett schütten, den Teigbrei daraufgeben und mit den abgezogenen und gehackten Mandeln, den gewaschenen Korinthen und dem in kleine Würfel geschnittenen Orangeat bestreuen. Man bedeckt die Früchte mit Mehl und verknetet alles zu einem Teig. Aus dem Teig eine daumendicke Rolle formen. Die schneidet man in gleichmäßige Stücke, rollte sie zu kirschgroßen Kugeln, die man an den Seiten etwas platt drückt. Sie werden auf der Oberfläche mit Milch bestrichen, in Hagelzucker gedrückt und auf ein gefettetes Backblech gelegt. Backzeit: etwa 10 Minuten bei starker Hitze. Man kann die Pflastersteine sofort nach dem Backen mit einem dicken Guß überziehen aus 125 g Puderzucker, mit etwas Wasser angerührt.

Haferflockenmakronen

Zutaten: 250 g Haferflocken, 100 g Zucker, ein Ei, ½ Päckchen Backpulver, ⅓ l Wasser, einige geriebene Kürbiskerne.

Das Eigelb mit dem Zucker schaumig rühren. Nach und nach die Haferflocken und das Wasser (oder Milch) hinzufügen. Man läßt die Haferflocken in der Masse etwa eine Stunde weichen. Danach wird der steifgeschlagene Eischnee untergezogen, Backpulver und die geriebenen Kürbiskerne (oder Nüsse) dazugeben. Mit einem Teelöffel setzt man den Teig auf ein gefettetes Backblech. Die Makrönchen werden bei mäßiger Hitze goldgelb gebacken.

tem. 170°C 18 min.

Warmbrunner Gebäck

Zutaten: 160 g Zucker, 125 g Schweineschmalz, drei Eier (davon zwei für den Teig, ein gequirltes Ei zum Bestreichen), 500 g Mehl, ein gestrichener Teelöffel Backpulver (oder sechs g Pottasche), etwas Arrak (oder Rumaroma).

Die Eier und den Zucker verrührt man sehr lange in der gleichen Richtung. Tante Lina hat in ihrem Rechenheft an den Rand geschrieben: »Mindestens eine Stunde lang.« Uns scheint das etwas übertrieben.

In einer gesonderten Schüssel rührt man das Schweineschmalz schaumig und gibt es löffelweise zu der Zuckermasse. Dann fügt man die in Arrak aufgelöste Pottasche (oder Backpulver) hinzu und soviel Mehl, daß man einen ausrollbaren Teig erhält.

Aus diesem formt man kleine Schnecken, Brezeln oder Brötchen, bestreicht sie mit dem gequirlten Ei und backt sie bei guter Oberhitze hellgelb.

Spritzgebäck mit Haferflocken

Zutaten: 80 g Fett, 100 g Zucker, 100 g Mehl, 200 g Haferflocken, ein Teelöffel Zimt, ½ Päckchen Backpulver, ⅛ l Milch, ein Eßlöffel Kakao.

Das Fett wird mit dem Zucker schaumig gerührt. Die Haferflocken in einer Kaffeemühle oder einem Fleischwolf fein mahlen und mit dem Mehl, dem Backpulver, dem Zimt und der Milch nach und nach an die Zuckermasse geben. Den Teig teilen. Einen Teil mit Kakao mischen, wenn man die Plätzchen dunkel gefärbt haben möchte.

Der Teig wird mit einer Spritze in Ringen, Hufeisen oder S-Formen auf das gefettete Backblech gespritzt. Etwa 10 Minuten backen.

Heidesand

Zutaten: 250 g Hafermehl, 100 g Zucker, 50 g Fett, ein Ei, ½ Päckchen Backpulver, etwas Mandel- und Zitronenöl, etwas Milch.

Die Zutaten zu einem Teig verarbeiten. In Rollen formen, dünne

Scheiben abschneiden. Auf ein Backblech setzen. Bei 200 Grad 10 Minuten backen lassen.

Pfeffernüsse

Zutaten: zwei Eier, 250 g Zucker, eine Messerspitze gestoßener Gewürznelken, eine Messerspitze gemahlenen weißen Pfeffers, Salz, etwas Hirschhornsalz, 125 g Mehl, 125 g Kartoffelmehl.

Die Eier werden mit dem Zucker schaumig gerührt. Nach und nach Nelken, Pfeffer und Salz hinzugeben, ebenso das mit Hirschhornsalz vermischte und gesiebte Mehl. Daraus knetet man einen festen Teig. Teigkneten – das war Tante Linas Spezialität. Sie war der Meinung, daß nur aus einem »gut durchgekneteten Teig« auch »schmackhafte« Plätzchen werden könnten. Der Teig wird dann ein bis zwei Zentimeter dick auf einem bemehlten Brett ausgerollt, und mit einem Likörglas werden die Nüsse ausgestochen. Tante Lina säuberte dann die Pfeffernüsse mit einem Pinsel von dem noch anhaftenden Mehl und stellte sie zwei bis drei Tage in ihrer Vorratskammer zum Trocknen auf. Erst dann wurden sie auf ein Backblech gesetzt und in einem gut heißen Ofen gar gebacken.

„Kein Fest, das wir in unserem Leben feiern, ist so erfüllt von sinnbildhafter Bedeutung wie das Weihnachtsfest. In keinem Fest lebt mehr Innigkeit und Sammlung als in ihm, keines gibt uns mehr Trost und Verheißung für das Kommende ... Viele Plätze in den Familien sind auch in diesem Jahre leer, die meisten von ihnen nur für eine Zeitspanne, manche aber auch schon für immer. Doch auch in diese Reihen wird das Fest Trost bringen. Wie aus der tiefen Nacht des Jahres immer wieder strahlend und schön die Sonne sich erhebt, so steigt aus dem Tod das Leben. Dies ist das Geheimnis vom ewigen Kreislauf des irdischen Daseins: alles Leben hebt sich aus dem Dunkel ins Licht, um wieder ins Dunkel zu münden und wiederum neu zu erstehen in eine neue Helligkeit ... Gerade zur zweiten Kriegsweihnacht liegen uns diese Gedanken so nahe."

(Lore Bauer-Hundsdörfer in »Das Blatt der Hausfrau«, Heft 7, Dezember 1940)

1941

»Die Bevölkerung kann das Glück noch gar nicht fassen, daß die Deutschen da sind. Kürzlich kamen drei alte Leute an unser Zelt, um uns Eier, Gurken und Obst zu bringen. Einer war während des Weltkrieges in deutscher Kriegsgefangenschaft gewesen. Lachend meinte er: ›Von jetzt ab werden wir wohl Brot behalten, aber 1933, da hatten wir Hunger.‹

Er erzählt dann, daß im Dorf einige Familien ihre kleinen Kinder geschlachtet und gegessen haben und weiter ein krankes 35jähriges Mädchen. Man ekelt sich, wenn man von all diesen Dingen hört,... Wir kennen nur eins: möglichst schnell wieder vor und mithelfen an der Vernichtung dieser Sowjet-Pest.«

Dieses Elaborat nationalsozialistischer Kriegspropaganda, verfaßt angeblich von einem anonymen Leutnant »Dr.«, ist in der »Gelsenkirchener Allgemeinen Zeitung« vom 3. Oktober 1941 nachzulesen.

Nachdem deutsche Truppen in diesem Jahr 1941 mit dem »Afrika-Korps« in den Krieg auf der Cyrenaika eingegriffen hatten, nachdem Jugoslawien, Griechenland und die Mittelmeerinsel Kreta erobert waren, hatte Hitler den »Fall Barbarossa« befohlen: Am 22.6.1941 überfielen die deutschen Soldaten ohne eine Kriegserklärung die Sowjetunion. Und sie waren natürlich nicht als Eroberer gekommen, sondern – siehe oben – als »Befreier«.

Wundern konnte dieser Angriff niemanden, der Hitlers Buch »Mein Kampf« gelesen hatte. Dort schreibt er schon 1924: »Wollte man in Europa Grund und Boden, dann konnte dies im großen und ganzen nur auf Kosten Rußlands geschehen, dann mußte sich das neue Reich wieder auf der Straße der einstigen Ordensritter in Marsch setzen, um mit dem deutschen Schwert, dem deutschen Pflug die Scholle, der Nation aber das tägliche Brot zu geben...«

Seine Pläne: Ausrottung und Versklavung der russischen Völker, Ordensburgen, Wehrbauern... Und es waren nur wenige, die diesem Wahnsinn Einhalt gebieten wollten.

Nach »schnellen Anfangserfolgen« kam es 1941 zu den ersten deutschen Niederlagen.

Die »Schlacht um Moskau« geht verloren, der Winter kommt. Und als am 7.12. die Japaner Pearl Habour angreifen und auch Italien und Deutschland den USA den Krieg erklären, hat in Rußland die sowjetische Winteroffensive begonnen.

Als ihr der Ostwind hart den ersten nahm,
da sagte sie: noch hab ich ihrer zwei.
Und als die Kunde von dem zweiten kam,
da sprach sie: hatte ich nicht ihrer drei?
Doch als der dritte in die Kugel lief,
da hielt sie zitternd in der Hand den Brief
und schwieg.
Dann sah sie auf, in ihren Tränen groß,
und sprach: noch einen trage ich im Schoß.
Mit dem besiege ich den Krieg.

Hanns Gottschalk

Dieses Gedicht war zum Muttertag 1941 in der »NS-Frauen-Warte« abgedruckt. Deutschlands Eroberungskriege hatten »Menschenleben gekostet«. Und viele Millionen sollten noch sterben müssen. In den ersten sechs Monaten des »Rußlandfeldzuges« würden mehr als 500.000 deutsche Soldaten ihr Leben verlieren. Der »Fall Barbarossa«, seit Dezember 1940 nach Hitlers »Weisung 21« in der Planung, bedurfte nicht nur der militärischen Vorbereitung, hier mußte auch die Heimatfront »psychologisch aufgerüstet« werden.

Und so konnte man auch bereits 1940 in derselben Frauenzeitschrift unter der Überschrift »Sieg des Lebens« lesen:

»Was dem Mann mit dem Hilfsmittel der Statistik klarer wird, das erfaßt die Frau mit dem ungetrübten Instinkt ihrer weiblichen Natur: Deutschland braucht Jugend, Deutschland braucht Kinder... Dem geliebten Mann, der von ihr geht und als Soldat Gefahr und Tod preisgegeben ist, will sie in seinem und ihrem Kind Unsterblichkeit geben. Wenn der Mann ihr genommen wird, dann soll er doch in seinem Kind ihr nahebleiben. Wo der Tod zum ständigen Begleiter wird, da muß das Leben um so lauter sprechen. Die Polarität allen Seins offenbart sich; Millionen deutscher Frauen sind nicht vor ihrer Härte und Konsequenz zurückgeschreckt, sondern haben sie aus tapferem Herzen heraus bejaht. Sie tragen ein Kind unter dem Herzen.«

Gertrud Scholtz-Klink, die »Reichsfrauenführerin«, ging dann folgerichtig noch einen Schritt weiter. 1941 schrieb sie »den deutschen Müttern zum Muttertag«:

»Wir Mütter mit Kindern, die noch nicht... in dem uns aufgezwungenen Kampf... ihr Vaterland verteidigen können, treten mit allen deutschen Soldaten in dieser Stunde zuerst vor alle Mütter und Frauen hin, die in diesem Krieg ihre Söhne und Männer für ihr Volk gegeben haben; vor ihnen verneigen wir uns in dankbarer Ehrfurcht und in dem guten Willen, ihnen Schwester und Bruder zu sein, sobald sie dessen bedürfen... Heute, am Muttertag, reichen wir unsere Hände unseren Soldaten – vor unsern Führer aber, ihren besten Kameraden, treten wir hin und sagen: Unsere Herzen, unsere Gedanken und unsere Arbeit gehören dir, weil du für uns Deutschland bist; was auch an Opfern von uns Frauen gefordert wird – es soll uns willig und bereit finden; wir wollen dir durch Taten unseren Dank für all das abstatten, was du unserm Volk, unsern Familien, unsern Männern und Kindern geschenkt hast.« Und die deutschen Frauen sollten bald nicht nur »Männer und Söhne fürs Vaterland opfern« dürfen, sie würden als Bäuerinnen für die Ernährung sorgen müssen, sie würden die Plätze der Männer in den Fabriken einnehmen, sie würden als »Blitzmädel« und Krankenschwestern helfen dürfen zu siegen. Und dabei sollten sie natürlich den Männern im Kampf »den Rücken stärken«. Bestes Mittel: der Feldpostbrief.

In der Rubrik »Wir raten und helfen« der »Deutschen Frauen-Zeitung« war 1941 folgende Frage abgedruckt:

»Wer weiß Rat? Meiner Freundin Mann, der seit Monaten an der Kanalküste steht, schrieb mir dieser Tage einen ganz niedergedrückten Brief: er wäre mit Leib und Seele Soldat, litte aber maßlos unter den trübseligen Nachrichten von daheim, die sich in der Schilderung alltäglicher kleiner Miseren erschöpften. Das wäre ihm um so unverständlicher, als seine Angehörigen durch die großzügigen Zuwendungen des Familienunterhalts jeder wirtschaftlichen Sorge enthoben seien. Sein Brief gipfelte nun in dem Wunsch, ich möchte seine Frau beeinflussen, sich nicht dermaßen hängen zu lassen, sondern tapfer und mutig neben dem Mann zu stehen.«

Die »kleinen alltäglichen Miseren«, die da so hart kritisiert werden, bezogen sich vor allem auf die Ernährungslage in der »Heimat«. Und die war alles andere als gut.

An der Front sollte der Eindruck entstehen, außer »Kaffee, Tabak und einigen anderen Raritäten« sei alles zu haben, und darauf »verzichtet man ja gern, wenn's den Soldaten zugute kommt«.

Zwei Jahre Lebensmittelkarten wurden in den Zeitungen unter der Überschrift »Wir sind noch immer satt geworden« gefeiert, und die Artikel endeten mit der Feststellung, daß »eine Hausfrau ohne Lebensmittelkartentasche sich wie ein halber Mensch vorkommt«.
Im Laufe des Jahres 1941 sollte sich die Situation noch verschlechtern: Für Obst, Gemüse und Kartoffeln wurden bei den Lebensmittelhändlern Kundenlisten eingeführt, »um den Hausfrauen längere Wartezeiten beim Einkauf zu ersparen« und um zu einer »gerechten Verteilung und Vermeidung von Unzuträglichkeiten« beizutragen.

Im November wurde auf Tabakwaren ein »Kriegszuschlag« von fünfzig Prozent des Kleinhandelspreises verlangt. Schaum- und Branntwein wurden nachversteuert.

Um die »kleinen alltäglichen Miseren« zu beheben, wurde erstmals in großen Mengen gefrorenes Obst und Gemüse angeboten. Frischkost zu essen, wurde empfohlen, um Energie zu sparen.

Und dann kamen »neue« Lebensmittel auf den Markt, von denen allerdings einige aus dem Ersten Weltkrieg nur allzu bekannt waren wie das Trockengemüse. Die »Gelsenkirchener Allgemeine Zeitung«: »Das jetzt auszugebende Trockengemüse ist schmackhaft und qualitätsreich und nicht zu vergleichen mit dem im Weltkrieg verteilten Dörrgemüse, das wegen der geringen Qualität bald aber ›Drahtverhau‹ hieß.« Natürlich!

Es gab »Butterschmalz«: »Es handelt sich hier um stark erhitzte Butter, die keine Milch- und Wasserreste mehr enthält. Butterschmalz ist deshalb auch nicht zum Aufstreichen für Brot gedacht, sondern zum Kochen und Braten oder Backen.«

Und es gab »Migetti«: »Es handelt sich hier um ein neues Nahrungsmittel, das aus Getreidemehlen, Kartoffelstärke und Bestandteilen der Milch hergestellt worden ist.«

Und damit die Hausfrauen auch mit den neuen Lebensmitteln umzugehen lernten, veranstaltete das »Deutsche Frauenwerk« Schaukochvorträge und Lehrkochkurse. »Die kriegswirtschaftlichen Maßnahmen, soweit sie unsere Haushaltsführung beeinflussen, erfordern in verstärktem Maße die Beratung und praktische Unterweisung unserer Hausfrauen.« Die Rezepte, die demonstriert wurden, waren in der »Versuchsstelle für Hauswirtschaft des Deutschen Frauenwerkes« in Leipzig erprobt worden.

Futtermittel für das Vieh wurden aus Zellulose gewonnen. Die Hausfrauen sollten mehr Vollkornbrot kaufen (das vor allem aus Hafer- und Roggenmehl bestand). Wer andere Bedürfnisse hatte, mußte sich Spott gefallen lassen:

»Denn wer nur Weißbrot ißt und Kuchen,
wird eines Tages bitter fluchen,
weil ihm die Zähne samt den Wurzeln
so früh schon aus dem Munde purzeln.«

Trotz oder gerade wegen dieser Maßnahmen konnte lautstark verkündet werden: »Unsere Ernährung ist und bleibt gesichert. Ein Vergleich mit der Ernährungswirtschaft im Weltkriege und mit den gegenwärtigen Maßnahmen des Auslands beweist, daß die Maßnahmen der deutschen Volksernährung richtig waren.«

Der Vergleich mit den Lebensmittelzuteilungen im ersten Weltkrieg mußte positiv ausfallen: verglichen wurden Zahlen aus dem Jahre 1918 und 1940. Und daß es den Deutschen besser gehen mußte als beispielsweise den Engländern, versteht sich schon aus propagandistischen Gründen: »Die Wirkung der deutschen Blockade wird immer nachhaltiger.«

Die Lebensmittelrationen wurden gekürzt. Vor allen Dingen Mehl, Fett und Fleisch. Gab es 1939 noch 700 Gramm Fleisch für jeden »Normalverbraucher« pro Woche, konnte dieser ab Juni 1941 nur noch 400 Gramm beziehen. Angegebener Grund: Kriegsgefangene und »ausländische Arbeiter« (sprich: Zwangsarbeiter) mußten miternährt werden. Und die waren schließlich durch ihre Arbeit »gewissermaßen zu Mitarbeitern für Deutschlands Sieg geworden«.

-dazu
Milcheiweißpulver
in alle
Speisen und
Backwaren!
Rezeptdienst Milcheiweißpulver
Herausgegeben vom Reichsausschuß für Volkswirtschaftliche Aufklärung, Berlin

1941 wird eine neue Schlachtviehmarktordnung erlassen, die die Möglichkeit schuf, die gekürzten Fleischrationen aufzubessern. »Weniger wertvolles« Fleisch wurde in erhöhter Menge abgegeben. Darunter zu verstehen waren vor allen Dingen Innereien: Lunge, Euter, Brägen, Herz, Milz und so weiter wurden in doppelter Menge ausgegeben. In der vierfachen Gewichtsmenge gab es: Kalbsköpfe, Ochsenmäuler, Schweineschwänze und Kutteln.

Der Verzehr dieses Fleisches (»Fremdlinge in der deutschen Küche«) war für die deutschen »Volksgenossen ungewohnt« und ist es ja heute auch noch im Gegensatz zu Italien oder Frankreich, wo dieses Fleisch zum Teil als Delikatesse gilt.

Tante Lina aber kaufte Herz und Kutteln nicht nur in Kriegszeiten. Sie wußte, was gut schmecken konnte, wenn es richtig zubereitet wurde. Auch ihre Kriegsrezepte beweisen das.

Lungenhaschee

Zutaten: 500 g Lunge, ein Bund Suppengrün, eine Zwiebel, ein Lorbeerblatt, drei Gewürznelken, Salz, Pfeffer, zwei Eßlöffel Essig, ein Eßlöffel Mehl, Öl oder Fett.

Ein Liter Wasser zum Kochen bringen. Suppengrün und Lunge zugeben. Etwa 45 Minuten kochen lassen. Die Lunge herausnehmen und in kleine Würfel schneiden. Fett oder Öl in eine Pfanne geben. Das Mehl braun anrösten. Mit der durchgesiebten Brühe und Essig auffüllen. Die Gewürze, kleingehackte Zwiebel und die Lunge zugeben. Zugedeckt eine gute halbe Stunde köcheln lassen.

Lungenklöße

Zutaten: 500 g Rinderlunge, eine große Zwiebel, zwei bis drei alte Brötchen oder Weißbrot, Salz, Pfeffer.

Weißbrot oder Brötchen einweichen. Lunge, die Zwiebel und das weiche Brot durch den Fleischwolf drehen. Mit Salz und Pfeffer abschmecken. Aus der Masse kleine Klöße formen, die man im kochenden Salzwasser garziehen läßt.

Hat man ein Ei zur Verfügung, so kann man damit den Kloßteig lockern. Statt des altbackenen Brotes kann man auch 500 g gekochte und geriebene Kartoffeln an den Teig geben.

Königsberger Flecke

Zutaten: 750 g Kutteln, eine Zwiebel, ein Eßlöffel Mehl, ein Eßlöffel Essig, Salz, Pfeffer, drei Gewürznelken, ein Lorbeerblatt, ein Bund Petersilie, etwas Basilikum und Majoran, ein Zweiglein Thymian, ½ Bund Dill, 20 g Fett oder Speck, ½ l Brühe oder Wasser.

Die Kutteln in Salzwasser weich kochen lassen. Das kann zwei bis drei Stunden dauern.

Die Kutteln in sehr feine Streifen schneiden. Speck oder Fett in eine Pfanne geben, darin die klein gehackte Zwiebel leicht anbraten, die gehackten Kräuter zugeben. Mit Mehl am besten braungelb werden lassen. Mit Brühe ablöschen.

Die geschnittenen Kutteln zugeben. Salzen. Mit Nelken und Lorbeerblatt etwa zwanzig Minuten gut durchkochen lassen. Mit Essig und Pfeffer abschmecken.

Gebackene Schweineschwänze

Zutaten: Zwei bis drei Schweineschwänze, Salz, ein Eßlöffel Mehl, ein Eßlöffel Öl, ein Bund Suppengrün.

Die Schweineschwänze mit dem Suppengrün in Salzwasser weich kochen. Dann, wenn die Schwänze erkaltet sind, in Mehl wenden und in einer Pfanne mit sehr wenig Öl knusprig backen. Dazu kann man Kohlgemüse servieren, das in der Kochbrühe zubereitet worden ist.

Falsche Schnitzel

Zutaten: 500 g Herz, ½ Lorbeerblatt, eine Zwiebel, ein Ei, Semmelbrösel, Salz, ein l Wasser.

Das Herz wird in einem Liter Wasser mit Salz, Lorbeerblatt und der Zwiebel weichgekocht.

Erkalten lassen. Das Herz in Scheiben schneiden. Mit Ei und Semmelbröseln panieren. In etwas Fett wie ein Schnitzel braten.

Kalbsherz gefüllt

Zutaten: ein Kalbsherz, 40 g geräucherter Speck, ⅛ l Essig, ½ altes Brötchen, eine Tasse Wasser, eine Zwiebel, zwei Knoblauchzehen, Estragon, ein Teelöffel Fett, Petersilie, Salz, Pfeffer, Paprika, Thymian, Basilikum, 30 g Mehl, ½ l Brühe, etwas Milch.

Das Herz muß vom Fett und den Sehnen befreit und gewaschen werden. Abtupfen und innen aushöhlen. Mit Salz einreiben. Den Speck in hauchdünne Streifen schneiden und die Außenwände des Herzens damit spicken. In eine Schüssel legen.

Essig mit Estragonblättern erhitzen und darübergießen. Zugedeckt eine Stunde darin beizen.

Während dessen kann man die Füllung zubereiten: Das Brötchen einweichen. Zwiebel und Knoblauch fein würfeln und in wenig Fett kurz anrösten. Das Brötchen ausdrücken, Zwiebel und Knoblauch dazugeben. Die fein gehackten Kräuter und Gewürze untermischen.

Die Füllung in das gebeizte Herz geben. Zunähen. Etwas Fett in einem Topf erhitzen. Das Herz mit Mehl bestäuben und anbraten. Mit heißer Brühe ablöschen. Etwa 70 Minuten garen.

Die Soße passiert man durch rührt etwas Milch ein.

Gebackenes Euter mit Kräutern

Zutaten: 500 g Kuheuter, ein Bund Suppengrün (Möhren, Lauch, Sellerie), Majoran, Thymian, einige Salat- und Kohlrabiblätter, Petersilie, Schnittlauch, zwei Eßlöffel entrahmte Frischmilch, Salz, Pfeffer, wenn vorhanden einige Spargelstückchen.

Das Euter wird sorgfältig gewaschen. Mit dem Suppengrün so lange kochen, bis sich die Haut mühelos abziehen läßt. Erkalten lassen und in feine Würfel schneiden.

Kräuter, Salat- und Kohlrabiblätter, Petersilie und Schnittlauch klein hacken. Zwei Eßlöffel entrahmte Frischmilch darunterrühren.

Das Fleisch und die Spargelstückchen dazugeben. Würzen.

Man schichtet dann die Masse in eine gefettete Form und überbackt sie etwa eine halbe Stunde bei guter Mittelhitze.

Als Beilage gibt es Bratkartoffeln.

Den Hausfrauen wurde 1941 als weitere Möglichkeit, mit den geminderten Fleischrationen auszukommen, geraten, Hackfleisch und Wurstfülle zu verwenden: »Am ergiebigsten ist Hackfleisch und läßt sich auch auf verschiedenste Art verwerten. Aber auch Bratwurst- oder Blutwurstfülle sollte jetzt häufig auf dem Küchenzettel auftauchen.«

Auch hierfür zwei von Tante Linas Rezepten.

Klopse von Blutwurst

Zutaten: 200 g Blutwurst, 750 g gekochte Kartoffeln, ein Ei, Salz, etwas gemahlenen Kümmel, eine Zwiebel, eine Stange Lauch.

Kartoffeln mit der Blutwurstfülle, der Zwiebel und dem Lauch durch den Fleischwolf drehen. Mit Salz, Kümmel und dem Ei zu einem Teig verarbeiten. Mit einem Eßlöffel kleine Klopse formen. Auf ein gefettetes Backblech legen. Bei 250 Grad im Ofen backen.

Schwalbennester

Zutaten: 200 g Mehl, ein Ei, Salz, ¾ l Milch, 20 g Margarine.
Füllung: 300 g Hackfleisch oder Bratenreste, ein Brötchen, eine Zwiebel, 10 g Fett, Salz, etwas Petersilie, ¼ l Milch.

Aus Mehl, Salz, Milch, Ei (hier wurde Milcheiweißpulver als Ersatzmittel genommen) einen Pfannkuchenteig bereiten. Mit wenig Fett vier Pfannkuchen backen. Hackfleisch mit der klein geschnittenen Zwiebel, Petersilie, dem eingeweichten Brötchen und Salz gut mischen. Damit die Pfannkuchen bestreichen, einrollen. Pfannkuchen in Stücke schneiden. In eine Kasserolle ¼ Liter Milch gießen. Die Pfannkuchenstücke hochkant hineinschichten. Im Backofen bei 200 Grad solange backen, bis die Milch eingezogen ist.

Wie Tante Lina im trüben fischte und dabei glänzende Geschäfte machte

In diesen Tagen der knappen Fleischrationen muß es gewesen sein, da saßen in Tante Linas Küche der Bergmann Kuszmierz, Varenholt, der gerade zu einem Heimaturlaub aus Jugoslawien nach Gelsenkirchen gekommen war, seine Frau und seine Kinder mit der Tante zusammen.

Kaminski war lange nach Thüringen verschwunden. Und das Leben in Tante Linas Haus ging wieder seinen »zeitgemäßen« Gang. Wenn es die Bombenangriffe erlaubten. »Zeitgemäß« – das war so ein Wort aus der damaligen »Epoche«, ein Modewort. Besonders beliebt bei Journalisten und NS-Funktionären. Wenn beispielsweise Trockengemüse den »Volksgenossen« schmackhaft gemacht werden sollte, dann war der Genuß von Trockengemüse eben »wieder zeitgemäß«. Aber wir wollen nicht abschweifen...

In Tante Linas Küche wurde beratschlagt. Fleisch war jetzt auch hier knapp geworden – nicht zuletzt dank Tante Linas großem Herzen. Kuszmierz' Hausschwein war lange in den Bäuchen hungriger russischer und polnischer Sklavenarbeiter verschwunden, die in die Stadt verschleppt waren, um in den Fabriken des Ruhrgebiets »Deutschland zum Sieg zu verhelfen«. Einige Kaninchen und Hühner waren den gleichen Weg gegangen. Und auch Tante Linas Hausgenossen hatten von den Vorräten gelebt. Das neue Schwein war noch nicht fett genug und der Kaninchennachwuchs noch zu klein.

So löffelte man lustlos an einem Eintopf herum, den Tante Lina zubereitet hatte, der aber ausschließlich aus irgendwelchen Ersatzmitteln bestand. Und – obwohl Tante Lina es ausgezeichnet verstand, auch aus den eigentümlichsten Zutaten schmackhafte Gerichte zuzubereiten – man war die Kost leid.

Kuszmierz war der erste, der den Teller leicht angewidert von sich schob und aussprach, was die anderen dachten.

»Man spürt ja schon die eigenen Zähne nicht mehr« und »Es muß etwas geschehen!«

Es gab nur eine Lösung, man mußte es anderen nachtun und sich einer Hamstertour aufs Land anschließen. Und wer anders als Tante Lina war für eine solche Reise prädestiniert. Hatte sie doch einen Wandergewerbeschein und kannte die Mentalität der Bauern.

Freilich – es gab da auch eine Schwierigkeit. Keine der anwesenden Frauen wollte etwas geben, was man hätte eintauschen können gegen die Lebensmittel. Sicher – Frau Varenholt und die Tante hatten etwas Schmuck und Tafelsilber. Aber davon etwas herzugeben, lehnte Tante Lina brüsk ab. Wer wußte schließlich, wie lange der Krieg noch dauern würde und ob man in nicht noch größere Not geriete.

Tante Lina erinnerte sich nach langem Hin und Her eines alten Rezeptes, das ihre Mutter und die von ihrer Mutter und die von einer... na ja, genau ist die Herkunft dieses »Mittels« nicht mehr aufzuklären. Obwohl das sicher interessant wäre.

Kurz und gut – Tante Lina hatte sich eine Weile die verschiedenen Vorschläge geduldig angehört und verworfen, war dann schweigend in den Keller hinabgestiegen und mit einigen Dutzend kleiner brauner Arzneiflaschen, die sie im Laufe der Zeit gesammelt hatte, wieder aufgetaucht.

Kuszmierz wurde ausgeschickt, er sollte Spiritus und Kolophonium besorgen. Kolophonium kennen Sie? Das ist eine Art Harz und wird zum Beispiel benutzt von Geigenspielern, um die Saiten geschmeidiger zu machen oder so...

Am Abend desselben Tages saßen dann alle Bewohner von Tante Linas Haus wieder einträchtig in der (natürlich abgedunkelten) Küche um den Tisch herum. Emsig bei der Arbeit.

Die Arzneiflaschen wurden gesäubert, die Etiketten abgelöst. Das Kolophonium wurde mit einem Nudelholz pulverisiert und mit Spiritus vermischt, bis es sich gelöst hatte. Die Lösung wurde in die Flaschen gefüllt. Die Flachen mit selbstgeschnittenen Korken verkorkt. Die Korken mit Siegellack überzogen. Die Arzneiflaschen sahen jetzt sehr »professionell« aus.

In einer kleinen Druckerei in der Nähe ließ Tante Lina Gebrauchsanweisungen drucken und neue Etiketten, mit denen die Flaschen versehen wurden: »1-a-Möbelpolitur« war jetzt darauf zu lesen.

Und dann war es soweit.

Mit einem Korb voller Politurflaschen, einem Packen Gebrauchsanweisungen, reichlich Watte und Gummibändern machte sich Tante Lina auf den Weg zu den Bauern. Nein, nein, nicht ins Münsterland natürlich – schon aus Gründen der Sympathie –, ins Sauerland sollte die Reise gehen. In eine wenig besiedelte Gegend, deren Namen wir lieber verschweigen wollen – die Leute sind dort sehr gewalttätig.

Der Erfolg war frappierend. Die Flaschen gingen im wahrsten Sinne des Wortes weg wie warme Semmeln, das heißt, sie wurden zu warmen Semmeln, sprich Eßwaren. Tante Linas Korb füllte sich zusehends mit allerlei Köstlichkeiten: Eiern, Gemüse, Wurst, Schinken, Fleisch...

Tante Linas Methode beim Verkauf der Möbelpolitur überzeugte selbst die skeptischen Bauersfrauen, die außer an den lieben Gott nur an eines glauben, nämlich daß Schwartemagen die dickste Wurst ist, und das stimmt meines Wissens auch.

Am besten Möbelstück in der »guten Stube«, an einer gut sichtbaren Stelle, demonstrierte Tante Lina die Wirksamkeit ihrer Mixtur. Sie trug das Mittel auf, und – es glänzte wie verrückt. So, wie man das heutzutage nur in einschlägigen Werbespots erleben kann.

Freilich – es glänzte nur an einer Stelle. Und was blieb den armen Bauersfrauen anderes als zu kaufen. Denn so konnte der Wohnzimmerschrank oder der Tisch ja nicht bleiben. Der mußte nun überall glänzen.

Und zumal das Angebot so günstig war. Die Frau nahm ja nicht einmal Geld!

»Nur ein Ei oder zwei oder..., aber nur wenn Sie welche übrig haben«, ließ sich Tante Lina beispielsweise mit leiser Stimme vernehmen. Und wer wollte da »Nein« sagen?!

Tante Lina bekam das Gewünschte in reichlicher Menge, wickelte die gekauften Fläschchen in die Gebrauchsanweisung ein und tat noch ein Gummibändchen drum, daß auch ja nichts verloren ginge.

Allerdings – die Sache hatte einen Haken, und der hing unmittelbar zusammen mit der Wirksamkeit des Mittels: Nach etwa einer halben Stunde, dann nämlich, wenn der Spiritus sich verflüchtigt hatte, wurde die vorher schön glänzende Politur stumpf und überzog wie eine Wachsschicht die mit ihr behandelten Möbel.

Spätestens bis zu diesem Zeitpunkt mußte also Tante Lina ihr Geschäft abgewickelt und das Weite gesucht haben.

Auch war es nicht ratsam, denselben Bauernhof bei einer weiteren Hamsterfahrt noch einmal zu besuchen, denn die geprellte Bauersfrau hatte sicher einige Stunden zu tun, um ihre Möbel wieder im alten Glanz erstrahlen zu lassen.

Aber auf Tante Linas Buchführung war in solchen Fällen schon Verlaß.

Nun – Tante Linas erste Hamsterfahrt (es sollten weitere nach gleichem Rezept folgen) war ein voller Erfolg. Das anschließende Essen im häuslichen Kreise mehr als opulent.

Und da sind wir schon beim Nachspiel, das es zu dieser Geschichte gibt.

Die Varenholts, der Kuszmierz und Tante Lina saßen gerade am festlich gedeckten Tisch, ließen sich den Duft der auserlesenen Speisen appetitanregend in die Nase steigen und wollten zu essen beginnen, da läutete es an der Haustür. Bruder Bruno und Frau und Tochter Brunhilde und mit im Gefolge der Reichsstatthalter Dr. Meyer und Freund Saatmann statteten Tante Lina einen rein zufälligen Besuch ab.

Tante Lina mochte an soviel »Zufall« kaum glauben, sie glaubte mehr an des Statthalters braunen Überwachungsapparat. Doch sie mußte wohl oder übel gute Miene zum bösen Spiel machen.

Die lieben Verwandten und deren Bekannten setzten sich mit an den Küchentisch und ließen sich's schmecken, so sehr, daß Tante Lina und ihre Hausgenossen kaum etwas abbekamen. Tante Lina kochte innerlich vor Wut.

Als die Teller leer waren, die Schüsseln ausgekratzt, blickte Bruder Bruno ob des gelungenen Überfalls fröhlich in die Runde und meinte zu seiner Schwester, sie könne ihn doch viel öfter mal einladen, so gut gegessen habe er schon seit Wochen nicht mehr.

Tante Lina schaute Bruder Bruno lange an und fragte dann mit verhaltener Stimme, ob den Herrschaften denn der Braten geschmeckt habe.

»Ausgezeichnet«, lobte Bruno, und die anderen nickten.

»Was war das denn? Irgendein Wildbret, ein Hase, nicht wahr?«

Wieder betrachtete Tante Lina ihre ungeladene Tischgesellschaft viele Minuten lang schweigend. Dann stand sie abrupt auf, begann den Tisch abzuräumen und meinte trocken:

»Eigentlich müßtet ihr jetzt alle bellen!«

Es dauerte eine Weile, bis die Damen und Herren begriffen hatten, was gemeint war. Der Abschied ging dann sehr rasch vonstatten. Der Reichsstatthalter soll es dem Vernehmen nach nicht mehr bis zur Tür geschafft haben. Er wurde plötzlich grün im Gesicht und mußte einen Ort aufsuchen, da er seinen Mageninhalt den Göttern opfern konnte, an die er glaubte – germanische nehme ich an. Der Reichsstatthalter war – schon wieder ein Klischee, aber ich kann es nicht ändern – Besitzer eines deutschen Schäferhundes.

So oft Tante Lina später auch nach dem Krieg ihren Bruder zum Essen einlud, stets sagte er unter allerlei fadenscheinigen Vorwänden ab.

Meine Tante Brunhilde wies später auf unser Befragen hin jeden Verdacht, mit dem Braten habe etwas nicht gestimmt, weit von sich. Einer von vielen Tante-Lina-Scherzen, nichts weiter! Schließlich könne sie noch unterscheiden zwischen... aber, was bedeutet das schon, wenn man nicht mit letzter Sicherheit weiß, ob nicht doch...

20. APRIL 1941

Millionen deutscher Soldaten stehen im Felde. Was sie empfinden, spricht aus ihren Briefen. Der Brief ist das Bekenntnismittel des Soldaten.

„Im Westen, April 1941.

Meine liebe Mutter.

Du hast mir geschrieben, daß die Kastanien in unserer Straße schon grün werden, und daß die Forsythien im Garten schon blühen.

Es geht mir gut. Ich habe Sonntag eine Stunde erlebt, an die ich mich oft erinnern werde. Hauptmann G., Vaters alter Regimentskamerad, war ein paar Stunden hier. Er nahm mich im Wagen mit nach C., wo er dienstlich zu tun hatte. Eine halbe Stunde von der kleinen französischen Stadt entfernt ist der Soldatenfriedhof, auf dem Vaters Grab liegt. Ich habe ein Bild davon aufgenommen und schicke es Dir mit. Weißt Du noch? Als 1917 die Nachricht kam, daß Vater gefallen sei, war ich keine fünf Jahre alt. Aber ich habe nie vergessen, wie Du mir damals sagtest: ‚Jetzt mußt Du seine Stelle einnehmen!' — Nun stehe ich auch im Heer an Vaters Stelle; das ist mir nie so klar geworden wie an diesem Sonntagmorgen, als ich mit Vaters Freund vor dem Holzkreuz stand. Zuerst habe ich immer nur an Dich und mich gedacht. Dann aber erzählte mir Hauptmann G. von der großartigen Kameradschaft, die gerade in dieser gefährlichen Kampfzone 1916 alle miteinander verband. Und da konnte ich mir Vater plötzlich ganz deutlich vorstellen. Du weißt, es war mir immer schmerzlich, daß ich nur eine sehr undeutliche Erinnerung an ihn hatte, denn ich war ja noch sehr klein, als er hinauszog. Nun war er mir auf einmal so lebendig geworden, und ich fühlte, daß der Geist des deutschen Frontsoldaten aus dem Weltkriege in uns weiterlebt.

Unter diesem Eindruck stand ich noch, als ich bei der Rückkehr ein Buch vorfand, das mir Ursula als Sonntagsgruß geschickt hatte. Sie hat es selbst aus Zeitungsausschnitten und Fotos geklebt und gebunden. Mit Aufnahmen des Führers aus dem Weltkrieg fängt es an, und mit seinem einundfünfzigsten Geburtstag schließt es ab. Der Weg eines Einzelnen. Aber ist es nicht symbolhaft auch unser Weg, der Weg eines ganzen Volkes? Kämpfen — ausharren — durchhalten — siegen!

Seit dem 20. April 1940 ist nun schon wieder ein Jahr vergangen. Und was hat der Führer in diesem Jahr alles geleistet. Unsere Zuversicht ist stärker denn je!

Vaters letzter Brief an Dich, den Du mir als Talisman mitgegeben hast, schließt mit dem Satz: „Vergiß nicht, mein Leben gehört dem Vaterland, mein Herz Dir."

Das sage ich auch, liebste Mutter. Mein Leben gehört Deutschland — meine dankbare Liebe Dir! Grüß mir mein Zuhause und die Menschen, die an mich denken. Es geht mir gut. Hauptmann G. läßt Dir sagen, ich sei Vater wie aus dem Gesicht geschnitten. Freut Dich das? Ich hoffe, daß ich ihm auch innerlich ähnlich bin.

Dein Sohn Herbert."

(Zeitschriftenartikel zu Hitlers Geburtstag 1941 aus »Erika«, 2. Jahrg., Nr. 16)

Kindergeburtstag

1941 bekam Tante Lina ein Kind. Nein, nicht wie Sie meinen! Kein eigenes natürlich. Kinder zu bekommen, das hatte ihr der Herrgott, an den Tante Lina zu dieser Zeit immer weniger glaubte, nicht beschieden.

Uwe kam zu Tante Lina. Uwe war damals ein schmales, mageres Bürschchen von sechs oder sieben Jahren, das mit einem großen Pappschild um den Hals nach vielem Umsteigen endlich am Hauptbahnhof angekommen war und von Tante Lina abgeholt wurde. Er sah zum Gotterbarmen aus und wurde von Tante Lina gleich in ihr großes Herz geschlossen.

Uwe war der Sohn einer Freundin von Tante Lina, einer weitläufigen Verwandten jenes Journalisten Ernst Franz Hanfstaengl, den alle Welt »Putzi« nannte und der ein Freund von Bruder Bruno gewesen war. Dieser Herr war schon 1922 ein Hitler-Intimus und begeisterte den »Führer« mit seinem Klavierspiel (Wagner – was denn sonst!). 1937 war er – mittlerweile Auslandspressechef – dem Dritten Reich entflohen und soll gesagt haben, er sei sich wie ein »Klavierspieler im Bordell« vorgekommen. Nach dem Krieg beschreiben Leute, die ihn gekannt haben, seine Haltung als »nicht eindeutig demokratisch«, was immer das heißen mag. Es ist eben nicht ganz leicht mit dem Gesinnungswandel.

Über diesen Herrn also hatte Tante Lina ihre Freundin kennengelernt, einen Menschen, der so ganz anders war als der berühmte Verwandte. Und diese Freundin war nun gestorben, durch Kriegseinwirkung, wie man Tante Lina geschrieben hatte, vermutlich hieß das, sie war bei einem Bombenangriff getötet worden. Uwes Vater »stand« irgendwo in Ostpreußen mit seiner Division und wartete darauf, im Rußlandfeldzug zu sterben.

Tante Lina hatte nicht zugelassen, daß das Kind in eins der Nazi-Heime gesteckt wurde, und sich bereit erklärt, für es zu sorgen. Tante Lina und Kuszmierz machten aus einem der Räume, die zum Garten hin lagen, ein wunderschönes Kinderzimmer.

Was sich an Nachwuchs in der Nachbarschaft tummelte, wurde eines Nachmittags zu Tante Lina eingeladen. Es gab Plätzchen und etwas zu trinken, das wahrhaftig wie Kakao schmeckte. Und während sich alle auf die Leckereien stürzten, gab Tante Lina Anweisungen, wie die Kinder mit Uwe umzugehen hätten, der war ja nun ganz alleine und der brauchte Freundinnen und Freunde.

Uwe lebte sich wider Erwarten gut ein. Er verlor bald seine Scheu vor der fremden Umgebung. Und daß seine Mutter tot war, daran dachte er nur manchmal nachts, und dann mußte er weinen. Aber auch das geschah mit der Zeit immer seltener. Tante Lina päppelte ihn auf, und der Ermahnungen an die Nachbarskinder hätte es wahrscheinlich gar nicht bedurft.

Vierzehn Tage waren seit der Ankunft vergangen, da erfuhr Tante Lina eigentlich mehr zufällig, als ihr seine Geburtsurkunde in die Hände fiel, daß Uwes Geburtstag kurz bevorstand.

Daß das eine Riesenfeier geben mußte – das stand für Tante Lina von vornherein fest. Ein Kindergeburtstag mit Kuchen und Süßigkeiten und vor allem mit vielen Kindern, klar! Und Uwe im Mittelpunkt. Das würde gut sein für ihn. Und... und... und...

Aber es war in diesem Jahr nicht nur das Fleisch knapp. Es gab auch kaum Zucker. Und wie einen Kindergeburtstag ausrichten wollen ohne Zucker! Undenkbar.

Der Zufall, der Tante Lina so oft half, erschien diesmal in Gestalt des Gauleiters Reichsstatthalter Dr. Meyer, dem schon erwähnten Herrn mit der Nickelbrille. Der besuchte nämlich Gelsenkirchen. Nicht anonym wie sonst, wenn er Brunhildens körperliche Nähe suchte, sondern offiziell in seiner Eigenschaft als Oberpräsident der Provinz Westfalen. Und dieser offizielle Besuch sollte dem hohen Herren nicht nur »einen Einblick in die künftigen großen Aufgaben der Stadt geben«, er sollte auch mancherlei Besichtigungen beinhalten, unter anderem einen Besuch bei einer Bonbon-Fabrik. Das hatte Tante Lina spitz gekriegt.

Nun fragt man sich natürlich, wie kommt ein Gauleiter dazu, eine Bonbon-Fabrik zu besichtigen? Nun, die Brenner'sche Fabrik war ein Wehrbetrieb, ein kriegswichtiger Betrieb. Die Bonbons wurden an die deutsche Wehrmacht geliefert.

Und da der Betrieb noch zudem (deutlich sichtbar an der Eingangstür) die Gauplakette der Arbeitsfront trug, konnte sich auch mal ein Dr. Meyer in die düsteren Werkshallen verirren. Besitzer Brenner, das versteht sich, war Parteigenosse.

Und so fand sich in dem Troß, der um den Gauleiter herumscharwenzelte, neben dem Oberbürgermeister Böhmer, dem Kreisleiter und neben einem Dutzend niedriger Chargen auch Tante Lina. Ihre Nichte Brunhilde hatte das bewerkstelligen müssen, der der Dr. Meyer während des Besuchsprogramms eifrig die Hand liebkoste.

Tante Lina blieb in der Nähe des Gauleiters, und der Augenblick, den sie vorhergesehen und weswegen sie die Strapazen des Besuches auf sich genommen hatte, kam.

Kurz vor Ende des Betriebsdurchgangs stürzte Besitzer Brenner mit hochrotem Kopf und unter tausend Verbeugungen auf den Gast zu mit einem Riesenpaket: »Eine kleine Auswahl der Produkte, die in diesem Betrieb hergestellt werden!« dienerte er und wollte dem wohlwollend lächelnden Reichsstatthalter gerade das Präsent überreichen, da schritt Tante Lina ein. Sie nahm das Paket mit einer selbstverständlichen Geste und sagte zu den Umstehenden:

»Für die Kinder des Führers!«

Der Gauleiter starrte sie erschreckt und schockiert an. Wußte doch jeder, daß der »Führer« kinderlos war. Aber Tante Lina blickte ihn mit einem leichten Lächeln auf dem Gesicht an und sprach mit feiner Stimme:

»Sind nicht unser aller Kinder Kinder des Führers? Was können wir deutschen Frauen und Mütter Schöneres tun, als unserem Führer Kinder zu schenken!«

Die Umstehenden klatschten, begeistert ob solch deutschen Frauentums. Alle, außer Brunhilde, die nun gar nichts mehr verstand.

Der Kindergeburtstag war gerettet. Nachzutragen bleibt noch, daß Tante Lina am nächsten Tag erneut in der Bonbon-Fabrik erschien und den Besitzer Brenner mit deutlichem Hinweis auf ihre »Verwandtschaft mit dem Gauleiter« um einen größeren Posten Zucker erleichterte.

In ihrem Rechenheft hat Tante Lina die Rezepte für diesen Kindergeburtstag aufgeschrieben. Dort ist auch zu lesen, wie man Bonbons selber macht und daß das bei diesem Geburtstag aus oben genannten Gründen nicht vonnöten war.

Braune Kugeln

Zutaten: 100 g Roggenmehl, 60 g Kakao (Tante Lina hatte natürlich nur Kakaomischpulver zur Verfügung), ½ Tasse Milch, 60 g Zucker, 10 g Fett und etwas Zucker zum Wälzen.

In einer Pfanne wird das Mehl ohne Fett hellgelb geröstet. Kakao und Zucker darunterrühren und das Ganze mit Milch und Fett zu einem Teig verarbeiten. Aus dem Teig werden Kugeln geformt, die man in Zucker wälzt und trocknen läßt.

Falsche Marzipankartoffeln

Zutaten: eineinhalb Tassen Milch, zwei Tassen feinen Grieß, drei Tassen Zucker, etwas Bittermandelöl, etwas Kakao oder Puderzucker.

Die Milch aufkochen lassen. Unter ständigem Rühren werden Grieß und Zucker hineingestreut und einige Tropfen Bittermandelöl daran gegossen. Das Ganze muß dann zehn Minuten kochen. Aus der noch warmen Masse werden kleine Bällchen geformt, die man entweder in Kakao oder etwas gesiebtem Puderzucker rollt.

Das einfachste Rezept für Fruchtbonbons kennen Sie? 500 g Zucker mit wenig Wasser kochen, bis ein Tropfen der Masse, in Wasser gegossen sofort erstarrt. Vier Eßlöffel Fruchtsaft unter den Zucker rühren. Auf einem geölten Teller erkalten lassen, vorher in Stücke schneiden. Es gibt natürlich noch andere Möglichkeiten:

Sirupbonbons

Zutaten: ein gehäufter Eßlöffel Mehl, vier Eßlöffel Wasser, 125 g Zucker, ein Eßlöffel Fett, vier Eßlöffel Rübenkraut.

In einem Topf wird das Mehl mit dem Wasser glattgerührt. Zucker, Fett und Rübenkraut hinzugeben und alles unter ständigem Rühren etwa zwanzig Minuten kochen lassen. Dann nimmt man die Masse vom Feuer, gießt sie auf einen gefetteten Teller und läßt sie erkalten. Kurz bevor sie völlig erstarrt, schneidet man sie in Würfel von Bonbongröße.

Hagebuttenbonbons

Zutaten: 200 g getrocknete Hagebutten, ½ l Wasser, 100 g Zucker, zwei Eßlöffel sehr fein gehackte Orangen- und Zitronenschalen, Puderzucker nach Bedarf.

Wasser zum Kochen bringen. Die getrockneten Hagebutten darin zwanzig bis dreißig Minuten kochen lassen. Die Masse durch ein feines Sieb streichen. Dann das Mus mit dem Zucker mischen und so lange kochen lassen, bis es steif wird. Fingerdick auf einen flachen Teller streichen. Trocknen lassen. Dabei immer wieder wenden. Das kann ein paar Tage dauern.

Dann wird sehr fein gehackte Orangen- und Zitronenschale und soviel Puderzucker damit verarbeitet, daß man die Masse ausrollen kann. Mit einem Fingerhut kleine Bonbons ausstechen, die man in Zucker wälzt und nochmals an der Luft trocknen läßt.

Pfefferminz-Fondants

Zutaten: 200 g Puderzucker, ein Eiweiß, zehn Tropfen Pfefferminzöl (in der Apotheke zu bekommen).

Puderzucker in eine kleine Schüssel sieben. Mit Eiweiß und Pfefferminzöl verkneten. Auf einem mit Puderzucker bestreuten Brett nicht zu dünn ausrollen. Kleine Förmchen ausstechen. Auf einem ebenfalls mit Puderzucker bestreuten Teller trocknen lassen.

Man kann die Fondants auch mit ein paar Tropfen Spinatsaft grün – oder mit Rote-Beete-Saft rot färben.

Mohrrüben-Napfkuchen

Zutaten: 250 g Mehl, 200 g roh geriebene Möhren, ein Ei, Salz, ½ Tasse Milch, 75 g Zucker, ein Päckchen Vanillezucker, ein Päckchen Backpulver, je ein Fläschchen Rumaroma und Zitronenaroma.

Das Mehl mit dem Backpulver mischen und in eine Schüssel sieben. Die geriebenen Möhren und alle anderen Zutaten nach und nach dazugeben. Gut verrühren. Zum Schluß das Eiweiß zu Schnee schlagen und unterziehen. In eine Backform füllen.

Bei 250 Grad 45 bis 50 Minuten backen.

Nach dem Erkalten mit Zucker bestreuen. Der Kuchen muß vor dem Anschneiden mindestens einen Tag lang stehen.

Kriegsstreuselkuchen

Zutaten: 250 g Mehl, 200 g Zucker, 250 g Kartoffeln, ein Päckchen Backpulver, 50 g Fett oder Margarine, ein Teelöffel Zimt.

Die Kartoffeln waschen, schälen und weich kochen. Noch heiß auf einem Reibeisen reiben. In einer Schüssel Zucker, Zimt und das mit Backpulver gemischte und gesiebte Mehl darunterrühren. Zum Schluß die Magarine zugeben. Die Hälfte des Teiges auf ein gefettetes Backblech streichen. Die andere Hälfte mit den Händen zu Krümeln zerbröseln und darüber streuen. Bei 250 Grad etwa eine halbe Stunde backen. Auf die glatte Hälfte des Teiges kann man auch eine Füllung geben, zum Beispiel ein Pfund kleingeschnitzelter Äpfel, und dann die Krümel darüber streuen. Die Backzeit verlängert sich dann etwas.

Tutti-frutti-Leckerle

Zutaten: 125 g mit Rosinen gemischte Nüsse, ein Eßlöffel Mehl, ein Eßlöffel Haferflocken, ein Eiweiß, eine Messerspitze Backpulver.

Rosinen und Nüsse kleinhacken. Mit Mehl, Haferflocken, Backpulver und dem zu Schnee geschlagenen Eiweiß in einer Schüssel gut mischen. Mit einem Eßlöffel kleine Häufchen auf ein gefettetes Backblech setzen.

Bei guter Mittelhitze im Backofen hellbraun backen.

Verordnung des Führers
zum Schutz der Sammlung von Wintersachen für die Front

DNB Aus dem Führerhauptquartier, 23. Dez. Eine Verordnung des Führers zum Schutz der Sammlung von Wintersachen für die Front hat folgenden Wortlaut:

Die Sammlung von Wintersachen für die Front ist ein Opfer des deutschen Volkes für seine Soldaten. Ich bestimme daher:

Wer sich an gesammelten oder vom Verfügungsberechtigten zur Sammlung bestimmten Sachen bereichert, oder solche Sachen sonst ihrer Verwendung entzieht, wird mit dem Tode bestraft.

Diese Verordnung tritt mit der Verkündung durch Rundfunk in Kraft. Sie gilt im Großdeutschen Reich, im Generalgouvernement und in den von deutschen Truppen besetzten Gebieten.

Führer-Hauptquartier, den 23. Dezember 1941

Der Führer: (gez. Adolf Hitler.

Der Reichsminister und Chef der Reichskanzlei: (gez.) Dr. Lammers.

1942

Das Jahr 1942 sollte die Wende bringen. Die Wende in diesem entsetzlichen Krieg. Endlich! Viele sagen, das sei Stalingrad gewesen, aber ich glaube, bereits mit Beginn der russischen Winteroffensive 1941/42 hatte sich Grundsätzliches geändert. Das »Oberkommando der Wehrmacht« mußte erstmals in seinen großsprecherischen Rundfunkberichten Niederlagen eingestehen. Da war dann von »Frontbegradigungen«, die selbstverständlich »geplant« waren, die Rede.

Die Propaganda-Floskeln konnten nicht mehr vertuschen, was geschehen war: Der Gegenangriff der Roten Armee hatte an allen Fronten zu schwersten Verlusten geführt. Fast zweihundert Kilometer mußten die deutschen Truppen an einigen Stellen »zurückgenommen« werden. Und die Volksgenossen in der Heimat mußten die Fähnchen auf ihren Weltkarten verwirrt umstecken.

Die Gründe für die sich abzeichnende deutsche Niederlage in der Sowjetunion wollen wir hier nicht untersuchen. Man sollte nur skeptisch sein, wenn heute behauptet wird (besonders oft von Militärs, versteht sich!), es sei der »General Winter« gewesen, der die deutschen Truppen geschlagen habe.

Das Jahr 1942 brachte dann eine neue deutsche Offensive. Verlorenes »Terrain« sollte »wiedergewonnen« werden: Im Mai wird die Halbinsel Kertsch »zurückerobert«, die Schlacht bei Charkow tobt, deutsche Truppen erreichen den Kaukasus und seine Erdölfelder, dringen bis Stalingrad vor und haben am 18. November »90 Prozent der Stadt in ihrer Hand«.

Ich muß an dieser Stelle um Entschuldigung bitten für die Sprache, die in solchen Abschnitten des Buches verwendet wird. Es ist die Sprache der Militärs und Kriegshistoriker, die nicht hinterfragt, was wirklich in Kriegen mit Menschen geschieht. Eine Sprache, die Frontverläufe und Truppenteile, Schlachtordnungen und Verluste beschreiben kann. Der Antimilitarismus hat in unserem Lande nur eine bescheidene Tradition. Und somit auch kaum Sprachformen, in denen er sich auszudrücken vermag. Der Begriff »Pazifist« ist bei uns immer noch ein Schimpfwort.

An der Heimatfront lösten die neuerlichen Siegesmeldungen wieder Jubel aus, auch wenn es weniger schnell vorwärts zu gehen schien. Man stimmte abermals fröhliche Lieder an:

»Im Osten steht unser Morgen,
steht Deutschlands kommendes Jahr,
dort liegt eines Volkes Sorgen,
dort wartet Sieg und Gefahr.
Dort wartet gute Erde,
die niemals Saaten trug,
dort stehen keine Höfe und Herde,
dort ruft das Land nach dem Pflug.«

Wehrbauern hielten Einzug in die besetzten sowjetischen Gebiete. Der Gauleiter von Ostpreußen, Erich Koch, wurde Reichkommissar für die Ukraine und verkündete ein »Aufbauprogramm«: Während die deutschen Soldaten wieder »vorwärts« marschierten, taten in den besetzten Ländern SD, SS und Teile der Wehrmacht ihr grausiges Werk. Sie zerstörten Fabriken, plünderten Äcker, beraubten Städte und Dörfer, ermordeten und verschleppten Millionen russischer Menschen. Sie vergewaltigten, brandschatzten, vergasten. Aus dem »Reich« kamen braununiformierte »Herrenmenschen« und begannen, das geraubte Land zu verwalten. Hitlers Baumeister Speer entwarf deutsche Baukultur für den Osten. Und damit die Heimat sehen konnte, wie »ungebrochen der Siegeswille deutscher Soldaten« immer noch war, empörte sich ein unbekannter Soldat in der »NS Frauen-Warte« über Todesanzeigen, die in den reichsdeutschen Zeitungen zu finden waren:

»Wenn es mir bestimmt sein sollte, den Soldatentod zu sterben, so möchte ich einen anderen Nachruf haben, ... nicht Verse wie: ›Lieber..., Dir der Frieden, uns der Schmerz, schlafe wohl, Du treues Herz!‹ ... etwa so, daß mein heißester Wunsch, den Tag des Sieges selber mitzuerleben, mir versagt geblieben sei, daß ich jedoch in der felsenfesten Gewißheit des Sieges und in dem unerschütterlichen Glauben an Deutschland und den Führer gefallen sei!«

Am 19.11.1942 traten sowjetische Truppen zum Gegenangriff bei Stalingrad an, am 8.11.1942 waren britische und US-amerikanische Truppen in Algerien und Marokko gelandet: Der letzte Akt der Tragödie.

Frauenarbeit. »Auch die Ehe kann nicht Selbstzweck sein, sondern muß dem einen größeren Ziele, der Vermehrung und Erhaltung der Art und Rasse dienen. Nur das ist ihr Sinn und ihre Aufgabe.« So hatte Adolf Hitler in »Mein Kampf« geschrieben und daraus folgerichtig die Aufgabe der Frau in einer nationalsozialistischen Gesellschaftsordnung abgeleitet: Sie sollte dem Mann den Haushalt führen, ihm möglichst viele Kinder gebären, ihr Platz war am heimischen Herd. Gebärfreudigkeit wurde mit Mutterkreuzen belohnt – als Sinnbild nationalsozialistischen Frauentums. Doch in Kriegszeiten – so mußte auch der Führer einsehen – lassen sich so hehre Ideale nicht immer verwirklichen. Bereits bei Kriegsbeginn war die Arbeitsdienstpflicht der weiblichen Jugend eingeführt worden. 1942 »zwang der wachsende Kräftebedarf der Wehrmacht und der Rüstungsindustrie verstärkt auf Frauen zurückzugreifen«. Schon seit Oktober 1941 war die Dienstzeit der für sechs Monate zum Reichsarbeitsdienst eingezogenen Frauen und Mädchen um weitere sechs Monate verlängert worden. Kriegshilfsdienst nannte sich das. Die »NS Frauen-Warte«, Heft 6, 10. Jahrgang: »Auf diese Weise können die Mädchen jeweils dort eingesetzt werden und Hilfe leisten, wo sie vor allem durch Bereitstellung männlicher Gefolgschaftsmitglieder für den Kriegsdienst, dringend gebraucht werden.«

Und im »Allgemeiner Wegweiser für jede Familie« war im April 1943 zu lesen: »Das junge Mädchen von heute... weiß, daß es ihre Aufgabe ist, mitzuhelfen, dem Mann seine Welt zu bauen. Ist dies eine kriegerische Welt, wie in unseren Tagen, gut, so wird sie ihm eben helfen, die Waffen zu schmieden, wird in der Munitionsfabrik oder beim Roten Kreuz oder wo es sonst notwendig ist, ihre Pflicht tun; aber einmal wird der Krieg vorüber sein – und dann wird sie genau so selbstverständlich, genau so still und pflichtbewußt, ... zurückkehren... in die Familie.«

Doch die Arbeitskräfte reichen bald nicht mehr aus. Die »Verluste des Rußlandfeldzuges müssen wettgemacht werden«. 1943 mußten sich alle Frauen ohne Kinder bei ihren Arbeitsämtern zum Arbeitseinsatz melden. Zunächst wurden nur Frauen bis zum 45. Lebensjahr erfaßt, später auch die 50jährigen und die noch älteren.

Ende 1943 waren insgesamt fast acht Millionen Frauen in der Rüstungsindustrie beschäftigt. Und »Das Blatt der Hausfrau« stellte in seinem Modeteil »schöne praktische Berufskleidung« vor, von Mannequins präsentiert, Schnittmusterbogen wurden gleich mitgeliefert.

Frauen von Funktionären, Offizieren, höheren Beamten und ähnlichen Chargen des »Dritten Reiches« freilich wußten sich vor der Fabrikarbeit zu drücken. Sie meldeten sich freiwillig zu sporadischen Arbeiten für die Wohlfahrts- und Krankenpflege beim Frauenhilfsdienst. Die »freiwilligen« Meldungen hierzu stiegen 1942 sprunghaft an.

1944 wird Goebbels von Hitler zum »Sonderbevollmächtigten für den totalen Kriegseinsatz« ernannt. Und er erhöht durch Befehl die wöchentliche Arbeitszeit auch für Frauen auf 60 Stunden. Das wollte nun gar nicht mehr zum Bild der Frau passen, wie es Hitler einmal vorgeschwebt war. Die berufstätigen Frauen mußten die Hauptlast des Krieges tragen, diejenigen, die ohnedies im Einsatz standen, nicht die Gauleiter- und Ortsgruppenleiterfrauen.

Und mit der Solidarität aller Volksgenossen war es nicht so weit her, wie die Propaganda glauben machen wollte. Der Aufruf unten, am 20. Mai 1942 im »Westfälischen Beobachter« abgedruckt, dürfte kaum Wirkung erzielt haben.

Gelsenkirchener Frauen helfen einander!

Aufruf!

Früher, als die Menschen noch in ländlichen oder nur kleinstädtischen Siedlungen lebten, kannten sich alle untereinander; damals war, wie es auch heute noch auf dem Lande ist, der Nachbar der nächste Freund und Helfer.

Heute, in den großen Städten, sind die Menschen einander fremd geworden. Die Mitbewohner eines Hauses kennen sich kaum noch. In Notzeiten sind die Menschen immer näher aneinandergerückt; schon durch die Luftschutzgemeinschaften haben viele, die sich früher nur flüchtig grüßten, näher zu einander gefunden.

In der augenblicklichen Zeit, in der so viele Tausende, vor allem Frauen, mehr als je außerhalb des Hauses arbeiten, brauchen sie auch mehr treue Nachbarn und Helfer.

Das **Deutsche Frauenwerk** hat dieser Tatsache Rechnung getragen und gleich im Anfang des Krieges die „**Nachbarschaftshilfe**" ins Leben gerufen. Aber viele der Helferinnen stehen nun selbst in schwerer Arbeit an der Stelle von Männern. Doch den arbeitenden Frauen **muß** geholfen werden. So richten wir heute einen

herzlichen und dringenden Appell an alle Frauen, die noch nicht beruflich tätig sind, keine kleinen Kinder mehr haben und noch zu keiner Gemeinschaftsarbeit herangezogen wurden, die daheim nur ihren Haushaltspflichten, sogar durch eine Hausgehilfin unterstützt, nachgehen können: „**Helft euren deutschen Mitschwestern!**"

Meldet euch zur Mitarbeit in der „Nachbarschaftshilfe" des Deutschen Frauenwerkes. Meldet euch bei der Ortsfrauenschaftsleiterin, mögt ihr Mitglieder des Deutschen Frauenwerkes sein oder nicht. **Jede ist willkommen, jede ist nötig.** Jede kann ganz nach Ihren Fähigkeiten, nach der ihr zur Verfügung stehenden Zeit beschäftigt werden. Es sind hauptsächlich die **Nähstuben**, die Mitarbeiterinnen brauchen, um die Flickwäsche der arbeitenden Frau in Ordnung zu bringen. Aber auch Heimarbeit kann übernommen werden. Wer findet sich bereit, für kurze Stunden einmal die Kinder der schwerarbeitenden Nachbarin zu beaufsichtigen oder Einkäufe für sie zu erledigen?

Meldet euch alle, deutsche Frauen, die ihr mitarbeiten und mitsiegen wollt!

In das nationalsozialistische »Kriegsbild der Frau« paßt auch eine Gesetzesänderung aus dem Jahre 1942. Am 1. Juli trat ein neues Mutterschutzgesetz in Kraft, das »auch die berufstätige Mutter miteinbezieht«. Noch 1938 war Frauen per Gesetz verboten worden, beispielsweise auf Baustellen zu arbeiten (ein Gesetz, das übrigens heute noch gültig ist). Das sollte nun anders werden: Selbst schwangere Frauen durften arbeiten, bei leichterer Arbeit sollten sie gleichen Verdienst erhalten, finanzielle Sicherungen waren garantiert, und auch der Arbeitsplatz stand nach einem kurzen Schwangerschaftsurlaub wieder zur Verfügung. Nicht wahr, auch die jetzt werktätige Mutter sollte noch Kinder gebären. Der Führer brauchte Soldaten.

Die ersten acht Tage

Aus einem Fabrik-Tagebuch

Fabrikablösung ist eine jetzt schon ziemlich bekannte Einrichtung: Frauen und Mädchen erklären sich bereit, Tage, Wochen oder auch Monate ohne Entgelt für eine überlastete Arbeiterin einzuspringen. Meist geben sie einen Teil ihrer eigenen Urlaubszeit dafür her. Der Lohn wird weiter an die abgelöste Arbeiterin ausbezahlt. Unsere Mitarbeiterin Lore Bauer-Hundsdörfer berichtet hier über die ersten 8 Tage ihres Fabrikeinsatzes.

Sonntag

Ich bin im Frauenheim des Werks angekommen. Es liegt mitten im Grünen. Zu viert wohnen wir in einem Zimmer. Es ist hell und freundlich und hat hohe Fenster. Von meinem Bett aus sehe ich den hohen Schornstein des Kraftwerks. Schwindlig wird einem fast, wenn man ihn lange anschaut, wie er so in die Höhe ragt. In der Küche hat jede von uns ihren Speiseschrank, Geschirr und Kochgelegenheit. Das alles wurde mir nach meiner Ankunft gezeigt und übergeben. Ich wurde gleich zum Empfang im Wohnraum mit heißem Kaffee bewirtet. Dort lernte ich dann auch noch einige Heimbewohnerinnen kennen, die hier am Sonntagnachmittag ein Schwätzchen hielten. Frau K., meine Bettnachbarin, stammt aus dem Rheinland. Im Zimmer neben uns wohnen zwei Wienerinnen, Mutter und Tochter. Es schlägt irgendwo 22 Uhr. Die Spätschicht ist zu Ende und bringt Lärm ins Haus. Morgen muß ich um 5 Uhr aufstehen!

Montag

Daß ein Tag so lang sein kann! Ich taumelte fast, als ich aus dem lärmerfüllten Maschinensaal kam. Die Ohren waren taub, und das Dröhnen zitterte nach in allen Gliedern. Ich hatte eine einfache Arbeit in der Zwirnerei des Kunstseidebetriebs. Die andern Frauen erzählten mir in der Mittagspause von der Frau, die ich ablöse: sie hat zwei Kinder und sei sehr froh, einmal im Hause Ordnung schaffen zu können. Sie sei sehr abgearbeitet. Das Essen in der Kantine war übrigens gut und kräftig. Man merkt, daß man in einer ländlichen Gegend ist und der Kantinenkoch auf Selbstversorgergrundlage kocht. In den Großstädten soll es selten so günstig sein. Einen halben Liter Buttermilch habe ich vor dem Essen getrunken, ein Labsal nach dem Staub im Fabriksaal.

Dienstag

Ich habe einen richtigen Muskelkater und Blasen an den Händen von der ungewohnten Arbeit. Aber das Tempo mußte meinetwegen nicht verringert werden, und darauf bin ich stolz. In der Mittagspause setzte sich Anne R. zu mir und gab mir einen herrlichen Apfel. Selbst geerntet, sagte sie. Sie wohnt eine viertel Bahnstunde weit von hier bei ihren Eltern. Der Vater ist Mechaniker in der Fabrik. Die Familie hat 5 ha Land, eine Kuh, Schweine, Hühner. Im Sommer muß Anne R. doppelte Arbeit leisten: in der Fabrik und zu Hause in der Landwirtschaft. Die meisten Arbeiter haben hier noch ein Stück Land, wenigstens einen Garten. Das bringt manchen guten Essenzuschuß, und der Ausgleich zur Fabrikarbeit ist sicher sehr gesund. Man sieht viele frische, sonnenverbrannte Gesichter, die eher Bauern als Arbeitern zu gehören scheinen. Aber für Frauen ist die doppelte Arbeit anstrengend.

Mittwoch

Frau M. aus der nahegelegenen Kleinstadt hat heute zwanzigjähriges Arbeitsjubiläum. Sie wurde viel gefeiert, von der Betriebsleitung und den Kameradinnen. Blumen, Obst und andere Geschenke standen an ihrem Platz. Schon als junges Mädel kam sie in die Fabrik, ihren Mann lernte sie im Werk kennen. Sie hat keine Kinder, darum arbeitet sie noch heute. Ihr würde etwas fehlen, wenn sie nicht jeden Tag hierher kommen könnte, sagt sie. Sie spricht immer von „ihrer" Fabrik. Am Abend ging ich in die Stadt zum Einkaufen. Frühstück und Abendessen bereite ich mir in der Küche wie die andern. Auf dem Weg traf ich Hilde W., eine junge Meisterin, die ich gestern im Heim kennenlernte. Sie hat sich in sechs Jahren hochgearbeitet. Ihr Vater ist im Weltkrieg gefallen. Sie mußte früh verdienen und ihrer Mutter helfen, die kleinen Geschwister großzuziehen. Heute hat sie zwei Arbeitssäle unter ihrer Aufsicht.

Donnerstag

Die Vorarbeiterin hat mir heute ein paar Handgriffe gezeigt, die das Zupacken erleichtern. Allmählich gewöhnt man sich ein bestimmtes Arbeitssystem an. In unserm Saal sind viele Ausländer, vor allem Flamen und Wallonen, beschäftigt. Sie arbeiten ruhig und stetig und sind recht beliebt. Nach Schichtende habe ich im Werkbad für 10 Pfennig gebadet. Dann holte ich mir einen Roman aus der Werkbibliothek. Die Soziale Betriebsarbeiterin des Werks gibt die Bücher aus, doch sie wurde mehrmals abgerufen, während ich dort war. Einmal wollte eine Ausländerin einen Antrag auf einen Schuhbezugschein ausgestellt haben, ein anderes Mal sprach eine Frau wegen ihrer Tochter vor, die wohl eine Dummheit gemacht hatte. Der Abend im Heim war recht gemütlich. Im Gemeinschaftsraum spielte ein Mädel Lieder auf der Ziehharmonika.

Freitag

In der Mittagspause ging ich schnell in einen der Säle von Hilde W. Im weißen Arbeitskittel macht sie einen recht respektablen Eindruck. Sie hat eine so frische, sachliche Art, mit Menschen umzugehen, und ist darum bei den Kameradinnen und Vorgesetzten gleich beliebt. Die Arbeit ist hier in der Spinnerei nicht so laut wie in der Zwirnerei und viel sauberer, aber auch schwieriger. Drei Wochen dauert hier das Anlernen. Frau K. arbeitet auch in dieser Abteilung. Von Beruf ist sie eigentlich Schneiderin, sie wurde zu Kriegsbeginn hierher dienstverpflichtet. Ihr Mann ist vor einem halben Jahr bei der Organisation Todt im Osten verunglückt. Sie ist 23 Jahre alt und war nur 14 Tage verheiratet.

Samstag

Die erste Woche ist zu Ende. Ich habe mich an die Arbeit gewöhnt und fühle mich schon zugehörig zum Werk und seinen Menschen. Ich weiß, was im Saal vorgeht, wo es zuzupacken gilt und wie eine Arbeit in die andere greift. Am Nachmittag haben wir im Heim unser Zimmer in Ordnung gebracht. Wir haben gewaschen und geflickt und sind am Abend auf einen Bummel in die Stadt gegangen. Die belgischen Arbeiter, die zum Teil in Privatquartieren untergebracht sind, standen in Trüppchen auf der Straße und betrachteten „das vorüberflutende Leben". Die Straße ersetzt ihnen das Kaffeehaus. Morgen wollen wir, Frau K., Hilde W. und ich, einen Ausflug machen. Ich freue mich, nach der Arbeitswoche einen ganzen Tag draußen zu sein und tüchtig zu wandern. Hilde W. kennt die Umgegend so gut und will uns einige besonders schöne Plätze zeigen.

Zeichnung: Asta Ruth

(Seite aus: »Das Blatt der Hausfrau«, Heft 6, März 1943)

Millionen deutscher Hausfrauen haben heute eine doppelte Verpflichtung: Zu der Sorge für das Wohl der Familie sind in noch stärkerem Maße die Aufgaben des Berufes getreten. Wir wissen, daß es oft nicht leicht ist, allen Anforderungen gerecht zu werden. Mancher Hausmutter mag es Kummer bereiten, wenn die Zeit fehlt, um alle notwendigen Arbeiten des Haushalts mit Ruhe und Überlegung zu tun. Und doch ist eine sorgsame Haushaltführung jetzt nötiger denn je. Dabei ist die Ernährung besonders wichtig; trotz wenig Zeit – kann doch mit Sorgfalt und Abwechslung gekocht werden. Denn eine richtige Ernährung ist die Grundlage zur Erhaltung von Gesundheit und Leistungskraft.

(aus Reden der Reichsfrauenführerin Gertrud Scholtz-Klink)

Das Zitat auf der vorigen Seite »aus Reden der Reichsfrauenführerin« stand als Motto in einem der vielen Kochbücher, die jetzt erschienen. Kochbücher, die sich den »neuen Umständen« angepaßt hatten. Titel: »Trotz wenig Zeit – gut gekocht«. Herausgegeben von der Reichsfrauenführung. Darin Rezepte für hauptsächlich kalte Gerichte, für Brotaufstriche, Rohkost und ähnliches.

Eine Frau, die gezwungen war, zehn Stunden und mehr täglich in der Fabrik zu arbeiten, konnte nicht noch warmes Essen für ihre Familie kochen. Das bedeutete, das Frühstück mußte ausgiebiger sein. Den Kindern und (sofern vorhanden) dem Mann mußten Brote mitgegeben werden. Kleinkinder wurden im Werkskindergarten versorgt, die Berufstätigen konnten in den Werkskantinen essen. Und es wurde angestrebt, die Hausfrauen zu veranlassen, auch das Abendbrot kalt zu servieren. Der Nebeneffekt: Es wurde bei solchen Essgewohnheiten, die nun als »zeitgemäß« galten, zusätzlich Energie gespart.

Einen Haken hatten diese Pläne allerdings. Es gab zwar Brot, wenn auch nicht immer in ausreichenden Mengen, aber was fehlte, waren Brotaufstrich und -belag. Statt Butter gab es Butterschmalz, und damit konnte man wahrhaftig kein Brot bestreichen. Und für die wenige Wurst, die auf dem Markt war, und den Käse mußte man wertvolle Fett- oder Fleischmarken opfern.

Also wurden neue Rezepte angeboten für Brotaufstriche, und in Tante Linas Aufzeichnungen sind in diesem Jahr 1942 eine Menge davon zu finden.

Sie wollen natürlich wissen, was aus Tante Lina geworden ist. Tante Lina ging auch in eine Fabrik zur Arbeit, man hatte sie trotz ihres Alters verpflichtet. Nach einigen Wochen in einem Rüstungsbetrieb, in dem sie zuviel »Ausschuß« produziert haben soll, arbeitete sie in einer Brotfabrik. Uwe war tagsüber bei den Varenholt-Kindern gut aufgehoben, und so machte das keine schwerwiegenden Probleme. Doch davon später mehr.

Hier zunächst einmal die Rezepte, die Tante Lina zum Thema »Brotaufstrich« gesammelt hat.

Kartoffelaufstrich

Zutaten: 20 g Fett, ein Eigelb, eine Stange Lauch, eine Zwiebel, Salz, zwei große gekochte Kartoffeln, ein Teelöffel Senf, ein Teelöffel klein gehacktes Dill, ein Eßlöffel Wasser.

Fett in einer Pfanne heiß werden lassen. Zwiebel und Lauch, sehr fein gehackt, zugeben und weich dünsten lassen. Dann die gekochten und geriebenen Kartoffeln zufügen, mit anbraten lassen. Eigelb mit Wasser, Salz, Senf und Dill verquirlen. Unterrühren und kalt werden lassen.

Heringsaufstrich

Zutaten: ein Salzhering, zwei gekochte Kartoffeln, eine Zwiebel, ein Apfel, 20 g Speck, eine Prise Zucker.

Den Salzhering waschen und entgräten. Mit Apfel, Zwiebel und Kartoffeln durch den Fleischwolf drehen. Den Speck würfeln und ausbraten. Untermischen. Mit einer kleinen Prise Zucker abschmecken.

Leberpaste

Zutaten: 100 g Leber, eine Zwiebel, drei gekochte Kartoffeln, eine sauere Gurke, Salz, Pfeffer, Majoran, 20 g Fett.

Leber und Zwiebelringe im Fett anbraten. Dann mit den übrigen Zutaten durch den Fleischwolf drehen. Mit Salz, Pfeffer und Majoran würzen. Kalt stellen.

Statt der Zwiebel kann man auch eine Stange Lauch nehmen.

Gemüseaufstrich

Zutaten: 100 g gekochte Kartoffeln, 50 g Möhren, 50 g Rettich, 50 g Sellerie, eine Zwiebel, eine Salzgurke, ein Teelöffel Senf, ein Eßlöffel Öl, Salz.

Die gekochten Kartoffeln und das Gemüse werden durch den Fleischwolf gegeben und mit Senf, Salz und Öl verrührt.

Falscher Harzer Käse

Zutaten: ½ l Buttermilch, ein Teelöffel Kümmel, vier roh geriebene Kartoffeln, Salz.

Die Buttermilch mit dem Kümmel aufkochen lassen. Wer auf dem Lande wohnt, sollte sich statt Buttermilch lieber vom Bauern Molke holen. In die kochende Milch werden soviel roh geriebene Kartoffeln hineingerührt, bis ein steifer Brei entsteht. Salzen und in einer Schale erkalten lassen.

Falsches Gänsefett

Zutaten: ein Eßlöffel Schweineschmalz, eine Zwiebel, ein Apfel, drei Eßlöffel Grieß, ½ l Wasser, ein Teelöffel Majoran, Salz.

Der gewürfelte Apfel und die zerkleinerte Zwiebel werden in dem Schweineschmalz angeröstet und in das kochende Wasser gegeben. Grieß zu dem Wasser geben. Fünf Minuten aufkochen lassen. Mit Majoran und Salz würzen. Kaltstellen.

Radieschen-Ketchup

Zutaten: etwa 15 Radieschen, ein Eßlöffel Tomatenmark, Salz, etwas Zitronensaft, ein Teelöffel entrahmte Frischmilch, gehackter Schnittlauch zum Bestreuen.

Die Radieschen werden durch ein großes Sieb der Fleischmaschine getrieben oder sehr klein gehackt und mit dem Tomatenmark vermischt. Man würzt die Masse mit Salz und Zitronensaft, gibt die entrahmte Frischmilch darunter und streicht sie dick auf Butterbrote, die dann mit fein gehacktem Schnittlauch bestreut werden.

Karamelaufstrich

Zutaten: 30 g Zucker, 40 g Mehl, 20 g Kartoffelmehl, ¼ l heißer Kaffee, ¼ l kalter Kaffee (oder Malzkaffee).

Zucker in einer heißen Pfanne goldgelb bräunen. Mit dem heißen Kaffee löschen. Mehl und Kartoffelmehl in dem kalten Kaffee anrühren. Mit dieser Mischung die heiße Masse andicken.

Das Schulfrühstück

Vitaminreiche Kost wichtig für das Kind — Nützliche Rezepte für schmackhaften Brotaufstrich

Das erste Frühstück soll die Grundlage für den ganzen Tag bilden. Das ist schon oft gesagt worden, und den Hausfrauen sind auch gleich praktische Ratschläge gegeben worden. Was aber gibt man den Kindern als Schulfrühstück mit? Das einfachste wären natürlich Brote mit Wurst oder Käse, aber das Kind soll ja eine vitaminreichere Kost haben. Außerdem würde bei diesen Broten wohl auch bald die Wurst- und Käseration erheblich zusammengeschrumpft sein!

Im Sommer ist es nicht schwierig, denn da gibt es im allgemeinen Obst in genügender Menge, das die Kinder gerne zu einer Scheibe Vollkornbrot, die gar nicht einmal mit Butter bestrichen zu sein braucht, essen. Wenn es dann Gurken und Tomaten gibt, fehlt es ebenfalls nicht an leckerer vitaminreicher Zugabe. Aber wie wird es im Winter? Gewiß kann man den Kindern ab und zu einen Apfel mit in die Schule geben, aber nach dem letzten strengen Winter ist die Apfelernte nicht so sehr groß. Da müssen wir uns eben mit Mohrrüben helfen, die von den Kindern meist sehr gern gegessen werden. Ob man sie nun gerieben oder ganz mitgibt, spielt keine Rolle, die Hauptsache ist, daß jedes Kind etwas Frisches zum Essen hat. Sind nun einmal keine Aepfel oder Möhren vorrätig, dann braucht man trotzdem nicht von der Wurst- oder Käseration zu nehmen. Man bereitet sich einen von den leckeren Brotaufstrichen, wie z. B. verschieden abgeschmeckte Streckbutter, Hefeaufstrich oder, wenn man hat, Aufstriche mit Quark und belegt damit die Vollkornbrote.

Ganz kurz soll hier noch erklärt werden, wie die Brotaufstriche hergestellt werden.

Zur Streckbutter stellt man sich eine Mehlschwitze aus Fett, Mehl und Milch her, mischt nach dem Abkühlen nach Belieben noch etwas Butter darunter und würzt mit Kräutern, Tomatenmark, roh geraffeltem Sellerie, auch einmal mit geriebenem Käse oder durchgedrehtem Fleisch usw.

Zum Hefeaufstrich benötigt man Fett, Zwiebeln, Hefe, Brösel, Wasser und Kümmel. In dem zerlassenen Fett läßt man die Zwiebel gelb werden und die zerbröckelte Hefe zergehen. Dann gibt man die Brösel und Wasser dazu und läßt alles zu einem Brei kochen, den man nach dem Abkühlen mit Salz und Kümmel oder Kräutern vermischt. Das ist ein sehr beliebter und zugleich gesunder und billiger Brotaufstrich.

Wichtig ist nun noch die Verpackung des Schulfrühstücks. Am besten ist natürlich eine Buterbrotdose, denn darin hält sich das Frühstück am frischesten und saubersten. Ist diese nicht vorhanden, muß man fett-undurchlässiges Papier zum Verpacken verwenden, damit die Aufstriche nicht durchfetten.

Und noch etwas ist von großer Wichtigkeit. Wie oft kommt es vor, daß die Kinder ihr Brot fortwerfen. Da ist es nun Sache der Eltern, immer wieder darauf hinzuweisen, daß dies unterbleibt. Wenn die Kleinen nicht soviel Brot essen wollen, soll man ihnen nicht so viel mitgeben. Wenn darauf geachtet wird, daß sie morgens zum ersten Frühstück und zur Mittagsmahlzeit genügend essen, kann ruhig das Schulfrühstück knapper bemessen sein.

Mit einem Schneebesen durchschlagen, bis die Masse schaumig und erkaltet ist.

Falscher Honig

Zutaten: ½ l Buttermilch, 250 g Zucker, drei Tropfen Zitronen-, drei Tropfen Vanillearoma, zwei geriebene Äpfel.

Buttermilch oder Molke mit Zucker und den Aromastoffen in einem Topf zum Kochen bringen. Unter ständigem Rühren etwa eine halbe Stunde kochen lassen, bis die Masse dicklich und honigähnlich wird. Die geriebenen Äpfel zugeben und noch einmal aufkochen lassen. Kalt stellen.

Eieraufstrich

Zutaten: drei hartgekochte Eier, 30 g Streckbutter aus Butterschmalz oder Butter, ein Bund Schnittlauch, ein Teelöffel Senf, Salz, eine gekochte geriebene Kartoffel.

Die hart gekochten Eier werden feingehackt und dann mit einer Gabel mit Butter und Senf verquetscht.

Die Kartoffel zum Schluß unterrühren. Salzen. Der Schnittlauch kann auf den Brotaufstrich gestreut werden, oder man zieht ihn vorsichtig unter die Masse.

Pilzpaste

Zutaten: 250 g Pilze, 50 g Speck, 20 g Mehl, eine Stange Lauch, ein Teelöffel Majoran, etwas Salz.

Pilze und Lauch werden geputzt und gewaschen und mit dem Speck zusammen durch den Fleischwolf gedreht.

Die Masse in einer heißen Pfanne anrösten und mit Mehl binden.

Mit Salz und Majoran abschmecken. Erkalten lassen.

Möhrenmarmelade

Zutaten: ein kg Möhren, ein l Wasser, zwei Eßlöffel Zitronensaft, etwas Zitronenschale (dabei aufpassen, daß die Zitronen nicht chemisch behandelt sind), 250 g Zucker.

Möhren abschaben und waschen. Mit der Zitronenschale in Wasser weich kochen, durch ein Sieb passieren oder durch den Fleischwolf drehen. Mit dem Zucker in einen Topf geben und etwa 20 bis 30 Minuten kochen lassen. Zuletzt den Zitronensaft dazugeben.

Die Marmelade ist fertig gekocht, wenn man die »Marmeladen-Probe« machen kann. Das heißt, man gibt einen halben Teelöffel der Marmelade auf einen trockenen kalten Teller. Wenn sich keine Flüssigkeit absetzt und die Masse ein Häutchen zieht, ist die Marmelade genügend eingekocht.

Die Kochkiste wieder zeitgemäß

Sie hilft mit, Brennstoff sparen / Vitaminverlust wird durch Frischkost ersetzt / Wie baut man eine Kochkiste?

Die Parole „Brennstoff sparen“ ist für viele Frauen der Anlaß, wieder die gute alte Kochkiste zu benutzen. Wenn man Gerichte in der Kochkiste gart, verbraucht man nur ein Viertel der Feuerung oder des Stromes, der sonst zum Kochen notwendig ist.

Die Kochkiste ist also als zusätzliches Gerät zum Kohlen-, Gas- oder elektrischen Herd durchaus lohnend. Eine große Hilfe ist sie gerade für die berufstätige Frau, denn in der Kochkiste werden die Speisen auch ohne Beaufsichtigung gar.

Die Nachteile, die sich vielleicht bei der Verwendung der Kochkiste einstellen und unsere Ernährung beeinflussen könnten, müssen durch gute Ueberlegung ausgeschaltet werden. Uns allen ist bekannt, daß durch stundenlanges heißes Stehen viele wertvolle Vitamine bei Gemüse und Kartoffeln verloren gehen. Aus dieser Erkenntnis ziehen wir die Folgerung, daß in erster Linie Gerichte wie Hülsenfrüchte, Reis, Grieß, Graupen, Haferflocken, Grütze und Hirsebrei der Kochkiste anzuvertrauen sind. Die Nahrungsmittel brauchen nach sorgfältigem Ankochen zum Garwerden keine Siedetemperatur, sie quellen in der Kochkiste langsam und gleichmäßig aus. Außerdem behalten sie ihre Form, da sie nicht durch fortgesetztes Umrühren zu Brei werden.

Wollen wir aber doch einmal einen Gemüseeintopf in der Kochkiste zubereiten, so dürfen wir nicht vergessen, ihn durch das Hinzufügen von Frischkost wieder aufzuwerten. Wir setzen dem fertigen Gericht feingeriebenes rohes Gemüse (Möhren, Kohlrüben oder Sellerie) zu oder werten vor dem Anrichten mit sehr reichlichen frischen gewiegten Kräutern auf. Auch frische Rohkostsalate oder frisches Obst als Nachtisch ersetzen die in der Kochkiste verlorengegangenen Vitamine.

Der große Nutzen der Kochkiste beruht auf ihrer Bauart, wobei die Auspolsterung mit Heu oder Holzwolle, beides sind schlechte Wärmeleiter, die Hauptsache ist. Es ist nicht sehr ratsam, zur Polsterung Lumpen oder Papier zu benutzen, da beide Stoffe zu viel Wärme abgeben.

Wie benutzt man nun die Kochkiste?

Zuerst müssen wir auf das richtige Einfüllen achten. Wir dürfen nur bis zu drei Viertel der Topfhöhe einfüllen, denn in dem restlichen Viertel muß sich genügend Dampf ansammeln können, da sonst die Hitze nicht lange genug anhält. Sehr wichtig ist es, die Ankochzeiten und die Kochdauer zu beachten. Die Speisen sollen im allgemeinen ein Sechstel der normalen Kochzeit vorgekocht werden und dann mit dem fest verschlossenen Topf in die Kochkiste gestellt werden. Wichtig ist zu beachten, daß der Deckel nicht noch einmal geöffnet wird, bevor der Topf in die Kochkiste gestellt wird, da sonst der Dampf entweicht. Dann soll das Gericht das Dreifache der normalen Kochzeit in der Kiste bleiben.

Bei den Speisen mit einer langen Kochzeit (zwei Stunden und länger) achtet man darauf, daß sie nach dreistündigem Aufenthalt in der Kochkiste noch einmal kurz für 10 bis 15 Minuten angekocht werden, um sie dann wieder für 2 bis 3 Stunden in die Kochkiste zu stellen. Die Kochkiste muß nach jedem Gebrauch gründlich ausgelüftet werden.

Ist nun von früher keine Kochkiste mehr vorhanden, oder haben wir keine Möglichkeit, eine fertige Kochkiste zu kaufen, kann sie

mit wenig Mühe selbst hergestellt

werden. Wir nehmen eine starke Kiste mit dazu passendem Deckel, der mit zwei Scharnieren befestigt und mit Verschlußhaken beschlagen wird. Die leere Kiste erhält zunächst eine Bodenfüllung in zehn Zentimeter Höhe aus Holzwolle oder Heu, die fest zusammengedrückt, aber nicht gestampft wird. Darüber legt man ein entsprechend großes Tuch zur Auskleidung der Isolierwände und stellt darauf den Topf, der verwendet werden soll. Das Tuch wird über den Topf geschlagen und so der entstehende Leerraum zwischen Tuch und Kistenwänden — der Abstand soll auch 10 Zentimeter betragen — bis zur Topfhöhe mit der Isoliermasse ausgestopft. Dann stößt man die Tuchränder möglichst tief zwischen Füllung und Kistenwand hinunter, glättet die Falten, und die Füllung ist fertig. Ein hinreichend großes Kissen aus Waschstoff mit Holzwolle- oder Heufüllung schafft Dichtung nach oben hin.

Ebenso kann die Kiste auch für zwei oder drei Töpfe hergestellt werden. Der Abstand zwischen den

Die Kochkiste kann man aus einem Kistchen selbst herstellen

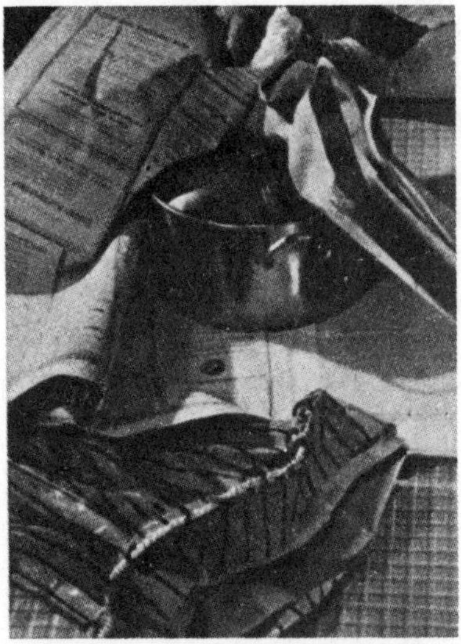

Fehlt die Kochkiste, schlagen wir den Kochtopf in Zeitungspapier und stecken ihn in einen Beutel

Die schlechte Ernährungslage hatte allenthalben die Städte, vor allem die Großstädte des Ruhrgebiets verändert.

In Gelsenkirchen hatte schon 1941 der damalige Oberbürgermeister Böhmer verfügt, daß das städtische »Kulturland, das früher fast ausschließlich der Blumenzucht für die Parkanlagen und Erholungsflächen im Stadtgebiet galt, in erster Linie für den Gemüseanbau hergerichtet« werden sollte.

1942 wurde dann auch Hand an die Grünflächen und Parkanlagen selbst gelegt. Rasenflächen wurden umbrochen, Blumenbeete verschwanden. Die Parole hieß: »Gemüse ist wichtiger als Blumen!«

Im Frühjahr 1942 waren 58 Morgen städtischen Grünlandes mit Gemüse bepflanzt, und im Herbst konnten davon 2500 Zentner Gemüse geerntet werden. Gott sei Dank!

Denn in diesem Jahre sollte sich die Versorgung mit Nahrungsmitteln in Deutschland noch einmal drastisch verschlechtern. Am 6. April wurden die Brot-, Fleisch- und Fettrationen gekürzt. Teilweise in erheblichem Umfang. Ein sogenannter Normalverbraucher erhielt jetzt pro Woche nur noch 2000 Gramm Brot statt 2250 vorher, 206 Gramm Fett statt 269 und 300 Gramm Fleisch statt 400.

Für Obst und Gemüse führten die Ernährungsämter eine Mangelkarte ein. Auf die Abschnitte der neuen Karte wird »Mangelgemüse und sonstige Mangelware« abgegeben. Die Zuteilung erfolgte jeweils auf gesonderten Aufruf in den Tageszeitungen. Aber es wurde halt nicht aufgerufen.

In der »Gelsenkirchener Allgemeinen Zeitung« wird das so begründet:

»Trotz aller vorsorglichen Maßnahmen der verantwortlichen Stellen erscheint noch immer verhältnismäßig wenig Obst und Gemüse auf dem Markt. Dies ist in der Hauptsache darauf zurückzuführen, daß sich jetzt die Frostschäden nicht nur des letzten, sondern auch der vorhergehenden Winter stärker bemerkbar machen, als dies zu erwarten war, außerdem wirkt sich naturgemäß die für die Jahreszeit an vielen Orten Deutschlands viel zu kalte Wetterlage auf den Zeitpunkt der Ernte ungünstig aus. Die außergewöhnlichen Frostperioden der letzten Winter und zum Teil auch Überschwemmungen in gewissen Gebieten im Frühjahr haben dem deutschen Obstanbau große Schäden zugefügt...«

Doch daß die deutsche Frau auch mit diesen geringeren Rationen zu wirtschaften wußte, verstand sich von selbst. Gauleiter Dr. Meyer verkündete: Schließlich »hat Deutschland immer noch die beste Verpflegung Europas einschließlich der Neutralen«. Wie mußte es dann in den von deutschen Truppen besetzten Gebieten aussehen!

Die »Gelsenkirchener Allgemeine Zeitung«: »Hausfrauen wissen sich zu helfen. Mutter hat sich ihren Plan längst gemacht. Als die junge Nachbarin ratsuchend zu ihr kam, haben sie den neuen Küchenzettel eingehend besprochen. ›Sie meinen wirklich, daß man auch jetzt noch mehr als einmal in der Woche Fleisch auf den Tisch bringen kann?‹ fragte die Nachbarin.–›Aber natürlich, das geht ganz gut! Man muß das Fleisch nur richtig einteilen.‹ Mutter wirtschaftet auch mit 300 Gr. pro Kopf zur Zufriedenheit ihrer Lieben.«

Freilich Fleisch konnte es da nur wenig geben. Es gab Fleischersatz. Es gab Bratlinge.

BRATLINGE

Linsenbratlinge

Zutaten: 125 g Linsen, 250 g gekochte und geriebene Kartoffeln, vier Eßlöffel Mehl, eine Zwiebel, eine Stange Lauch, ein Eßlöffel gehackte Petersilie, ein Teelöffel Majoran, ½ l Wasser, zwei Eßlöffel Semmelbrösel.

Die Linsen muß man in Wasser sehr weich kochen lassen. Durch ein Sieb streichen. Mit der gehackten Zwiebel, der fein gewiegten Stange Lauch, Mehl, Salz, Kräutern und den geriebenen Kartoffeln zu einem Brei verrühren. Flache Plätzchen formen. In Semmelbröseln wenden. In der Pfanne auf beiden Seiten braten.

Kohlrabi-Schnitzel

Zutaten: Zwei große Kohlrabi, ein Ei, zwei Eßlöffel Semmelbrösel.

Kohlrabi schälen. In zwei Zentimeter dicke Scheiben schneiden und in Salzwasser fast weich kochen. Abkühlen lassen. In verquirltem Ei und Semmelbröseln wenden. In Fett braun braten lassen.

Man kann die gekochten Kohlrabi auch zu Brei stampfen und mit etwas Grieß, Salz, gehackten Kräutern und einem Stich Fett vermischen. Dann Bratlinge aus der Masse formen. Panieren und braten, wie vorher beschrieben.

Sauerkrautbratlinge

Zutaten: 500 g Sauerkraut, 200 g Graupen, ein Ei, 200 g rohe geriebene Kartoffeln, ½ l Wasser.

Sauerkraut und Graupen in Wasser gar kochen. Wenn das Wasser total eingekocht ist, das Ei und die rohen geriebenen Kartoffeln zugeben. Plätzchen formen. In der Pfanne braun backen.

Grützbratlinge

Zutaten: 375 g Gerstengrütze, ¾ l Wasser, 100 g Mehl, ein Ei, Salz, ein Teelöffel Salbei.

In kochendes Wasser die Gerstengrütze geben und weichkochen. Abkühlen lassen. Mehl, Salz, das Ei und Salbei mit der Grütze vermischen. Bratlinge formen. In einer Pfanne backen.

Kürbisküchle

Zutaten: 500 g Kürbis, 250 g kalte Pellkartoffeln, 125 g Haferflocken, ½ Eßlöffel Senf, ½ Teelöffel gemahlener Kümmel, eine Zwiebel, Salz, zwei in Milch eingeweichte Brötchen, etwas geriebener Käse.

Der gehobelte Kürbis wird mit den geriebenen Kartoffeln und den ausgedrückten Brötchen vermischt. Zwiebel fein hacken, mit den Haferflocken und den Gewürzen zu der Masse geben. Gut durchkneten. Flache Küchlein formen, die in dem geriebenen Käse gewendet werden. Auf einem gefetteten Backblech im Ofen goldbraun werden lassen.

Selleriebratlinge

Zutaten: zwei Tassen Haferflocken, 250 g Sellerie, ein Ei, eine gekochte geriebene Kartoffel, Salz, vier bis fünf gehackte Sellerieblätter, Fett zum Braten.

Man übergießt die Haferflocken mit 1½ Tassen heißen Wassers und läßt sie zugedeckt eine Stunde stehen, damit sie dick ausquellen. Dann fügt man den roh geraspelten Sellerie, das Selleriegrün, das Ei, Salz und die geriebene Kartoffel nach und nach hinzu.

Bratlinge formen. In Fett braten.

Sauerampfer-Koteletts

Zutaten: 125 g Sauerampfer, drei Brötchen, ein Ei, eine gehackte Zwiebel, Salz, Petersilie, ein Eßlöffel Mehl, zwei Eßlöffel Semmelbrösel.

Die Sauerampferblätter waschen. Brötchen einweichen und ausdrücken. Auf einem Brett die Sauerampferblätter und die Brötchen grob hacken. Mit Salz, Ei, etwas Petersilie, Zwiebel und dem Mehl verrühren.

Man formt aus der Masse Koteletts und wälzt sie in Semmelbröseln. Im heißen Fett auf beiden Seiten braten.

Graupenpuffer

Zutaten: 250 g Graupen, ein l Magermilch, ein Ei, zwei Eßlöffel Mehl, ein Eßlöffel gehackte Petersilie, eine fein gehackte Zwiebel, Salz, Milcheiweißpulver (wenn vorhanden).

Die Graupen in der Milch weichkochen. Die restlichen Zutaten unterrühren. Mit einem Eßlöffel kleine Puffer formen, in heißem Fett backen.

Spinatbratlinge

Dies ist ein Gericht zur Resteverwertung. Die Zutaten ergeben sich aus der Menge des Spinats.

Unter einen Rest Spinatgemüse gibt man so viel Haferflocken, daß die Masse formbar wird. Mit Salz und gehackter Petersilie nachwürzen. Kleine Klöße oder Bratlinge daraus kneten. Mit wenig Fett in einer Pfanne knusprig braun backen.

Kräuterbratlinge

Zutaten: 250 g Grieß, ein l Wasser oder Milch mit Wasser verdünnt, ein Ei, drei Eßlöffel fein gewiegte Kräuter, am besten nimmt man Schnittlauch, Petersilie, Basilikum und Thymian, Salz, zwei Eßlöffel Semmelbrösel.

Grieß in das kochende Wasser einrühren und zu einem steifen Brei kochen. Wenn die Masse abgekühlt ist, mit Ei und Kräutern mischen. Salzen. Aus der Masse flache Klopse formen, in Semmelbrösel wenden und in einer Pfanne in heißem Fett goldgelb braten.

Pilzbratlinge

Zutaten: 600 g Pilze, 250 g gekochte geriebene Kartoffeln, ein Eßlöffel Mehl, eine Tasse in Ringe geschnittenes Lauch, Salz, Pfeffer, etwas Rosmarin und Bohnenkraut, Semmelbrösel zum Wenden.

Die Pilze werden geputzt und dann kleingehackt. Mit dem Lauch zusammen werden sie im eigenen Saft gar gedünstet. Abkühlen lassen. Dann vermengt man sie mit den geriebenen Kartoffeln, Mehl, Salz, Pfeffer und mit den Gewürzen.

Man formt Bratlinge, die man in Semmelbröseln wendet und in einer Pfanne brät. Man kann sie auch auf einem Backblech dünsten.

Grünkohlbratlinge

Auch das ist ein Gericht, in dem Reste verwertet werden können. Ein Rest Grünkohlgemüse wird mit feingeschnittener roher Zwiebel oder einigen gehackten Pilzen oder Kräutern – was gerade zur Hand ist –, einem Ei, drei bis vier gekochten und geriebenen Kartoffeln und Semmelbröseln verrührt.

Man sticht löffelweise Klöße von der Masse ab, drückt sie in heißem Öl oder Fett etwas breit und backt sie wie Puffer auf beiden Seiten. Man kann dazu Tomatensoße oder Kartoffelbrei geben.

Ranziges Öl wieder brauchbar

Ranzig gewordenes Öl darf man auf keinen Fall wegschütten, denn man kann es ausgezeichnet zur Zubereitung von Salaten oder von Mayonnaise für allerlei Gerichte verwenden. Doch wie macht man es wieder verwendungsfähig? Man besorgt sich etwas gebrannte Magnesia und schüttet auf je 20 Gramm Öl etwa eine Messerspitze voll zu. Die Flasche stellt man nun recht kühl, und schon nach drei bis vier Tagen hat sich die Magnesia abgesondert und dabei gleichzeitig den unerwünschten Geschmack entfernt. — Auch mit Salpetergeist läßt sich der unangenehme Geschmack entfernen. Auf 1/4 Liter Öl gibt man nur 2 Tropfen Salpetergeist zu. Die Flasche wird dann wieder verkorkt und gründlich durchgeschüttelt. Nach 10 Minuten Schütteln stellt man sie in ein Gefäß mit warmem Wasser. Hat sich das Öl dann erwärmt, nimmt man die Flasche wieder heraus und läßt das Öl abkühlen.

Wir raten und helfen!

Haferflocken herzhaft
(Hausgehilfin Thinka M., Bamberg)

Ihre Familie sieht wohl ein, daß Haferflocken sehr gesund und nahrhaft sind, aber wenn Sie einmal eine Suppe davon gekocht haben, ist niemand so recht bei der Sache, weil sie so weichlich schmeckt. Diesen wenig begehrten Geschmack können Sie leicht in einen herzhaften verwandeln, wenn Sie die Suppe so zubereiten: Sie rösten 60 g Haferflocken in eiserner Pfanne schön braun und lassen sie erst dann in 1 l Gemüse- oder Knochenbrühe oder Wasser garkochen. Zuletzt schmecken Sie mit Salz und etwas Suppenwürze ab und geben einen Stich Butter in die Suppe. Probieren Sie das auch einmal — Sie werden uns recht geben, und Ihre Familie wird von jetzt an die Suppe viel lieber essen.

Kriegs-Waschfibel (Hausfrau Else K., Verden)

Sie klagen darüber, daß Ihre Wäsche gar nicht mehr richtig weiß und sauber ist? Dann haben Sie die Wäsche höchstwahrscheinlich wie früher gewaschen und nicht bedacht, daß die neuen Waschmittel eine besondere Behandlung der Wäsche erfordern. Der Schwerpunkt des ganzen Waschprozesses ist vom Waschkessel weg vorverlegt worden, und zwar auf das Enthärten des Wassers und das Einweichen der Wäsche. Wir möchten Sie darum auf die Kriegs-Waschfibel hinweisen (Verlag für Volkswirtschaftliche Aufklärung, Berlin, Preis 0,10 M.), in der die neue Wäschebehandlung kurz und eindringlich vor Augen geführt wird. Auch als erfahrene Hausfrau werden Sie manches Neue daraus lernen, und der Erfolg wird saubere, weiße und schonend behandelte Wäsche sein. Der Wäschebestand des deutschen Volkes stellt übrigens einen Wert von 6 bis 7 Millionen Reichsmark dar. Sie sehen also, welch ein Vermögen in die Hand der Hausfrau gegeben ist, und werden erkennen, wie unbedingt notwendig es ist, diese Werte zu erhalten.

Ein Weg, an mehreren Tagen Fleisch auf den Tisch zu bringen ist folgender:
Auf die mir zur Verfügung stehenden zwei Fleischkarten kaufe ich 400 gr Eisbein, wovon man die doppelte Menge bekommt. Ich teile das Stück. Die dickere Hälfte brate ich mit viel Soße, die sehr fett wird und die ich dicke. Wir essen Gemüse und Kompott dazu. Am nächsten Tag gibt es die untere Hälfte des Eisbeins im Eintopf gekocht. Behalte ich nun von beiden Tagen kleine Fleischreste übrig, so verwende ich diese am dritten Tag mit getrockneten Pilzen als Gulasch. Schließlich spalte ich die dicken Markknochen und koche eine Suppe auf mit viel Suppengrün und Kartoffelwasser daran. Frau Jenny Gr., Neustadt (Holst.)

Frischhaltung von Eigelb. Bei Verwendung von Eiweiß wird das Eigelb oft nicht am selben Tag gebraucht und bekommt dann oben eine harte Kruste. Um dies zu vermeiden, nehme ich Seidenpapier, tränke es mit roher Magermilch und verschließe damit das Gefäß, in dem ich das Eigelb aufbewahre. Am nächsten Tag ist das Eigelb noch genau so frisch, als ob es eben vom Eiweiß geschieden wäre. Seidenpapier, in roher Milch getränkt, verschließt vollkommen luftdicht und wird ganz hart, es kann auch zum Verschließen von Marmeladengläsern verwendet werden. Frau A. H., Pforzheim.

Schnelles Silberputzen
(Hausgehilfin Helene B., Braunschweig)

Wenn Sie nicht so oft zum Silberputzen kommen, so hilft Ihnen sicherlich dieser Wink: Legen Sie das Silber kurze Zeit in heißes Wasser, in dem Eier gekocht worden sind. Dadurch erhält das angelaufene Metall einen schönen, neuen Glanz.

Praktische Hinweise

Zum Fettsparen

Weiche Butter und Margarine sind zum Brotbestreichen ausgiebiger. Es lohnt sich daher, besonders in großen Familien, die Butter schaumig zu rühren. Beim Backen von Pfannkuchen, Eierkuchen, Plinsen braucht man wenig Fett, wenn man die Pfanne nur mit einer halben, an der Schnittfläche in Fett getauchten Zwiebel ausreibt. Die Pfannkuchen schmecken nicht nach Zwiebel. — Dünn backen!

Bestimmte Arten von Braten, z. B. Hackbraten oder Kohlbraten, können in der Form (Kasten- oder Auflaufform) gebraten, vielmehr gebacken, werden.

„Bratkartoffeln" können in der Auflaufform mit Milch oder auf dem Backblech hergestellt werden.

Zum Mehlsparen

Gemüsegerichte und Suppen dickt man mit roh geriebenen Kartoffeln an. Es kann dadurch Mehl für Mehlspeisen und Backwerk aufgespart werden.

Zum Eiersparen

Hierfür können die verschiedenen „Eiaustauschmittel" benutzt werden. Man verwendet sie entsprechend den jeweils beigegebenen Vorschriften.

Auch auf andere Weise kann man Ei ersetzen, z. B. im Fleischteig durch eingeweichte, ausgedrückte Brötchen oder gekochte, geriebene Kartoffeln zum Lockern, durch Mehl oder roh geriebene Kartoffeln zum Binden.

Die Lebensmittelrationen blieben bis in den Herbst hinein unverändert. Was sich änderte, waren lediglich die Formate der Lebensmittelkarten: »Im Interesse der Papierersparnis sind die Formate der (Lebensmittel-)Karten verkleinert worden«, hieß es.

Am Erntedanktag trafen sich dann die Nazi-Funktionäre zu einem »feierlichen Staatsakt« im Berliner Sportpalast. Die hohen Herren waren zufrieden, die Ernte 1942 war wider Erwarten gut ausgefallen. Zwei Vertretern des »deutschen Landvolkes« wurde das Ritterkreuz zum Kriegsverdienstkreuz überreicht.

Hauptredner auf der Veranstaltung war Hermann Göring. Und das hörte sich dann so an:

»Wir sind heute in der glücklichen Lage, daß die gesamte deutsche Wehrmacht, gleichgültig an welchen Fronten sie steht, aus den eroberten Gebieten allein verpflegt wird (Beifall), so daß die heimatliche Ernte in vollem Umfange dem eigenen Volke zugeführt werden kann und ihr noch Zuschüsse aus den eroberten Gebieten in steigendem Maße zufließen... Ich bin sehr dafür, daß in den von uns in Obhut genommenen und eroberten Gebieten die Bevölkerung nicht Hunger leidet. Wenn aber durch Maßnahmen des Gegners Schwierigkeiten in der Ernährung auftreten, dann sollen es alle wissen: wenn gehungert wird, in Deutschland auf keinen Fall (erneuter stürmischer Beifall)... Und wenn ich hier dem Landvolk, dem deutschen Bauern und der Bauersfrau danke, so möchte ich eigentlich den besonderen Dank der Bauersfrau aussprechen (stürmische Zustimmungskundgebungen). Heute steht das deutsche männliche Landvolk in seiner überwältigenden Mehrheit mit dem Schwerte in der Faust an der Front und verteidigt sein Vaterland, und die Arbeit zu Hause hat er der Frau übertragen... (Bravorufe).«

Viele Dörfer waren in dieser Zeit bereis fast ohne Männer. Die Arbeit auf dem Felde wurde von Kindern, BDM-Mädchen, Arbeitsmaiden und eben den Bäuerinnen getan.

Allerdings – das Lob der Bäuerin wollte auch so recht in das Bild einer verblasenen Nazi-Ideologie passen. Zum Erntedankfest 1941 war in der »NS Frauen-Warte« in einem Artikel folgendes zu lesen:

»Gehen wir aber aufs Land hinaus, auf die großen und kleinen Höfe, von denen unser Achtzig-Millionenvolk von Kämpfern das Brot bekommt, und begegnen wir dann jenen Frauen, die da mit

Wetter und Wind und tausend Widrigkeiten um dieses Brot ringen, sehen wir ihre stillen Augen, ihre zersorgten Gesichter, dann ist es doch, als kämen wir in eine andere Welt, in die Welt, darin unser aller Ursprung zu finden ist. Und wir wissen: Diese Frauen sind die Mütter und hüten alles Vergangene und alles kommende für unser ganzes Volk.«

In einer anderen Ausgabe wird das »kinderreichste Dorf Großdeutschlands« gefeiert. Und da wird dann auch deutlich, was gemeint ist: In dem Dorf Großarl trugen von 2000 Einwohnern 300 Frauen das Mutterkreuz, allein 84 das goldene.

Die Zukunft der Arbeitsmaiden, die auf dem Land Dienst taten, war schon geplant: »Die Besten von ihnen, die sich für immer dem Boden verschreiben, wollen seßhaft werden, wollen siedeln, ein eigenes Stück Erde besitzen – sie werden nach dem Sieg die Frauen unserer SS-Wehrbauern, irgendwo im weiten deutschen Osten, sein.«

Wie sagte »Reichsmarschall« Göring? »Wenn Deutschland solche Frauen hat, dann kann und wird Deutschland niemals untergehen.« Er sollte sich getäuscht haben.

Die Bäuerin

Bei Herd und Brunnen schafft sie spät und früh.
Sie muß am grauen Morgen Feuer zünden,
In heißer Mittagsglut die Garben binden
Und abends sorgen für Gesind und Vieh.
Die Anmut, die ihr einst die Jugend lieh,
Sie mußt' in Arbeit und im Kindbett schwinden,
Und ihre braunen, harten Hände künden,
Daß sie ihr Teil getan an Plag und Müh.
Und war vor Jahren doch ein junges Ding,
Das froh zum Tanze ging mit roten Wangen!
Nun aber hat sie mit dem schmalen Ring
Den Ruf zu heilig hohem Amt empfangen.
Wenn alles welkt und feig und faul erschlafft:
Neu blüht aus ihrem Schoß des Volkes Kraft.

Hans Gleblisch

Die gute Ernte brachte zum 19. Oktober 1942 höhere Lebensmittelrationen. Die Zahlen vor der Kürzung wurden allerdings nicht wieder erreicht. Für den »Normalverbraucher« gab es wöchentlich 250 Gramm Brot und 50 Gramm Fleisch mehr.

Und zu Weihnachten bescherte der fette Reichsmarschall den ausgehungerten Volksgenossen sogar eine Sonderzuteilung. Genannter »Normalverbraucher« bekam: 500 g Weizenmehl, 200 g Fleisch, 125 g Butter, 62,5 g Käse, 250 g Zucker, 125 g Hülsenfrüchte, 125 g Zuckerwaren, 50 g Bohnenkaffee und eine halbe Flasche Trinkbranntwein, einmalig und zusätzlich zu den üblichen Rationen.

(aus der Kinderzeitschrift »Das Blatt der Kinder« Nr. 23 aus dem Jahr 1942)

Gelsenkirchen löste in diesem Jahr seine Lebensmittel-Verteilungsprobleme in vorbildlicher Weise: Das Gemüse wurde mit der Straßenbahn von den städtischen Anbaugebieten und dem Großmarkt bis zum Kleinverteiler transportiert.

Der »Reichsmarschall« hatte in seiner »großen Rede« geklagt, daß zu viele Lebensmittel gar nicht erst beim Verbraucher ankämen, weil sie vorher schlecht oder faul geworden wären.

Was wunder! Es gab keine Transportmittel. Lastwagen und Eisenbahnwaggons »rollten für den Sieg«. Und Benzin für solche Fahrten gab es schon lange nicht mehr.

Wie Tante Lina ein Schwein schlachtete und Schwein hatte, weil sie erwischt wurde, aber ein Schwein sie rettete

Die Rede des Reichsmarschalls sollte auch für Tante Lina persönlich – ja, wie soll man das nennen? – gewisse Auswirkungen haben.

Die ersten Ergebnisse der Rede in Gelsenkirchen: Die Nazi-Funktionäre überschlugen sich förmlich, es dem Reichsmarschall gleich zu tun und versprachen der Bevölkerung das Blaue vom Himmel herunter. Winterkartoffeln sollte es für jeden geben, die örtliche Milchverteilung wurde »gesichert« und so weiter und so weiter.

Monate später sollte sich dann zeigen, daß kaum eine der Versprechungen eingehalten worden war. Im Januar 1943 wurden die Winterkartoffeln, die man nicht ausgegeben hatte, billig als Viehfutter verkauft. Sie hatten in den Lagerhallen Frost gekriegt.

Also im Oktober 1942 muß es gewesen sein, da saß Tante Lina in ihrem Ohrensessel und las Zeitung, den »Westfälischen Beobachter«, anderes gab es nicht. Unter anderem den folgenden Artikel:

Gelsenkirchener Grünflächen für die Schweinezucht

Großzügige Förderung der Selbstversorgung durch die Stadtverwaltung

In seiner großen Rede am Erntedanktag hat Reichsmarschall Göring mit besonderem Nachdruck betont, daß das Entscheidende für die Sicherung der Ernährung immer der Einsatz des eigenen Volkes, der Einsatz der Heimat sei. Denn, so sagte er, trotz aller eroberten Gebiete und trotz der Zuschüsse, die von dort der Heimat in steigendem Maße zufließen, bleibt die Anbaufläche der Heimat und ihre Ernte das Entscheidende auch für ihre Versorgung. Es gilt deshalb für uns in der Heimat, die Sicherung unserer Ernährung weiterhin zu stärken. Wir müssen also den Weg, den wir schon bisher mit Erfolg eingeschlagen haben, unermüdlich weiter verfolgen und jedes nur eben nutzbare Fleckchen der heimischen Erde der Volksernährung dienstbar machen.

Was nun unsere große Arbeiterstadt Gelsenkirchen anbetrifft, so dürfen wir darauf hinweisen, daß Oberbürgermeister Böhmer gleich zu Beginn des Krieges mit Weitblick und Tatkraft daran gegangen ist, die Stadtgärtnerei auf den Gemüseanbau, vor allem auf die Zucht von Frühgemüse, umzustellen, um in der gemüsearmen Jahreszeit eine zusätzliche Versorgung der Gelsenkirchener Bevölkerung mit frischem und gutem Frühgemüse zu erreichen.

Diesem Ziel gilt auch eine weitere wichtige Maßnahme, die jetzt zur Durchführung gelangt. Wie wir kürzlich mitteilten, soll auch in den Städten eine Anzahl von Selbstversorgern Gelegenheit bekommen, sich ein eigenes Schwein zu halten. Um die hierfür benötigte eigene Futtermittelbasis sicherzustellen, sind die Bürgermeister vom Gauleiter und Oberpräsidenten Dr. Meyer aufgefordert worden, geeignete Flächen zur Verfügung zu stellen. Der Anbau dieser Flächen soll in erster Linie der Selbstversorgung der Pächter dienen, die bereit sind, ein eigenes Schwein zu mästen. Durch diese Maßnahme wird jedoch zweierlei erreicht. Zunächst kommen dadurch noch mehr Volksgenossen in den Genuß der Selbstversorgerrechte und außerdem wird eine weitere Entspannung der Ernährungslage für die Normalverbraucher herbeigeführt.

Oberbürgermeister Böhmer hat sich sofort für die Durchführung dieser Brach- und Grünlandaktion eingesetzt. Er hat Anweisung gegeben, daß alle geeigneten Flächen im Stadtgebiet festgestellt und für die Aktion erfaßt werden. Das nun vorliegende Ergebnis ist erfreulich, denn es sind jetzt der Kreisleitung der NSDAP. durch den Oberbürgermeister rund 24 Morgen zur kostenlosen Abgabe an solche Volksgenossen zur Verfügung gestellt worden, die sich bereit erklären, ein Schwein zu halten und die erforderlichen zusätzlichen Mengen an Futterkartoffeln und Wurzelgemüse selbst anzubauen. Die gesamte Fläche, die ohne Pachtgeld jetzt in Angriff genommen werden kann, verteilt sich über die einzelnen Stadtbezirke. Sie ist in über 160 Parzellen eingeteilt worden. Es liegt nun an den Volksgenossen, denen die einzelnen Flächen durch die Partei zur Bewirtschaftung übergeben werden, die Grünlandaktion auch in unserer Stadt zu einem vollen Erfolg zu führen und so mitzuhelfen, die Ernährungsgrundlage weiter zu sichern und zu festigen.

Als sie den Artikel gelesen hatte, saß sie lange wie gedankenverloren da und starrte vor sich hin.

Wer Tante Lina kannte, gut kannte, der ließ sich von ihrem geistesabwesenden Gesichtsausdruck nicht täuschen. Hier wurde gedacht, nachgedacht und kombiniert. Eigentümliche und gefährliche Ideen gewannen hinter der leicht gekräuselten Stirn Gestalt und waren dabei, sich einen Weg in die nationalsozialistische Außenwelt zu suchen.

Nach einer Weile stand sie abrupt auf, ging ans Fenster und blickte in den Garten hinaus. Dort trottete Heinrich, Kuszmierz' Schwein, über die Terrasse. Ich brauche wohl nicht zu erwähnen, daß alle von Tante Linas Tieren Namen hatten.

Könnte man nicht, wenn da noch gewisse Aussichten auf neue Schweine für Selbstversorger waren, gleich zwei von diesen organisieren, eins für Kuszmierz und eins für sich...?

Wäre dann nicht – mit einer kleinen Manipulation durch Bruder Bruno beim Ernährungsamt, versteht sich – ein Schwein zuviel da...?

Könnte man dann nicht Heinrich zum Beispiel schlachten...? Schwarz natürlich!

Ein Schwein zu schlachten war auch für »bergmännische Selbstversorger« wie Kuszmierz keine ganz einfache Sache. Das mußte gemeldet werden, eine Schlachtsteuer war zu entrichten, und vor allem durfte der Selbstversorger natürlich nicht alles Fleich behalten – nur so viel, wie ihm zustand. Und das war wenig. Alles andere sollte an die Bevölkerung verteilt werden, verschwand aber meist in den Mägen einiger Privilegierter. Der Rest wurde auf die Fleischrationen angerechnet. Und wenn Heinrich schon den Weg allen Fleisches gehen sollte, dann doch den direkten zu den guten Leuten, die ihn aufgezogen hatten. Fand Tante Lina.

Kuszmierz schüttelte entsetzt den Kopf, als Tante Lina ihm ihre Pläne auseinandersetzte. Schwarzschlachten? Unmöglich. Darauf standen hohe Strafen! In Berlin war ein Schwarzschlächter schon zum Tode verurteilt worden. Und der Josef Kranefeld aus Buer hatte sechs Jahre Zuchthaus bekommen.

Tante Lina erinnerte sich.

Mit dem Kranefeld, das war eine merkwürdige Sache gewesen. Ein unglücklicher Zufall hatte ihn vor das Essener Sondergericht gebracht. Im August 1942 war in einem D-Zug-Abteil auf der Fahrt von Gelsenkirchen nach Berlin der Kaufmann Klemens Kranefeld an einem Herzschlag gestorben. Er hatte nach vielen Jahren wieder einmal seinen Bruder Josef in Buer besucht und wollte nach Berlin zurückfahren.

Da der Tote ohne Papiere war, wurde sein Koffer geöffnet. Die Polizei staunte nicht schlecht, denn darin befanden sich 50 Pfund frisches Schweinefleisch, die der Viehhändler Josef Kranefeld seinem Bruder mitgegeben hatte.

Zwar hatte Josef wohlweislich ein Schreiben an den Gelsenkirchener Schlachthof gerichtet, er müsse ein Schwein notschlachten, aber das half ihm nicht. 26 verbotene Schlachtungen wurden ihm angeblich nachgewiesen.

Aber so wie dem Kranefeld würde es Tante Lina nicht gehen, oder? Nach zwei Stunden intensiver Überzeugungsarbeit und zehn Stamperln Schnaps aus Tante Linas Geheimvorrat für besondere Anlässe war Kuszmierz überredet.

Die Vorbereitungen geschahen in aller Stille. Wichtig war der Augenblick von Heinrichs Verschwinden. Das neue Schwein mußte sofort an seine Stelle treten – über Tante Linas freundliche Nachbarn berichtete ich schon. Und die lauerten hinter ihren Gardinen.

Die neuen Schweine wurden in einer einzigen großen Kiste antransportiert, nur ein Schwein wurde sichtbar hinausgelassen, sichtbar für die Nachbarn vor allen Dingen. Nachts verschwand Heinrich auf Nimmerwiedersehen, sein Doppelgänger trat an seine Stelle.

Ersparen Sie es mir, die nächtliche Schlachtung zu beschreiben, von der böse Zungen behaupten, sie habe in Tante Linas Badewanne stattgefunden. Richtig ist, daß sie in der Waschküche von Tante Linas Haus vorgenommen wurde und daß Heinrich durch Kuszmierz' Hand sein Leben verlor. Es waren schlechte Zeiten damals, auch für arme Schweine.

Ersparen Sie es mir auch, von Tante Linas heimlich vergossenen Tränen zu berichten. Sie hing sehr an dem Tier.

Es ist bezeugt, daß sie bei Heinrichs Tötung nicht anwesend war, daß sie es sich aber nicht nehmen ließ, das geliebte Tier zu Wurst, Schinken und Koteletts zu verarbeiten.

Wer anders hätte das gekonnt.

Als der Morgen graute, war alles passiert. Die Waschküche war wieder gereinigt, die Schlachtung von Kuszmierz, Frau Varenholt und Tante Lina gehörig begossen. Und niemand hätte etwas gemerkt, wenn nicht...

Gegen Mittag hatte Tante Lina als letzten Akt des Schlachtvorgangs den Panhas auf dem Feuer stehen. Panhas ist eine Mischung von Wurstbrühe, Fleischresten und Buchweizenmehl, mit allerlei Gewürzen schmackhaft gemacht. Im Ruhrgebiet auch heute noch eine Lieblingsspeise vieler Erwachsener und vor allen Dingen der Kinder. Und irgendwas mußten die Varenholt-Kinder gerochen haben von dem verführerischen Duft, und sie kamen zu Tante Lina in die Küche und fragten, ob sie Panhas schrappen dürften.

Das Panhasschrappen ist auch so eine Sitte im Ruhrgebiet. Wenn der Panhas mit einem großen Schöpflöffel in Schüsseln gefüllt wird, ist es so weit. Natürlich kann man einen Schlachtkessel mittels einer solchen Kelle nie ganz ausleeren. Und es ist das Recht der Kinder – und das kannten die noch aus der Vorkriegszeit –, den Kessel mit selbst mitgebrachten Löffeln blank zu schaben.

Die Kinder erhielten von Tante Lina die Erlaubnis zum Schrappen, das war die selbstverständlichste Sache auf der Welt. Und die Kinder in ihrer Naivität – hatten die Erwachsenen sie doch nicht aufgeklärt, daß hier Verbotenes geschah – hatten alle ihre Freunde in der Nachbarschaft eingeladen zum Panhasschrappen. Und da standen nun etwa zwanzig Kinder und ein begeisterter Uwe, der diesen aufregenden Brauch gar nicht kannte, mit blanken Augen und noch blankeren Löffeln mitten in Tante Linas Küche. Erwartungsvoll. Eine Katastrophe!

Später sah man Tante Lina mit zwei schweren Einkaufstaschen und ihrem Bollerwagen das Haus verlassen.

Noch später, als Tante Lina schon lange wieder zurück war, kam die Polizei. Die richtige diesmal, nicht die Gestapo.

Ein stiller Beobachter, so hieß es, hätte eine Schlachtung beobachtet und der Polizei gemeldet. Tante Lina leugnete nicht. Die Würste, das Eingeweckte und Eingepökelte wären bei einer Durchsuchung sowieso gefunden worden.

Aber von einer »Schwarz«-Schlachtung – davon wollte Tante Lina nichts wissen. Es sei geschlachtet worden, aber nach Vorschrift, nicht schwarz.

Aber warum denn bei Nacht und so heimlich, wollten die Beamten wissen. Da vergoß Tante Lina reichliche Tränen. Das Kind, der Uwe, der sei ja so empfindlich, und er habe das Schwein doch so geliebt, einen Namen habe er ihm gar gegeben. Heinrich hieß das Schwein, wie, na wie der... Die Beamten erschraken zu Tode und stellten zu diesem Punkt keine weiteren Fragen. Die deutsche Sprache ist oft mißverständlich, und wie leicht konnte da Doppeldeutiges auch von den Verhörenden gesagt werden.

Eine letzte Frage beantwortete Tante Lina auch sehr freimütig: Ja, sie habe von dem Schwein auch andere Leute mit Wurst und Schinken und Schnitzel und Panhas beliefert, den Herrn Saatmann zum Beispiel und Bruder Bruno und einen Herrn Meyer, und es fielen die Namen noch einiger höherer Nazi-Funktionäre aus dem Revier, die den armen Polizisten den Schweiß auf die Stirn trieben. Und bleich verließen sie Tante Linas Haus, ohne auch nur ein Würstchen oder ein Stück Fleisch beschlagnahmt zu haben.

Das war Tante Linas Weg nach dem Panhasschrappen der Kinder gewesen: Sie hatte Saatmann besucht, der gerade auf Heimaturlaub bei seiner Mutter war, den Saatmann von der SS. Und ihren Bruder und bei dem auch Gauleiter Dr. Meyer, Händchen haltend mit Nichte Brunhilde. Und war nach und nach mit ihrem Handwagen bei allen Nazi-Größen gewesen, die sie kannte. Und allen hatte sie Fleisch und Wurst angeboten gegen Entgelt, wie von ihr nicht anders zu erwarten. Und alle hatten genommen und gezahlt. Es waren, wie gesagt, schlechte Zeiten.

Ein Prozeß hat wegen dieser Schwarzschlachtung nie stattgefunden, und das Ernährungsamt hatte Tante Lina anstandslos nachträglich eine Genehmigung zu einer Notschlachtung erteilt, weil Heinrich, das Schwein, sich (angeblich) ein Bein gebrochen hatte (sic!).

Soweit diese Geschichte.

Ich möchte Sie, obwohl das eigentlich nichts in einem Kriegskochbuch zu suchen hat, mit einigen von Tante Linas Wurstrezepten bekannt machen. Denn unter diesen Umständen paßt es ja vielleicht doch an diese Stelle.

TANTE LINAS WURSTREZEPTE

Panhas

Zutaten: ein kg nicht zu mageres Schweinefleisch ohne Knochen, 500 g Buchweizenmehl, ein Teelöffel gemahlener Pfeffer, ½ Teelöffel Nelkenpulver, 10 g Salz

Das Fleisch in 3½ l Wasser kalt aufsetzen. Soll der Panhas mit Blut gemacht werden, ¼ l Wasser weniger nehmen.

Das Fleisch sehr weich kochen, herausnehmen, fein hacken oder durch den Fleischwolf drehen. Dann wieder in die Brühe geben, zum Kochen bringen, die Gewürze zugeben. Das Buchweizenmehl langsam dazuschütten. Etwa eine halbe Stunde quellen lassen.

Wenn Blut genommen wird, muß es jetzt untergerührt werden, man nimmt etwa einen viertel Liter.

Den Panhas in eine trockene Schüssel füllen. Kalt werden lassen.

Feine Cervelatwurst

Zutaten: 1½ kg mageres Schweinefleisch, ½ kg frischen Schweinespeck, 80 g Salz, fünf g Salpeter, fünf g Zucker, 20 schwarze Pfefferkörner, zwei Knoblauchzehen.

Das Fleisch von allen Sehnen befreien. Mit einem Messer Fleisch, Speck und Knoblauchzehen fein hacken. Die Gewürze gut untermischen. In Därme füllen. Zubinden.

Man kann die Würste an der Luft trocknen lassen oder auch in den Rauch hängen.

Rot- oder Blutwurst

Zutaten: drei kg Bauchfleisch, 100 g Salz, zwei Teelöffel Thymian, ein l Blut, zwei Teelöffel gemahlener Piment, fünf Teelöffel Majoran, zwei Teelöffel gemahlener weißer Pfeffer, ½ l Brühe.

Fleisch weich kochen. In Würfel schneiden. Blut durch ein Haarsieb darübergießen. Gewürze unterrühren.

Von der Brühe nur so viel nehmen, daß die Masse geschmeidig, aber nicht dünn wird. Alles gut vermischen. Dann in Därme füllen. Die Wurst wird in heißes Wasser gegeben und etwa eine Stunde lang gekocht. Blutwurst muß so lange kochen, daß beim Hineinstechen kein Blut mehr herauskommt. Geräuchert schmeckt Blutwurst besonders gut.

Grützwurst

Zutaten: 500 g Buchweizengrütze, 2½ kg zu gleichen Teilen: Bauchfleisch, Schweineschwarten und Lunge, ein l Blut, ein l Wasser, drei Teelöffel schwarzer gemahlener Pfeffer, zwei Teelöffel Nelkenpulver, vier Teelöffel Majoran, 100 g Salz, ein Lorbeerblatt, eine geriebene Zwiebel.

Fleisch, Schwarte und Lunge in kaltem Wasser, dem man ein Lorbeerblatt und Salz beigegeben hat, aufsetzen und weichkochen. Abkühlen lassen. Alles durch den Fleischwolf drehen.

Von der Kochbrühe einen Liter abmessen, zum Kochen bringen, die Grütze einrühren und weich kochen lassen. Mit dem Fleisch, den Gewürzen und dem Blut gut mischen. In Därme füllen. Zubinden.

So viel Wasser in einen Topf geben, daß die Würste darin schwimmen können. Erhitzen. Die Würste einlegen und eine halbe Stunde leicht kochen lassen.

Leberwurst

Zutaten: ein kg Schweineleber, ein kg Schweinebauch, ein kg Schweinefleisch, zwei Teelöffel Majoran, drei Teelöffel Thymian, zwei Teelöffel gemahlener Pfeffer, 100 g Salz, ¼ l Brühe.

Leber in Stücke schneiden, mit heißem Wasser abbrühen, bis sie nicht mehr blutig ist. Schweinefleisch und -bauch halb garkochen. Abkühlen lassen. Die Leber und das Fleisch zweimal durch den Fleischwolf drehen. Die Brühe und die Gewürze gut untermischen. Wenn Zwiebel gewünscht wird, nimmt man für die angegebene Menge eine geriebene Zwiebel.

Wenn die Leberwurst eine grobe Füllung haben soll, dreht man die Leber nicht durch den Fleischwolf, sondern schneidet sie in

Stücke. Die Masse in Därme füllen. Gut zubinden. Die Würste in warmes Wasser legen und langsam zum Kochen bringen. Dann die Hitze reduzieren und eine halbe bis dreiviertel Stunde ziehen lassen.

Preßkopf

Zutaten: 1½ kg Schweinekopf, ein kg Schweineschwarten, ein Teelöffel Nelkenpulver, zwei Teelöffel weißer Pfeffer, zwei Teelöffel Kümmel, ein Teelöffel Majoran, 100 g Salz, 50 g geriebene Zwiebel, ein l Brühe.

Das Fleisch vom Kopf wird gekocht und in grobe Würfel geschnitten. Die gekochten Schwarten teils in Streifen schneiden, teils durch den Fleischwolf drehen. Die Zwiebel in etwas Fett anschmoren. Gewürze, Fleisch und Zwiebel gut vermengen. In Därme füllen, am besten in einen Schweinsmagen. 1½ Stunden im heißen Wasser kochen lassen.

Und hier noch ein kleiner Zeitungsausschnitt, der zu Weihnachten in der »Gelsenkirchener Allgemeinen Zeitung« erschien.

Schildkrötensuppe zu Weihnachten

5000 Panzertiere für unsere Gaststätten

Der Zeitungsmann, der tagaus tagein auf der Suche nach Neuigkeiten ist, freut sich am meisten, wenn er seinem Leser mal „was ganz extraes" (wie hier der Volksmund sagt) vorsetzen kann. Eine solche Besonderheit, eine — man möchte fast sagen — Nachrichtendelikatesse sind die fünftausend Schildkröten, die in diesen Tagen aus Bulgarien in Gelsenkirchen eintrafen und die nun auf dem Hof des Hans-Sachs-Hauses umherkrabbeln. Sie sollen zu Weihnachten in die Suppentöpfe unserer heimischen Gaststätten wandern.

Gastwirt Gisbert Keller, der als Beauftragter der Wirtschaftsgruppe „Gaststätten- und Beherbergungsgewerbe" die Zuteilung vornimmt, konnte uns zu diesem Thema aus eigener Berufserfahrung allerlei erzählen, sogar wie man solch ein „Panzertier" schlachtet und ze[illegible]:

Unterdessen fuhr eine Handkarre mit dreihundert Schildkröten davon, für eine Gaststätte in der Innenstadt bestimmt. Der Berg der lebenden Pflastersteine wird von Tag zu Tag kleiner. Denn es will sich keine Gaststätte diese geradezu friedensmäßige Bereicherung der Festtagsspeisekarte entgehen lassen.

1943

Das Oberkommando der Wehrmacht gibt bekannt: „Der Kampf um Stalingrad ist zu Ende. Ihrem Fahneneid bis zum letzten Atemzug getreu, ist die sechste Armee ... der Übermacht des Feindes und der Ungunst der Verhältnisse erlegen ... Noch ist es nicht an der Zeit, den Verlauf der Operationen zu schildern, die zu dieser Entwicklung geführt haben. Eines aber kann heute schon gesagt werden: das Opfer der Armee war nicht umsonst ... Generale, Offiziere, Unteroffiziere und Mannschaften fochten Schulter an Schulter bis zur letzten Patrone. Sie starben, damit Deutschland lebe ..."

(Meldung aus dem »Führerhauptquartier« vom 3. Februar 1943)

Am 31. Januar und am 2. Februar kapitulieren die deutschen Truppen im Kessel von Stalingrad.

Die Rote Armee nimmt in ihren Offensiven Brjansk, Smolensk und Gomel wieder ein, es gelingt ihnen der Durchbruch zum Dnjepr. An der gesamten Ostfront sind deutsche Verbände auf der Flucht.

Im Mai 1943 kapituliert die Heeresgruppe »Afrika«.

Im Juli landen alliierte Truppen auf Sizilien.

»Ausgehend von der Strategie des unbedingten Festhaltens, die noch das ganze Jahr 1943 vorherrschend war, entwickelte Hitler mit dem näherrückenden Ende immer kategorischer die Strategie des grandiosen Untergangs« – schreibt Joachim C. Fest in seinem Buch »Hitler«. So kann man das natürlich auch sehen, besonders wenn man Geschichte als eine Art Sandkastenspiel einiger weniger »großer« Männer begreift, und man hat als Volk halt Pech, wenn's beim einen oder anderen von denen mal mit der Psyche nicht mehr so stimmt.

Seit dem Frühjahr 1943 werden verstärkt und nun auch bei Tage deutsche Städte bombadiert: Frankfurt, Nürnberg, Würzburg, Köln, Dresden und und und...

Da begannen selbst gläubige Parteigenossen an dem Mythos der »unbesiegbaren deutschen Wehrmacht« und der »überlegenen deutschen Luftwaffe« zu zweifeln.

Es mußte etwas geschehen. Nach dem »heroischen Verlust von Stalingrad« eine Art moralischer Wiederaufrüstung.

Am 18. Februar 1943 trat Josef Goebbels im Berliner Sportpalast vor eine imposante Zuschauerkulisse, an die er stellvertretend »für die Nation« zehn Fragen stellte, und er fragte:

»Wollt ihr den totalen Krieg? Wollt ihr ihn, wenn nötig, totaler und radikaler, als wir ihn uns heute überhaupt noch vorstellen können?«

Und er fragte:

»Wollt ihr, insbesondere ihr Frauen selbst, daß die Regierung dafür sorgt, daß auch die deutsche Frau ihre ganze Kraft der Kriegführung zur Verfügung stellt und überall da, wo es nur möglich ist, einspringt, um Männer für die Front frei zu machen...?«

Und er fragte:

»Wollt ihr, ... daß die Heimat die schweren Belastungen des Krieges solidarisch auf ihre Schultern nimmt und daß sie für hoch und niedrig und arm und reich in gleicher Menge verteilt werden?«

Und jedes Mal antwortete ihm eine enthusiasmierte Menschenmenge mit »Ja!« und sang und rief und jubelte ihm zu. Nicht nur die Menschen im Sportpalast, auch die, die an den Volksempfängern die Rede mitverfolgten. Und um den Volksgenossen »draußen im Lande« so richtig klar zu machen, wofür sie eigentlich kämpften, gab es für sie im Rahmen dieses Propagandafeldzuges eine Wanderausstellung, die in fast jeder deutschen Großstadt gezeigt wurde. »Das Sowjet-Paradies« war sie betitelt. Eine Ausstellung, die in ihrer Verlogenheit und Obszönität in vielem bis heute unser Bild vom Sowjet-Menschen prägen sollte. Eine Ausstellung, die den Volksgenossen die Russen-Furcht einpeitschen sollte – eine »weltanschauliche« Strömung, die auch in späteren Jahren Epigonen haben sollte.

Elend, Hunger, Blut und Tränen

Worüber die Ausstellung „Das Sowjet-Paradies" berichtet

Am kommenden Sonnabend, dem zehnten Jahrestag der Machtübernahme, wird in der Ausstellungshalle die dokumentarische Tatsachenausstellung „Das Sowjet-Paradies" eröffnet. Die Ausstellung wendet sich nicht allein an die Bevölkerung des gesamten Kreises Emscher-Lippe, sondern auch an die Bewohner der angrenzenden Kreise des Gaues Westfalen-Nord.

Die Ausstellung, die aus Originalbauten usw. und aus authentischen Zahlen- und sonstigem Beweismaterial besteht, ist die lebendigste Chronik der bolschewistischen Geschichte des Ostens, die man sich vorstellen kann. Immer wieder sagten die Ostkämpfer, die die Ausstellung in anderen Städten sahen: „Jawohl, genau so ist es! Es fehlen der Vollständigkeit halber bloß noch der unvorstellbare sowjetische Dreck und die Wanzen und Läuse!"

Am Eingang der Ausstellung, die kurz vor ihrer Vollendung steht, betritt der Besucher einen Raum, der in übersichtlicher Weise den Reichtum des Ostens zeigt, der also darstellt, was man aus diesem Boden und seinen Schätzen herausholen könnte. Was das jüdisch-bolschewistische System aber in Wirklichkeit daraus gemacht hat, das zeigen die nächsten Räume. Mehr als 765 000 Menschen fielen in den Jahren 1917 bis 1921 einem in der Geschichte bisher nicht erlebten sadistischen Blutrausch zum Opfer. Von 1917 bis 1934 starben 19 Millionen Menschen in Sowjetrußland an Hunger. Das Herz will einem stehen bleiben, wenn man die naturgetreue Nachbildung des GPU.-Kellers betritt mit Folterkammer und Todeszelle, in der das Opfer endlich durch den Genickschuß von seinem Leiden erlöst wird.

Unterdessen wird zugleich der russische Arbeiter durch das Stachanow-Antreibersystem planmäßig zugrunde gerichtet. Elternlose Kinderhorden bevölkern die verfallenen Häuser der trostlosen Dorf- und Stadtstraßen. Genug — es ist ein Bild des Elends, des Hungers, des Blutes und des Grauens, das sich dem Auge bietet.

Um das alles aber zu verdecken, bauten sich die sowjetischen Machthaber selbst aus Blut und Tränen der unterdrückten Arbeiter eine hohle Scheinfassade aus Gipsdenkmälern, Talmikultur und industrieller Zahlen-Elephantiasis, um dahinter zugleich den Giganten der Roten Armee aufwachsen zu lassen, der dazu ausersehen war, eines Tages die ganze Welt niederzuwalzen.

SCHWARZ

kleidet die blonden wie die dunklen Frauen und wirkt immer elegant und gut angezogen. Es ist aber auch die Farbe, die sich am leichtesten in unseren Kleiderbestand einfügt, die sich ohne Mühe mit anderen Farben kombinieren läßt. Meist besitzen wir das modische Beiwerk bereits in Schwarz. Aber genau so schick wirkt dazu ein Hut, eine Handtasche in einer wirkungsvollen Kontrastfarbe. Wie viele Möglichkeiten ergibt eine bunte Blüte, ein glitzernder Metallschmuck, ein wenig Weiß!

MW 211. Betont elegant ist dieses Modell mit tiefem Ausschnitt, dessen weiche Raffung von zwei Blüten oder einem Metallschmuck gehalten wird.

MW 212. Schwarzer Samt als Belag auf Kragen und Taschenpatten ist der Schmuck an diesem feingestreiften Modell in modisch neuer Schnittform.

MW 213. Schmalliniges Modell mit reicher Stickerei oder Applikation an Passe und Rocksaum.

MODERNE-WELT-*Schnitte*

erhalten Sie zu den auf dieser Seite abgebildeten Modellen nur vom Verlag der „Modernen Welt", Berlin SW 68, Schützenstraße 18—25. Bei Bestellungen geben Sie, bitte, die Schnittnummer und -größe an sowie Ihre genaue Anschrift. Der Preis des Schnittmusters beträgt RM 1,50 zuzüglich Portokosten. Da Moderne-Welt-Schnitte Spezialschnitte sind, nimmt ihre Anfertigung jeweils etwa vierzehn Tage in Anspruch.

Wie Tante Lina ein Menschenleben rettete und dem Brot eine Todesanzeige schrieb

Den Brief brachte die Briefträgerin am Morgen. Und Martha Varenholt wußte schon, bevor sie ihn noch öffnete, was er enthalten würde. Manchen Briefumschlägen sieht man die Nachricht an, die sie verbergen: Irgendwann bei der letzten deutschen Offensive war Varenholt gefallen, in Rußland, irgendwo am Kursker Bogen.

Ein vorgedrucktes Formular. Einige Tage später ein Päckchen mit Varenholts letzten Habseligkeiten und einigen Zeilen eines müden Kompaniechefs, der viele solcher Briefe hatte schreiben müssen. Nichts persönliches. Gottlob!

Als Tante Lina die Martha Varenholt fand, weinte sie nicht. Sie war starr vor Trauer.

Alle hatten versucht, Varenholt zur Fahnenflucht zu überreden. Vierzehn Tage zuvor noch, als sie in Tante Linas Küche zusammen saßen. Aber er war dann doch gefahren. Zurück an die Front.

Was hat eine Frau damals empfunden, wenn sie die vorgedruckte Nachricht erhielt, ihr Mann sei den »Heldentod« gestorben? Man kann das heute schwer nachvollziehen.

Wie reagiert man auf Unbegreifliches?

Martha Varenholt war sprachlos, war bewegungslos geworden. Tante Lina nahm ihr den Brief ab und kümmerte sich ums Praktische. Der Bürokratie war Genüge zu tun. Ämter mußten benachrichtigt, Meldungen gemacht, Anträge gestellt werden. Wer den »Heldentod« starb, konnte die von ihm gezahlte Wehrsteuer erstattet bekommen (sic!). Eine Todesanzeige war aufzugeben für die örtliche Zeitung: klein, einspaltig – es gab viele Todesanzeigen, die Zeitungen konnten sie kaum bewältigen, und Papier mußte gespart werden.

Als Tante Lina von ihrem Gang in die Stadt zurückkam, lag Martha Varenholt auf ihrem Bett. Sie hatte Schlaftabletten genommen. Aber zu wenig. So hatte der Medikamentenmangel der damaligen Zeit zumindest ein positives Ergebnis.

Tante Lina flößte der schon Ohnmächtigen irgendeinen selbstgebrauchten Kräutertrank aus ihrem Arzneischränkchen ein. Und Martha erbrach sich. Und als die Kinder nach Hause kamen, war schon alles wieder vorbei. Die Kinder. Für die mußte es weitergehen. Für sie konnte und wollte Martha Varenholt weiterleben.

Ich weiß nicht, ob es da einen direkten Zusammenhang gibt. Aber ich glaube, daß Varenholts Tod sicher Tante Lina mit beeinflußt hat, nun aktiv im Widerstand gegen das Nazi-Regime zu werden.

Denn von diesem Zeitpunkt an begann sie, erste Aktionen zu unternehmen.

Es war nicht so, daß Tante Lina sich, wie Kuszmierz etwa, einer Widerstandsgruppe anschloß, den Männern und Frauen um Franz Zielasko oder anderen. Tante Lina konnte sich schwer der Disziplin solcher Gruppen unterordnen, obwohl sie mancherlei Botengänge für diese versah und ihnen vielfache Dienste tat.

Tante Lina leistete auf ihre Weise Widerstand.

Ich habe schon berichtet, daß Tante Lina seit einiger Zeit in einer Brotfabrik arbeitete. Eine Arbeit, die ihren Neigungen wohl am ehesten entsprechen mochte. Brot backen!

Brot backen, das konnte Tante Lina. Nie werde ich ihr selbstgebackenes Pumpernickel vergessen. Nicht so was Schwarz-Knitschiges, wie man es heutzutage in Supermärkten zu kaufen bekommt. Tante Linas Pumpernickel war aus Roggenschrot, Sauerteig, Salz, Wasser und Rübenkraut und mußte dreizehn Stunden vor sich hin backen.

Freilich, solch ein Brot wurde in keiner Brotfabrik 1943 mehr gebacken. Es wurde »deutsches Normalbrot« hergestellt. Vollkornbrot. Und das sollte nach amtlicher Weisung 45 Prozent Roggenmehl, 32 Prozent Weizenmehl, 20 Prozent Gerstenmehl und drei Prozent Kartoffelwalzmehl enthalten. Wenn Mehl da war.

Nur – ausreichend Mehl war selten da. Mit Kartoffelmehl wurde dann der Teig gestreckt oder, wenn's auch davon nicht mehr genug gab, mit gemahlenen Kartoffelschalen. Das Ergebnis war: Dem Brot mußte mehr Wasser zugefügt werden, die Brote wurden feuchter und dadurch auch schwerer. Ein Pfund-Brot war nur noch halb so groß wie früher einmal und schmeckte – nun ja, wie Schweinefutter oft riecht etwa. Daß Tante Lina eine solche Arbeit nicht befriedigen konnte, braucht nicht erst erklärt zu werden.

Und die Frauen, die mit ihr in der Brotfabrik arbeiteten und zu denen Tante Lina recht schnell Kontakt gefunden haben mußte, dachten wohl genauso. Sie empfanden ihre Arbeit als Betrug.

Und es muß über dieses Thema geredet worden sein in den nächtlichen Arbeitsstunden am Backofen und an den Knetmaschinen. Mag Tante Lina die anderen motiviert haben, mögen sie gemeinsam auf die Idee gekommen sein. Ich weiß es nicht.

Sicher ist, daß Tante Lina eines Tages Kuszmierz ein Stück Papier über den Küchentisch schob, auf dem ein eigenartiger Text geschrieben stand. Er sollte das mal lesen.

Sicher ist auch der Zeitpunkt, zu dem das geschah, nämlich während der Erntezeit 1943.

Als die Zeitungen allerorts meldeten: »Eine gute Ernte ist eingebracht«, stand die Brotfabrik, in der Tante Lina arbeitete, wieder ohne Mehl da. Es konnte kein Brot gebacken werden. Schon seit Tagen nicht. Und es war das vierte oder fünfte Mal in diesem Jahr, daß das passierte.

Der Text, den die Frauen der Brotfabrik erdacht hatten, war eine Todesanzeige. Eine Todesanzeige fürs Brot.

Kuszmierz lachte, als er den Text gelesen hatte, und schaute Tante Lina fragend an. Ob er das irgendwo drucken lassen könnte, mit schwarzem Rand wie eine Todesanzeige, wollte Tante Lina wissen. Ein paar tausend Stück müßten es schon sein. Wie Flugblätter. Die Verteilung würden sie selber besorgen. Sie, die Arbeiterinnen in der Brotfabrik. Kuszmierz brummelte ein bißchen vor sich hin, eher belustigt als ärgerlich, denn von einer ideologischen Zielsetzung war so ein Papier natürlich weit entfernt, aber er steckte es dann doch ein in seine Rocktasche. Sagte: »Mal sehen…!« und machte sich auf den Weg zur Arbeit.

Statt jeder besonderen Anzeige.

Allen Freunden, Verwandten, Bekannten und Leidensgenossen geben wir hiermit die tieftraurige Nachricht bekannt, daß unser innigstgeliebtes, letztes

Brot

im Alter von kaum 5 Tagen, wohlverschmiert mit Marmelade aus der Fabrik Kohl & Steckrübe, sanft und schmerzlos in unseren Magen eingegangen ist.

Wegen seiner hungerstillenden Güte war es der Trost unserer ganzen Familie, alle, die von ihm gekostet haben, werden ihm ein treues Andenken bewahren.

Alle diejenigen, die vom gleichen Schicksal betroffen wurden, werden sich erklären können, daß sein Heimgang für uns ein schwe rer Verlust bedeutet. Von Kondolenzbesuchen bitten wir abzusehen. Statt dessen wären uns einige Brot- Butter- Speck- und Eiermarken sehr erwünscht.

Im Namen der tieftrauernden Hinterblieben:

Peter Kohldampf
Erna Fettlos geb. Ohnemilch
Paul Hungerdarm
Lilli Butterlos geb. Ohnespeck
Hans Eierlos
Sybilla Unterernährer.

Zwei Tage später war die Aktentasche, in der er gewöhnlich seine Butterdose und sein Handtuch mit sich trug, als er von der Zeche kam, voller Todesanzeigen. Tante Lina küßte ihn glücklich, eine Geste, die Kuszmierz äußerst verlegen machte.

Noch in der darauffolgenden Nacht sah man die Arbeiterinnen der Brotfabrik auf dem Weg zur Schicht bisweilen schnell in einen Hauseingang springen, einen Briefkasten öffnen, Flugblätter unter Haustüren durchstecken.

Einige der Flugblätter sollen später noch in Vollkornbrot eingebacken worden sein, aber das ist nicht verbürgt.

In ihren monatlichen vertraulich gehaltenen Mitteilungen über die »Gesinnungslage« der deutschen Volksgenossen teilten Geheime Staatspolizei und Ortsparteileitung dem Reichssicherheitshauptamt die Existenz der Todesanzeigen mit, allerdings seien Hersteller und Verteiler der Flugblätter, die »allem Anschein nach in bolschewistischen Kreisen zu suchen sind«, nicht zu ermitteln gewesen.

Beide Schreiben machen unabhängig voneinander auf die »gespannte Lage aufgrund der Lebensmittelversorgung« aufmerksam.

Das Reichssicherheitshauptamt muß einige solcher Lageberichte aus verschiedenen Gegenden Deutschlands erhalten haben: Ende September wurden die Brotrationen geringfügig erhöht, womit ich nicht behaupten will, daß Tante Linas Flugblatt hierfür Ursache gewesen wäre. Aber eine Wirkung hat es sicher erzielt.

Tante Linas Arbeit in der Brotfabrik hatte für die Bewohner ihres Hauses nicht nur solche, eher gefährliche Folgen. Es besserte sich auch deren Ernährungslage deutlich. Tante Lina brachte schon mal etwas Sauerteig mit aus der Fabrik, mal etwas Mehl und vor allem viel altbackenes Brot. Brot, das – so seltsam es uns klingen mag – nicht zur Verteilung gekommen war. Aber das gab es.

Und so war der Speisezettel in dieser Zeit angefüllt mit mancherlei Gerichten, die man aus Brot herstellen kann.

Westfälischer Semmelkloß

Zutaten: 500 g Backpflaumen, 110 g Zucker, 500 g eingeweichte Brötchen, 50 g Fett, zwei Eier, 50 g Semmelbrösel, eine Prise Salz, ½ Teelöffel gemahlener Zimt, etwas abgeriebene Zitronenschale, ein l Wasser.

Die Pflaumen in Wasser einweichen. Dann entkernen. In ihrem Weichwasser werden sie dann mit 60 g Zucker zum Kochen gebracht.

Die eingeweichten Brötchen ausdrücken. Das Fett in eine Pfanne geben und bei kleiner Flamme die ausgedrückten Brötchen in dem Fett zu einem Brei zerrühren.

Den abgekühlten Teig vermischt man mit den Eiern, 50 g Zucker, Salz, Gewürzen und den geriebenen Semmeln und formt daraus einen großen Kloß, der außen noch einmal mit einem Rest Semmelbröseln bestreut wird.

Der Kloß wird in einen passenden Kochtopf gelegt und mit den inzwischen halbweich gekochten Backpflaumen und ihrer reichlichen Brühe übergossen. Kloß und Pflaumen müssen zusammen langsam etwa eineinhalb Stunden kochen. Nach Bedarf noch etwas kochendes Wasser zugeben.

Brotpuffer

Zutaten: 300 g Grau- oder Weißbrot, 60 g Haferflocken, 60 g Mehl, ½ l Wasser, eine Prise Salz, etwas Fett zum Ausbacken.

Das Brot wird zerkleinert und über Nacht in dem Wasser eingeweicht. Am nächsten Tag wird das Brot mit einer Gabel zerdrückt und Haferflocken, Mehl und Salz eingerührt.

Aus dem entstandenen Teig werden Puffer gebacken, die man mit Zucker bestreuen kann.

Dazu Kompott, Fruchttunke oder Gemüse servieren.

Brotkuchen

Zutaten: 375 g trockenes Vollkornbrot, 375 g Mehl, ein Ei, ½ l entrahmte Frischmilch, 60 g Margarine, 200 g Zucker, ein Eßlöffel abgeriebene Zitronenschale (oder Zitronenaroma), ein Päckchen Vanillezucker, ein Teelöffel Lebkuchengewürz, ein Päckchen Backpulver, ein Eßlöffel Kakao.

In einem großen Topf die Margarine schaumig rühren und nach und nach das Ei, Zucker und Gewürze zufügen.

Das trockene Vollkornbrot wird durch den Fleischwolf gedreht. Nun gibt man das Brot immer abwechselnd mit der Milch dazu, bis alles vermengt ist. Das mit dem Backpulver und dem Kakao gemischte und gesiebte Mehl wird zum Schluß untergerührt.

Wichtig ist, daß der Teig sehr trocken ist.

In eine Kastenform füllen und 50 bis 60 Minuten bei etwa 250 Grad backen lassen.

Ofenschlupfer

Zutaten: drei Brötchen, zwei Eier, ½ l Milch, zwei Eßlöffel Zucker, ein Teelöffel Zimt, zwei große Äpfel.

Brötchen in feine Scheiben schneiden. Äpfel schälen und ebenfalls in Scheiben schneiden. Eine Auflaufform mit Fett bestreichen. Eine Lage Brötchen in die Form geben, darüber die Äpfel schichten, mit den restlichen Brötchenscheiben bedecken.

Die Eier mit Zucker, Zimt und der Milch verrühren. Über die Masse gießen. Im Ofen bei 250 Grad etwa eine halbe Stunde backen.

Brotsuppe

Zutaten: 200 g altbackenes Brot, ¾ l Gemüsebrühe, ½ l Magermilch, 35 g geriebener Käse, ein Eßlöffel gehackte Petersilie, Salz, ein Brötchen, Fett zum Anbraten.

Brot in Wasser einweichen. Ausdrücken und durch ein Sieb streichen. Mit der Brühe auffüllen. Salz, Käse und Milch dazugeben. Zwanzig Minuten köcheln lassen. Das Brötchen würfeln. Die Würfel in Fett knusprig anbraten, in die Suppe geben. Petersilie darüber streuen.

Ein Kapitel über Gerichte, bei denen Brot verwendet wird, wäre sicher unvollständig ohne ein Brotrezept. Sicher hat Tante Lina in diesem Jahr nur wenig Brot selber gebacken, war sie doch in einer Brotfabrik beschäftigt. Aber ihre Brötchen waren berühmt, das Rezept dazu ist in ihrem Rechenheft zu finden.

Kartoffelmilchbrötchen

Zutaten: 250 g Mehl, 10 g Fett, Salz, 125 g gekochte geriebene Kartoffeln, 20 g Hefe, eine Tasse Milch.

Aus dem Mehl, Milch, Salz und Hefe einen Teig kneten. Eine Stunde gehen lassen. Die geriebenen Kartoffeln darunterkneten.

Brötchen aus dem Teig formen. Auf ein mit Wasser bestrichenes Backblech setzen und noch einmal 20 Minuten gehen lassen.

Bei 220 Grad backen, bis die Brötchen schön knusprig sind.

Tante Linas Brötchen waren besonders bei den Kindern beliebt, dann freilich hatte sie die Brötchen noch mit einer gehörigen Menge Zucker verfeinert.

Die, die damals Kinder waren und Tante Lina kannten, erinnern sich noch an eine andere »Brotspezialität« von ihr. 1942, 1943 und auch noch 1944 backte sie für Uwe und seine Freunde in der Nachbarschaft zu Ostern ihr Osterbrot.

Osterbrot

Zutaten: 40 g Hefe, 500 g Mehl, 80 g Margarine, eine Prise Salz, zwei Eßlöffel Zucker, ein Teelöffel Vanillezucker, drei Tropfen Zitronenaroma, ¼ l Milch, zwei Eßlöffel Sultaninen, zwei Eßlöffel geriebene Mandeln.

Hefe zerbröckeln, mit einem Teelöffel Zucker zerreiben und in drei bis vier Eßlöffel Milch auflösen. Zudecken. Warm stellen. Gehen lassen. Wenn sich leichter Schaum bildet, das gesiebte Mehl zugeben und nacheinander Milch, Zucker, Margarine, Gewürze, Sultaninen und Nüsse. Gut durchkneten. Den Teig mit einem Tuch bedecken. Gehen lassen. Den Teig zu einem eiförmigen Brot formen. Auf ein gefettetes Backblech geben. Bei guter Mittelhitze 50 bis 60

Minuten backen lassen, noch heiß mit etwas Margarine bestreichen und mit Zucker bestreuen.

Die Kinder im Kriege. Was taten sie eigentlich? Sicher – sie gingen zur Schule. Aber dann? Wie nahmen sie den Krieg wahr? Die Luftangriffe? Konnten sie begreifen, was um sie herum geschah?

Wie sich die Nazis »Kinder im Kriege« wünschten (und wie es natürlich nicht war), beschrieb eine Grete Friedrich in der »Deutschen Frauen-Zeitung«. Ein Artikel, der es wert ist, wenigstens in Auszügen wiedergegeben zu werden:

»Waltraut und Manfred spielen hinter dem grünen Laubvorhang, der meinen Blumenhof von dem höher gelegenen Garten des Nachbargrundstückes trennt... Sie spielen: Heimat im Kriege. Waltraut ist der eine Pol, Manfred der andere, nämlich so, daß Waltraut die Mutter ist und Manfred alles andere. Waltraut kocht, spricht mit der Milchfrau, holt ein, verteilt das Brot, wäscht, klappst, beruhigt das Kind, füttert die Katze, kehrt den Hof und so weiter. Manfred ist die Milchfrau, der Kaufmann, das Kind, die Katze, alles, was neben der Mutter steht. Ein Vater tritt nicht in Erscheinung.

Dann spielen sie: Krieg in der Heimat. Wieder ist Waltraut die Mutter und Manfred alles andere. Er heult wie die Sirene, er gebärdet sich als schlaftrunkenes Kind, er spricht wie der kontrollierende Luftschutzhauswart, er schnarcht wie die grämliche Großmutter im Keller. Waltraut dominiert als Mutter, der es tiefstes Bedürfnis ist, den Krieg zu bestehen. Ein Vater erscheint nicht auf dem Plan.

Nie verlieren die hellen Stimmen ihren Flötenklang, auch wenn die Sirene noch so laut heult, die Katze noch so schrecklich miaut und die Mutter das weinende Kind mit beschwörender Stimme zur Vernunft bringt. Auch der Krieg ist schön, wenn er gespielt wird. Der Vater ist verschwunden, aber die Mutter herrscht und ist allgegenwärtig. Errichten nicht die Kinder der Mutter ein Denkmal mit ihrem Spiel? Freilich eins, das nicht auf festen Füßen steht, weil es weder aus Dank noch aus Ehrfurcht gebaut, sondern nur im Lustreich der Phantasie gespielt wird...

Kinder im Kriege –! Ihr könnt ruhig draußen auf eurem Posten stehen, Väter, mit Sehnsucht nach euren Kleinen! Sie spielen das Denkmal der Mutter und spielen auch den Krieg.«

Wer aus dem Kleinkinderalter heraus war, wer zur Schule ging, der brauchte nicht mehr nur Krieg zu spielen, der durfte mitmachen. Der wurde zunächst in den »Kampf an der Heimatfront« mit eingespannt. Der durfte Uniform tragen. Der durfte beim »Deutschen Jungvolk« für den Krieg exerzieren. Und viele dieser Kinder sollten 1945 noch von ihren Mördern in den Krieg als Soldaten geschickt werden. Aber das war es nicht allein.

Es waren Kinder, die mit Sammelbüchsen für das »Winterhilfswerk« Passanten auf der Straße unter nervtötendem Scheppern eine Kriegsspende abnötigten. Auf den Schulen lag die Hauptlast der nunmehr als kriegswichtig eingestuften Altstoffsammlungen, für die es sogar einen Reichskommissar gab.

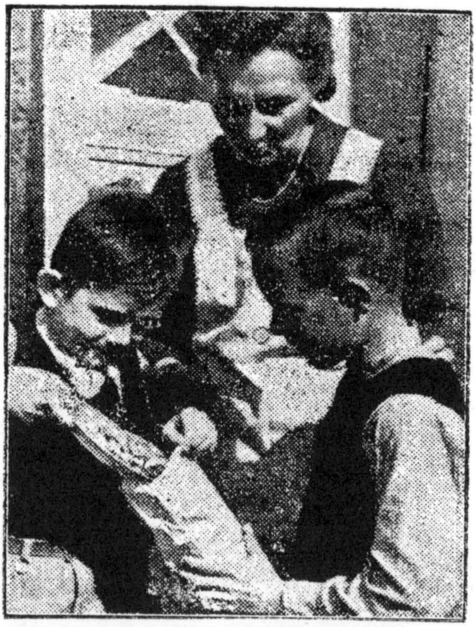

Knochen für die Schulaltstoffsammlung

Jede Hausfrau sollte auch die kleinsten Knochenabfälle für die Schulaltstoffsammlung bereitlegen. Wo kein Schulkind im Haushalt ist, verständige man das nächstwohnende Schulkind, das die Altmaterialien regelmäßig abholt. (Photo: Scherz-Wauer.)

Altstoffsammlungen

stärken Großdeutschlands Wirtschaftskraft. Schuljugend und Lehrerschaft helfen daran mit. Hilf Du ihnen durch Bereitstellung der Altstoffe Deines Haushalts!

Altpapier

gehört nicht in den Ofen! Du hilfst, den deutschen Wald erhalten, wenn Du es sammelst und durch die Schuljugend ablieferst!

Knochen sind wertvollster Rohstoff, jedoch im eigenen Haushalt wertlos. Jeder liefere die in Küchen und Verpflegungsstätten ausgekochten oder gebratenen Knochen regelmäßig an die Schulkinder für die Schulaltstoffsammlung oder an die Sammelstelle im Ortsgruppenbereich ab. Für ein Kilogramm Knochen wird eine Bezugsmarke ausgegeben. Ein Sammelbogen mit Bezugsmarken im Werte von 5 kg abgelieferter Knochen berechtigt zum Kaufe eines Stückes Kernseife.

DER REICHSKOMMISSAR FÜR ALTMATERIALVERWERTUNG

In einem Artikel unter der Überschrift »Jugend packt zu« beschreibt »Das Blatt der Hausfrau« den Einsatz der Kinder so:

»Neben Hilfeleistungen, die der Luftkrieg fordert, stehen die sogenannten Stoßaktionen: ein Industrieunternehmen braucht Laub, Seegras oder Kartoffelkraut, Großgärten benötigen Beeren-, Erbsen- oder Bohnenpflücker, Tee- und Heilkräuter müssen gesammelt werden, die Reichsbahn, die Reichspost brauchen Hilfe für den Güterverkehr... – immer wird die Jugend eingesetzt, und immer greift sie rasch und freudig zu. In den Ferien drängen sich die Zwölf- bis Sechzehnjährigen in die Einsatzlager, von dort geht es zur Arbeit bei Bauern und in Gärtnereien...

Wer dächte nicht auch an die Schulkinder, die auf Wagen und Rädern Altpapier zur Sammelstelle schleppen, die Berge von Laub, von Wildfrüchten in den Sommer- und Herbstmonaten sammeln. Die Jugend ist immer dabei. Helfen, sich einsetzen, dazugehören – das ist ihr Wunsch. Sie ... wissen nicht mehr allzuviel vom Frieden – um so stärker erleben sie den Krieg. Sie verlieren sich nicht wie die Erwachsenen in Erinnerungen an das, was war, und sie können auch nicht vergleichen. Um so stärker und aufgeschlossener halten sie sich an das, was sie sehen und erleben. Sie wollen in der Zeit, die kommen wird, in der Welt, die aus der heutigen entstehen wird, ihr Leben aufbauen. Darum gibt es für sie kein Zurück, sondern immer nur ein Vorwärts.«

Arbeitseinsatz der Kinder neben der Schulzeit – dabei gab es schon 1903 ein Kinderschutzgesetz, das das verbot. Kriegseinsatz trotz Völkerrecht. Die Nazis waren nicht mehr sehr wählerisch. Und die Kinder begeistert: willige Arbeitskräfte, Soldaten, die wirklich bis zur letzten Patrone kämpften, und bisweilen Denunzianten der eigenen Eltern, wenn deren Meinung über den Krieg nicht der von der Partei verkündeten entsprach.

Die Lumpen, das Altpapier, die Spinnstoff- und Wollspenden, all das, was die Kinder herbeischleppten, wurde der Kriegswirtschaft zugeführt, der Rüstungsindustrie. Und es gab buchstäblich nichts, was in diesem Jahr nicht noch irgendeine Verwendung gefunden hätte. Weggeworfen wurden nicht einmal die Knochen.

Als besonderer Anreiz für die Ablieferung von Knochen wurde 1943 eine Seifenprämie eingeführt. Für fünf Kilogramm Knochen sollte es ein Stück Kernseife geben. Freilich ausgegeben wurden nur Bezugsscheine für Seife. Seife selbst gab es nur in Ausnahmefällen. Und daß auch die Sammler nachgedacht hatten, zeigen Zeitungsartikel, die zur Sammlung aufrufen: Da wird geklagt, daß die abgelieferten Knochen in Wasser eingeweicht wurden, um mehr Gewicht zu erzielen. Seife war ein rarer Artikel.

Es stand schlecht um die deutsche Kriegswirtschaft. Das zeigt auch ein Erlaß des Reichswirtschaftsministers vom 14. Mai 1943, danach sollten alle Kessel aus Kupfer und Kupferlegierungen erfaßt und beschlagnahmt werden. Geflügeldiebe wurden zum Tode verurteilt. Wer seine Haushaltsabfälle nicht ablieferte, wurde angezeigt, denn »die Abfälle gehören der Allgemeinheit«. Es wurde gegen den »Kohlenklau« propagandistisch zu Felde gezogen. Und auch wenn Zeitungsartikel das Gegenteil behaupteten – die Schlangen vor den Lebensmittelläden wurden immer länger, und man bekam immer weniger zu kaufen.

Zeit ein rarer Artikel

Das Schlangestehen nimmt ab — Nutzloses Warten um nichtiger Dinge willen

In dem Maße, wie sich die Frauen und Mädel auf dem Arbeitsamt drängen, um ihre Meldezettel für den totalen Kriegseinsatz anzubringen, wird eine nicht gerade berückende Erscheinung des Drängelns an anderer Stelle abgebaut: Die „Schlange" nämlich. Im vorigen Weltkriege wurde sie „Polonaise" geheißen. Zugegeben, daß das Schlangestehen bis zu einem gewissen Grade unvermeidlich ist. Beim Lebensmitteleinkauf hat es sich erfreulicherweise nie besonders auswüchsig gezeigt. Auf dem Wochenmarkt funktionierte die Gemüseverteilung während des hinter uns liegenden milden Winters so anständig, daß die Riesenschlange keine Gelegenheit fand, sich zu etablieren. Beim Tabakwarenhändler besorgte die Raucherkontrollkarte längst eine Regelung ohne viel Gedränge. Um so mehr sahen wir die Schlangen vor den Kinos, vor den Fahrkartenschaltern und vor dem einen oder anderen Laden, wo es vielleicht Süßigkeiten oder sonstige spezielle Dinge zu kaufen gab. Daß sie dort zu vermeiden sind, dürfte sich in Kürze ziemlich restlos beweisen lassen. Siehe oben: Arbeitsamt! Ein bißchen Schlangestehen wird gelegentlich kaum zu umgehen sein, wenn es sich um notwendige Besorgungen handelt. Bei der Post zum Beispiel. Auch die Reichspost muß mit ihren Arbeitskräften haushalten und wird hier und da in die Verlegenheit kommen, den einen oder anderen Schalter unbesetzt zu lassen. Und ob hier die neuen Arbeitseinsatzmaßnahmen noch einen Kräftezuwachs ermöglichen, erscheint schon deshalb fraglich, weil ja dieser totale Arbeitseinsatz unter allen Umständen und zuerst der Rüstung zugutekommen muß. Hilft also nur die bessere Zeiteinteilung derer, die am Postschalter zu tun haben. Nicht alles auf die letzte halbe Stunde vor Schalterschluß verschieben, wie es vielfach noch üblich ist! Und vor allem: wissen, was man will und am Schalter keinen unnötigen Aufenthalt verursachen, indem man den Beamten oder die Posthelferin erst noch mit Fragen nach dem richtigen Porto oder gar mit der Arbeit des Markenaufklebens belästigt. Gerade am Postschalter zeigen sich krasse Zeitunterschiede. Während der eine mit einer Minute zurecht kommt, benötigt der zweite für die gleiche Sache drei und fünf Minuten, und diese überflüssigen Zeitverluste vervielfältigen sich natürlich bis zum Ende der Schlange. Die Beispiele lassen sich beliebig aus anderen „Branchen" ergänzen. Gar nicht zu reden von der mit Recht stark unbeliebten Sorte Zeitgenossen, die überall, wenn es „sich lohnt", anstehen, um irgend eine Sache doppelt und dreifach zu ergattern, die den anderen entgeht, weil sie eben nicht die Zeit zum Schlangestehen aufbringen können. Der totale Arbeitseinsatz dürfte auch nach dieser Richtung einige Ordnung schaffen, sei es auf dem Wege der Schließung von einschlägigen Geschäften, die nicht kriegswichtig sind, sei es durch Heranziehung der mit soviel Zeit gesegneten Frauen zu nützlicher Beschäftigung. Die Arbeitszeit des einzelnen ist heute ein Artikel von allerhöchstem Wert. Es geht nicht mehr an, daß durch Schlangen und andere unnötige Wartezeiten kostbare Arbeitsstunden verpraßt werden, die in einer Stadt vom Umfange Buers leicht an jedem Tage in die Zehntausend gehen. Ein wenig bessere Organisation und guter Wille auf allen Seiten können da noch manches bessern und dazu helfen, daß schwer arbeitende Volksgenossen leichter ans Ziel kommen, also Aerger sparen und neben ihrer Schicht noch etwas Zeit für sich selber gewinnen. Das Tempo des totalen Krieges wird also hoffentlich die Schlange auch an den wenigen Stellen, wo sie sich bisher noch halten konnte, restlos zum Aussterben bringen.

Zwar hatte der Oberbefehlsleiter Herbert Backe in einer Rede zur »fünften Kriegserzeugungsschlacht« behauptet: »Deutschland ist auch durch Hunger unbesiegbar!« – zwar hatte man selbst die » Biene in den Dienst der Volksernährung« gestellt – sie sollte nicht nur Honig liefern, sondern durch »ihr Bestäuben auch die Erträge der Feld-und Gartenfrüchte steigern« – aber bereits im Mai 1943 wurden die Fleischrationen erneut gekürzt. Begründung: der harte Winter 41/42. Das hatten wir schon mal, und der Krieg in Rußland war ja auch wegen dieses Winters nicht so gelaufen, wie man es geplant hatte; diesmal war es die Gerste, die man wegen der schlechten Ertragslage nicht als Tierfutter, sondern als Brotgetreide verwendet hatte, und diese nicht ernährten Tiere fehlten nun als Schlachtvieh.

Außer der bereits erwähnten geringfügigen Erhöhung der Brotrationen gab es von der »Erzeugerschlacht« keine »Siege« zu melden. Sicher – irgendwann nahmen dann auch die Warteschlangen vor den Geschäften wieder ab. Das Anstehen lohnte nicht mehr. Es gab selten mehr als Nährmittel zu kaufen. Doch was ließ sich damit schon anfangen? Die Versuchsköche des »Deutschen Frauenwerkes« wußten Rat. Und über Geschmacksprobleme half die Veröffentlichung über ein Experiment hinweg, das in Schweden durchgeführt worden war: Da hatte man festgestellt, daß wir eigentlich mit den Augen essen, und »die Farbigkeit unserer Nahrung an unseren Geschmacksempfindungen« den größten Anteil hat.

Und das muß man sagen: Aussehen tat das, was 1943 auf die Tische der Volksgenossen in der Heimat kam, wunderbar.

WEITERE NÄHRMITTELGERICHTE

Falsches Hirn

Zutaten: 65 g Haferflocken, zwei Tassen Milch, eine gehackte Zwiebel, ein Eßlöffel Butter, Margarine oder Mayonnaise, zwei Eier, Salz, weißer Pfeffer, ein Eßlöffel Reibekäse.

Die Zwiebel dünstet man in etwas Fett (nicht braun werden lassen!), gibt Flocken und Milch dazu und kocht unter Umrühren auf. Abkühlen lassen. Die Eier mit Salz und Pfeffer unterrühren. Die Masse in kleine Förmchen füllen, mit Mayonnaise oder Butter bestreichen, mit Käse bestreuen. Im Backofen überbacken.

Graupenflammeri

Zutaten: ½ l Wasser, 50 g Graupen, ¼ l Milch, 20 g Kartoffelmehl, eineinhalb Eßlöffel Zucker, ein Päckchen Vanillezucker, etwas geriebene Zitronenschale, ein Ei, Salz.

Graupen in Salzwasser gar kochen. Kartoffelmehl, Zucker, geriebene Zitronenschale und Eigelb in die Milch einrühren und alles unter die gargekochten Graupen geben. Aufkochen lassen. Während der Flammeri bei kleinem Feuer weiter zieht, Eiweiß steif schlagen und darunterziehen. In eine Schüssel füllen und vollständig erkalten lassen.

Maisklöße

Zutaten: ½ l Milch, 200 g Maisgrieß oder Maismehl, ein Ei, Salz, etwas geriebene Muskatnuß.

Milch zum Kochen bringen. Maisgrieß oder Maismehl einrühren und daraus einen dicken Brei kochen. Das Ei mit Salz und Muskat schaumig rühren und dazugeben. Wenn der Brei recht dick ist, werden mit einem Eßlöffel Klöße abgestochen, die man in kochendem Salzwasser etwa zehn Minuten lang ziehen läßt.

Grützwurst in der Schüssel

Zutaten: 500 g Gerstengrütze (die bekam man übrigens 1943 auf einen besonderen Abschnitt der Fleischkarte!), 1½ l Brühe, eine Speckschwarte, 50 g Speck, je einen Teelöffel Thymian, Estragon, Muskat, Salz, eine Zwiebel.

Speck, Speckschwarte und die kleingeschnittene Zwiebel in einer Pfanne anbraten lassen. Mit der Brühe aufkochen. Man kann stattdessen auch nur Wasser nehmen. Speck und Speckschwarte herausnehmen und durch den Fleischwolf drehen. In die Brühe die Gewürze geben, die gewaschene Gerstengrütze einrühren und weich kochen lassen. Dann fügt man den durchgedrehten Speck und die Schwarte dazu und füllt den dicken, festen Brei in eine vorher kalt ausgespülte, flache Schüssel. Nach dem Erkalten stürzt man die Form, schneidet fingerdicke Scheiben aus dem festen Brei und backt sie in der Pfanne von beiden Seiten knusprig.

Hirseröllchen

Zutaten: 200 g Hirse, ½ l Wasser, Salz, eine Tasse Milch, ein Ei, eine Messerspitze Natron, zwei Eßlöffel Semmelbrösel, Vanille, zwei Eßlöffel Zucker.

Hirse waschen. Mit Wasser und Salz zum Kochen bringen. Weich quellen lassen, so dick, daß der Löffel darin stehen bleibt. Kalt werden lassen. Ei, Milch, Zucker, Vanille und Natron nacheinander darunterrühren. Fingerdicke Röllchen formen, in Semmelbröseln wenden, auf ein gefettetes Backblech legen, 30 Minuten bei 220 Grad backen. Man kann die Röllchen auch mit Kräutern und durchgedrehten Fleischresten machen.

Gnocchi

Zutaten: ½ l Milch, 65 g Fett, 250 g Grieß, Salz, ein Ei, zwei Eßlöffel geriebener Käse (oder geröstete Haferflocken), Fett.

In die mit etwas Fett aufgekochte Milch gibt man unter ständigem Rühren den Grieß und kocht solange, bis sich die Masse vom Topf löst. Abkühlen lassen. Salz und Ei unterrühren. Auf ein nasses Brett streichen. Kalt werden lassen. Runde Plätzchen ausstechen und in eine gefettete Auflaufform schichten. Mit Käse oder Haferflocken bestreuen. Etwas Fett darauf träufeln. Im Rohr bei 250 Grad 20 Minuten backen.

Deutsches Mädel werde Schwester des Deutschen Roten Kreuzes

Der Krieg fordert einen besonders starken Einsatz der deutschen Frauen. Wie der deutsche Mann an der Front seine Pflicht tut, so schaffen die deutschen Frauen im Arbeitsleben des deutschen Volkes. / Die Mutterhäuser des Deutschen Roten Kreuzes geben ihren Schwestern eine gute Berufsausbildung und eine vielseitige und reich befriedigende Arbeit als Wehrmachtsschwester. **Aufnahmebedingungen:** Deutschblütige Abstammung, nationalsozialistische Gesinnung, charakterliche und körperliche Eignung, gute Schul- und Allgemeinbildung, einjährige hauswirtschaftliche Tätigkeit, Ableistung des Arbeitsdienstes bei entsprechendem Alter. Eintritt in ein DRK-Mutterhaus als Lernschwester im Alter von 18–34 Jahren. Jüngere Mädel ab 17 Jdhre als Vorschülerinnen. / Schwestern mit staatlicher Anerkennung können bei gegebenen Voraussetzungen nach einer Probezeit in eine Schwesternschaft aufgenommen werden. / **Ausbildung und Fortbildung:** Sie ist unentgeltlich und umfaßt neben der Krankenpflege weltanschauliche Ausrichtung und sportliche Betätigung. $1^1/_2$jährige Lernzeit in staatlich anerkannter Krankenpflegeschule mit staatlicher Abschlußprüfung, nach weiterer 1jähriger praktischer Arbeit in DRK-Anstalt Erlaubnis zur beruflichen Ausübung der Krankenpflege. Für die in eine Schwesternschaft aufgenommenen Schwestern Ausbildung im Wehrmachtssanitätsdienst. / Fortbildung in der DRK-Werner-Schule, Berlin-Lankwitz, in einjährigen Kursen zu Unterrichtsschwestern, leitenden Schwestern von Krankenanstalten oder Oberinnen der Schwesternschaften u. a. / Kurze Lehrgänge für alle DRK-Schwestern zur Erweiterung ihrer beruflichen Kenntnisse, Vertiefung der Weltanschauung, Fortbildung in Volkswirtschaft, Kunst, Wissenschaft usw. / **Wirtschaftliche Stellung:** Freie Station, Dienstkleidung, Barbezüge, Urlaubsgeld. Bei Krankheit, Arbeitsunfähigkeit und im Alter Versorgung durch die Schwesternschaft. / **Wirkungskreis:** DRK-Krankenhäuser, Wehrmachts-Lazarette, Universitätskliniken, Krankenhäuser und sonstige Anstalten. Auf den Krankenstationen und in allen Abteilungen: Operationssaal, Laboratorium, Röntgenzimmer, Apotheke, Wirtschaft, Diätküche und Verwaltung. / Aufnahmegesuche sind unter gleichzeitiger Einsendung eines ausführlichen, handgeschriebenen Lebenslaufes, eines neuen Paßbildes und des Schulabgangszeugnisses zu richten an die Oberinnen der Schwesternschaften. Alle Auskünfte und Formblätter für die Aufnahme sind von dort zu erhalten.

Die Nationalsozialistische Schwesternschaft

bildet in allen Teilen des Großdeutschen Reiches in staatlich anerkannten Kranken- und Säuglingspflegeschulen junge Mädchen im Alter von 18 bis 28 Jahren für den Schwesternberuf aus. Die kostenlose Ausbildung schließt nach 1½ Jahren mit einer staatlichen Prüfung ab. Die Schwestern werden anschließend 1 Jahr im Krankenhaus und später auf den für sie geeigneten Arbeitsplätzen in den verschiedensten Aufgabengebieten eingesetzt, z. B. in Gemeinden, Krankenhäusern, Kinderkliniken, ##-Lazaretten, ##-Mütter- und Säuglingsheimen, Schulen der NSDAP. und Ordensburgen.

Als Aufnahmebedingung gelten neben gesundheitlicher, charakterlicher und politischer Eignung eine abgeschlossene Schulbildung, der Nachweis des Reichsarbeitsdienstes und des hauswirtschaftlichen Jahres, das in Einrichtungen der NSV. abgeleistet werden kann.

Nähere Auskunft ist bei den Dienststellen der NS.-Schwesternschaft in den Gauamtsleitungen der NS.-Volkswohlfahrt zu erhalten. Die Anschrift gibt jede Ortsgruppe der NSV. bekannt.

1943 fand eine Großaktion zum Einsatz von Frauen in der Wehrmacht statt. Nach den Verlusten im »Rußlandfeldzug« sollten alle Soldaten in den Stäben des Ersatzheeres für den Frontdienst freigemacht werden, deren Funktionen von Frauen übernommen werden konnten. Zeitungsartikel erschienen. Plakate wurden geklebt, auf denen eine Luftwaffenhelferin in schicker Uniform die »Gefolgschaftsfrauen« aufforderte: »Hilf siegen!«

Frauen wurden schon seit langem in der Wehrmacht als Helferinnen eingesetzt. Sie taten Dienst als Schwestern beim Deutschen Roten Kreuz und der Nationalsozialistischen Schwesternschaft, sie arbeiteten als Stabshelferinnen in den Büros des Heeres und als Nachrichtenhelferinnen. Sie übernahmen Aufgaben beim Flugwachdienst und beim Luftschutzwarndienst.

1941 befahl Hitler die Heranziehung von Frauen »in den Tätigkeitsfeldern Nachrichtendienst, Nachrichtenvermittlungsdienst und Geschäftszimmerdienst«.

Am 17.7.1943 befahl er, Frauen auch in den Flakabteilungen des Reiches an den Kommandogeräten, Scheinwerfern und Luftsperrmitteln einzusetzen. Der Fernmeldedienst, der Funkhorchdienst, der Flugmeldedienst wurde ihnen zu großen Teilen übertragen.

Im Herbst 1943 arbeiteten allein im 12. Fliegerkorps mehr als 25.000 Frauen. Und es sollten schließlich mehr als eine halbe Million Frauen werden, die in allen Teilen der Wehrmacht die unterschiedlichsten Dienste verrichteten, auch Waffendienste.

»Beherrschender Grundsatz für jede Art von Fraueneinsatz, insbesondere auch für den Gemeinschaftseinsatz, muß bleiben, daß sich der weibliche Soldat nicht mit unseren nationalsozialistischen Auffassungen vom Frauentum verträgt. Die Frauen nehmen grundsätzlich nicht mit der Schußwaffe am Kampf teil, auch nicht im Falle einer drohenden Gefangennahme.« So hatte es das Oberkommando der Wehrmacht und des Heeres verfügt. Man hielt sich nicht lange daran.

In seinem Buch »Blitzmädchen« schreibt Franz W. Seidler: »Je näher der Untergang des Reiches rückte, desto skrupelloser warf man die alten Grundsätze über Bord, um das Leben des Regimes zu verlängern. Im Völkischen Beobachter erschienen immer mehr Berichte über Frauen, die sich im Kampf gegen den Feind bewährt hatten. Es wurde von Frauen erzählt, die russische Panzer abgeschossen hatten. Die Panzerfaust wurde als ›Waffe der Frau‹ propagiert, als ›handlichstes Geschütz der Welt‹, das Frauen ohne besondere Ausbildung bedienen könnten.«

Man erwog sogar die Aufstellung von Frauenbataillonen, »um die Männer zu beschämen«, aber dazu kam es letztlich nicht. Und es ist eine hypothetische Frage, wie die Kampfkraft solcher Einheiten einzustufen gewesen wäre (wenn auch eine interessante bei der gegenwärtigen Diskussion darüber, ob Frauen in der deutschen Bundeswehr »dienen« sollen).

Bericht in »Das Blatt der Hausfrau« vom August 1944:

»›Ziel einstellen!‹ – ›Ziel eingestellt!‹ Militärisch knappe Befehle werden ruhig und sachlich ausgeführt. An den großen Scheinwerfern einer Flakstellung stehen – Frauen! Frauen bedienen die Richtgeräte, Frauen werden am Horchgerät ausgebildet.

Seit der feindliche Bombenterror sich gegen immer mehr Ziele gewendet hat, werden auch immer mehr Abwehrstellungen ausgebaut. Die Lösung taktischer Aufgaben und die Bedienung der Geschütze bleiben stets den Männern vorbehalten, doch an ihrer Seite stehen die Helferinnen, Frauen und Mädchen, die sich nach dem Urteil ihrer männlichen Vorgesetzten schon ausgezeichnet bewährt haben... Sehr viel Ausgebombte... sind darunter, die nach ihrem eigenen schweren Erleben den Wunsch hatten, zur Flakabwehr zu gehen. ›Ich mochte nicht mehr untätig im Luftschutzraum sitzen, deshalb habe ich mich gemeldet‹, erzählt die eine.«

Machen wir uns nichts vor! Der Aufstieg der Nazis ohne Millionen von Frauen ist nicht denkbar. Frauen haben politisch gewirkt und die Nazis mit an der Macht gehalten. Sie haben die Granaten gedreht und mit ihren Männern Seite an Seite in einem verbrecherischen Krieg gekämpft. »Es ist für uns nicht wesentlich, als Frauen besonders in Erscheinung zu treten, wesentlich aber ist die innere Mitgestaltung an den Dingen unserer Zeit.« Ein Wort der Reichsfrauenführerin. Die meisten Frauen dieser Zeit tragen mit Schuld an dem, was geschehen ist.

Der Tabakanbau in Gelsenkirchen

Die Anzucht der Pflanzen ist nicht leicht / Ein warmer Sommer aber verspricht einen Zusatz zur Raucherkarte

In den letzten Tagen besuchten wir eine Anzahl von Kleingärten in unserem Stadtgebiet. Bei den Fragen hin und her stellte sich heraus, daß einige Kleingärtner in diesem Jahre auch Tabakpflanzen besitzen, um Rauchtabak auch ohne Raucherkarte zu bekommen, die bekanntlich durch die Abtrennung der Punkte immer weniger an „Gehalt“ erhält.

Bei dieser Gelegenheit darf darauf verwiesen werden, daß im ersten Weltkriege eine noch größere Zahl von Tabakpflanzen im Stadtgebiet vorhanden war und daß damals recht gute Erfolge erzielt wurden, soweit die Quantität in Frage kam.

Solange der Krieg dauert, wird es die erste Sorge der Heimat sein und bleiben, unsere Soldaten an der Front mit Tabakwaren zu versorgen. Auf die gewaltigen Mengen, die das Heer erhält, muß die Heimat verzichten, gern und freudig verzichten. Aber mit dem „Qualmen“ ist es so eine Sache. Wenn man sich erst einmal daran gewöhnt hat, kann man es schlecht lassen, und da ersinnt der Raucher schon allerlei, um sich einen rauchbaren Ersatz zu verschaffen. Ihm ist aber auch bekannt, daß er Tabakwaren nur auf seine Raucherkarte erhalten kann und andere Wege verboten sind.

Also bleibt als Ausweg nur übrig, daß man selbst „Tabak zieht“.

Jeder darf bis zu 25 Tabakpflanzen setzen, ohne daß ihm ein Abzug von seiner Raucherkarte gemacht wird. Diese 25 Stauden sind steuerfrei, bedürfen nicht der Anmeldung und unterliegen keinerlei Verrechnung.

Die Schwierigkeiten des Tabakanbaues beginnen bereits mit dem Aussäen des Samens. Wenn man berechnet, daß etwa 1200 Körner auf ein Gramm gehen, so kann man sich errechnen, wie wenig Samen ein Kleingärtner braucht, um seinen Bedarf an Tabak für ein Jahr zu decken. Für die Anzucht genügt zunächst ein Blumentopf. Der Samen muß vorsichtig auf festgedrücktem Boden ausgesät und mit feingesiebtem Humus überstäubt werden. Same und Pflänzchen müssen ständig feucht gehalten werden, ohne daß der Boden vor Feuchtigkeit trieft. Die Pflänzchen sollen etwa vier bis sechs Wochen im Blumentopf bleiben; sind sie kräftiger geworden, dann werden sie tagsüber an die Luft gesetzt. Später als Mitte bis Ende April kann die Aussaat nicht mehr erfolgen. Vorhandener Samen bleibt aber zwanzig Jahre keimfähig.

Die bisherige Arbeit war die schwierigste, was jetzt noch kommt, ist eine ziemlich einfache Angelegenheit. Die Pflanzen sollen an einer möglichst sonnigen Stelle in Abständen von etwa 50 Zentimeter gepflanzt werden. Man lege den Pflänzlingen Kalisalz im Boden bei, dann brennt der Tabak später besser.

Wenn die Sonne es gut mit uns meint, dann schießt die Tabakpflanze ins Kraut. Der Tabakbauer muß darauf achten, daß alle Kraft für die zu erntenden Blätter erhalten bleibt. Seitentriebe sind daher zu entfernen, auch die Blüte ist nicht notwendig. Schon nach wenigen Wochen reifen die Blätter, und zwar die untersten zuerst; daher wird mit dem Abernten von unten her begonnen.

Nach der Ernte werden die Blätter auf Fäden aufgezogen und kühl und luftig zum Trocknen aufgehängt.

Nach völliger Trocknung werden die Blätter zur Fermentation wieder angefeuchtet, übereinandergeschichtet und fest zusammengepreßt. Man lege frisch geschnittenes Gras zur Herbeiführung der Gärung bereit, zimmere sich einen Holzkasten, dessen Boden mit Gras bedeckt wird, lege den Tabak darauf und bedecke ihn von allen Seiten und auch von oben mit Gras. Das Ganze soll dann fest zusammengepreßt und durch ein schweres Gewicht belastet werden.

Jetzt lasse man dem Tabak drei Wochen Ruhe. Wie man nachher den Tabak schneidet, bleibt jedem selbst überlassen. Man kann sich Krüllschnitt herstellen, aber auch nach Entfernung der Blattrippen einen feinen Shag. Und nun an die Arbeit!

1917, nach der großen Offensive in Frankreich, kamen wir zu einem Bauern, dessen Land Tabakpflanzen trug. Unser „Spieß“ schnitt die Blätter ab, ließ sie an der Sonne trocknen und gab uns wohlwollend am anderen Tage eine Handvoll Tabak. Wir haben ihn geraucht; unsere Zungen waren dick belegt, aber . . . . geraucht haben wir die Blätter doch. Später sagte uns der Spieß, daß es an der Fermentation gelegen habe; aber das zu begreifen, seien wir viel zu dumm. Vielleicht hatte er recht.

Auch der Gelsenkirchener Tabak muß gären

Das Geheimnis der Fermentation

Die kriegsbedingte Verknappung des Tabaks hat bewirkt, daß auch manche Gelsenkirchener Volksgenossen ihre Raucherkarte durch eigenen Anbau des aromatischen Krautes zu strecken suchen. Tabak zu pflanzen und zu ernten ist aber nicht so einfach, wie viele Raucher es sich vorstellen. Die Sache fängt zum Beispiel damit an, daß die Tabakpflanze eigentlich ein wärmeres Klima verlangt als das unserige. Sorgfältiges Behacken und, in heißen Tagen, fleißiges Gießen ist notwendig. Wenn die Blätter anfangen, welk, gelb und klebrig zu werden, ist der Tabak erntereif.

Die wichtigste Behandlung, der der Tabak dann unterworfen werden muß, ist — wir setzen hier inhaltlich unsere Ausführungen vom 27. Juli fort — die sogenannte Fermentierung oder das Gären.

Zum Zwecke der Fermentation werden die frisch geernteten Tabakblätter in geeignete Behälter gebracht und diese werden verschlossen. Man kann Kisten und Fässer verwenden in Größen, die mindestens ungefähr der geernteten Tabakmenge entsprechen. Hohlräume müssen mit abdichtendem Material ausgefüllt und das Ganze dann durch Steine beschwert werden. Wie der Direktor der Reichsanstalt für Tabakforschung in Forchheim, Prof. Dr. Koenig, kürzlich in einem Aufsatz über Tabakherstellung ausführte, sollen die Tabakblätter und Büschel nicht etwa vorher geglättet, sondern so, wie sie sind, in die Behälter gepackt werden, und zwar die Rippenenden nach außen.

Der so gepackte und zusammengepreßte Tabak fängt an zu gären. Er entwickelt dabei Wärme, die bei Pfeifentabaken bis zu 40 Grad, bei Zigarettentabak zu noch höheren Graden aufsteigen kann, je nach der Beschaffenheit des Erntegutes. Da es wünschenswert ist, daß man den Gärungsprozeß verfolgen kann, empfiehlt es sich, in die Mitte des Behälters ein Rohr aus Blech oder Holz zu stecken, dessen Oeffnung oben herausragt, so daß man ein Thermometer hineinstecken und die sich entwickelnde Wärme messen kann.

Ungefähr nach zwei oder drei Wochen wird der Höhepunkt der Gärung und damit die höchste Temperatur erreicht. Der Behälter wird geöffnet und der Inhalt umgeschichtet, wobei, wie auch beim ersten Mal zu verfahren war, die gelben und reiferen Blätter nach außen, die noch grünen nach innen gelegt werden. Die zweite Gärung, bei der die Wärme jedoch nicht mehr so hoch steigt, wie beim ersten Mal, dauert noch einmal rund zwei Wochen. Der Tabak ist immer fest zusammenzupressen und der Behälter, der einige kleine Spalten und Löcher haben soll, damit die verdunstende Feuchtigkeit entweichen kann, fest zu verschließen. Ist die Tabakmenge sehr klein, so wird die erforderliche Selbsterwärmung durch Gärung nicht erreicht und muß dann von außen zugeführt werden.

Nach beendeter Fermentierung wird der Tabak in einem luftigen, trockenen Raum lose zum Trocknen aufgeschichtet. Nach einiger Zeit kann dann mit dem Schneiden begonnen werden, falls man nicht vorzieht, das Gut vorher noch zu „beizen“, das heißt, es mit Säften und Laugen zu bespritzen (nicht etwa zu durchtränken), die den Geschmack des Tabaks beeinflussen bzw. verbessern sollen. Solche Laugen können je nach Geschmack aus Früchten und Kräutern hergestellt werden. Der Sachverständige Dr. Koenig erwähnt Zwetschen, Feigen, Anis, Beerenwein, Honig. Die über den fermentierten und dann in ein irdenes oder gläsernes Gefäß gepreßten Tabak gespritzte Beize muß einige Zeit wirken, ähnlich wie beim Gärungsprozeß. Manche führen Gärung und Beizung auch gleich in einem Gang durch.

Für den Laien empfiehlt es sich, nicht zu vergessen, daß Tabakanbau und Tabakherstellung nur durch Erfahrung gelernt werden kann. Eine kurze Beschreibung vermag das Verfahren immer nur im Rohen und Allgemeinen zu schildern.

Tante Lina baut Tabak an brennt Schnaps und sagt jemandem die Zukunft voraus

Das Jahr 1943 ging seinem traurigen Ende entgegen, und in Tante Linas Haus bereitete man sich auf die nahenden Feste vor. Die sollten gefeiert werden, schon der Kinder wegen. Und zwischen den Weihnachtsbäckereien und den Bastelarbeiten kündigte sich ein großes Ereignis an.

Tabakpflanzen hatte Tante Lina schon zu Kriegsbeginn gesetzt. Die erste Ernte dieser von ihr mit außerordentlicher Pflege bedachten Pflanzen war bereits 1940 eingebracht worden. Und auch in den folgenden Jahren war geerntet worden. Allerdings – geraucht hatte von diesem wunderbaren Erzeugnis Tante-Lina'scher-Gartenkultur noch niemand. Und das will was heißen, bedenkt man Tante Linas Rauchleidenschaft.

Die Blätter der einzelnen Ernten lagerten auf Tante Linas Dachboden, nach Ernten geordnet, teils an Schnüren zum Trocknen aufgereiht, teils in Holzkisten bewahrt und bearbeitet, ein Prozeß, den Tante Lina fachmännisch »Fermentation« nannte. Und sie verstand etwas davon. Die Fermentation, so behauptete sie, mache erst einen guten Tabak, und der müsse dann zwei Jahre gelagert werden.

Und sie wachte wie ein Zerberus darüber, daß diese Zeit auch eingehalten wurde. Kuszmierz' Annäherungsversuche wehrte sie erfolgreich auf die eine oder andere Weise ab, wenn sie dem Zweck dienten, an den Tabak heranzukommen.

Nun aber sollte es soweit sein. Kuszmierz hatte ihr eine Wickelform gebaut, und Tante Lina begann, Zigarren zu rollen, als hätte sie in ihrem Leben nie etwas anderes getan. Kuszmierz stand staunend daneben und glaubte ihren Beteuerungen nicht, sie hätte nur einmal vor langer Zeit in einer westfälischen Zigarrenfabrik bei der Arbeit zugeschaut, und es sei nichts leichter als das.

Martha Varenholt, die inzwischen eine Halbtagsstellung in einem Hospital angenommen hatte, wurde von ihr angelernt und schnitt in ihrer freien Zeit die Blätter zu Pfeifen- und Zigarettentabak. Kuszmierz war's zufrieden, denn seine Pfeife dampfte vor sich hin. Und Tante Lina rauchte in tiefen Zügen von dem Selbstangebauten, beglückt über das Zuchtergebnis.

Wir haben bei unseren Recherchen immer wieder gehört, wie grauenhaft selbstangebauter Tabak geschmeckt haben soll. Mit einer Ausnahme –Tante Linas Tabak soll es, auch nach dem Kriege noch, mit jeder Camel aufgenommen haben.

Ja, nach dem Kriege hatte Tante Lina natürlich aufgrund früherer Ernten und weiser Vorsorge auch Tabak und mußte nicht wertvolle Dinge auf dem schwarzen Markt veräußern, um in den Genuß der rauchenden Währung zu kommen. Sie konnte sogar noch davon verkaufen. Abgepackt wurden die Zigaretten von ihr und ihren Helfershelfern dann in Players – und Camelschachteln, die sie eifrig sammelte. So war Tante Lina.

Muß ich Ihnen noch sagen, daß Tante Lina nicht nur Tabak anbaute, sondern natürlich auch Schnaps brannte? Aus Kartoffeln. Wodka also, sozusagen. Und der war bestimmt nicht der schlechteste.

Es gibt wichtigere Dinge!

Eine Frage: „Warum gibt es nicht mehr Schnaps?" — Und die Antwort darauf

„Bedauere sehr, mein Herr! Mehr als zwei Schnäpse kann ich Ihnen nicht geben!" Der Kellner zuckt wirklich bedauernd die Achsel. Gehört er zu jenen gottlob noch immer vorhandenen Vertretern jenes Berufs, die auch im schlimmsten Ansturm der Fragen und Wünsche einen kühlen Kopf und ein warmes Herz bewahren, so findet er wohl auch noch ein erklärendes Wort für seinen Gast. „Die Zuteilung beträgt nur noch einen Bruchteil unserer früheren Kontingente! Ist auch nicht anders möglich: schließlich haben unsere Soldaten im Osten ja auch einen größeren Anspruch darauf, jetzt im Winter vor allem!"

Niemand kann ihm hier widersprechen. Die Dinge liegen sonnenklar. Ein jeder kennt die wärmende Wirkung eines Gläschen Branntweins und weiß, daß er, in kleinen Mengen genossen, ein ausgezeichnetes Mittel gegen Erkältungskrankheiten darstellt. Also verzichtet er gern und begnügt sich mit dem, was ihm zugebilligt wird. Trotzdem liegen die Dinge nicht so einfach, wie sie sich zunächst ansehen. Selbstverständlich geht ein großer Teil der Produktion in die Versorgungsmagazine der Wehrmacht, daneben spielen aber auch andere Dinge eine bedeutende Rolle. So ist im allgemeinen nicht bekannt, daß die Wehrmacht auch erhebliche Mengen Sprit für technische Zwecke braucht. Sprit, das heißt: Kartoffelsprit,

Heute Verdunkelung von 17.37–9.38 Uhr.

bildet aber die Grundlage von 90 Prozent aller Konsumschnäpse. Hier ergibt sich also ein doppelter Grund zur Einschränkung. Technischer Bedarf geht auf jeden Fall vor. Außerdem natürlich auch die Kartoffelversorgung des deutschen Volkes.

Man hat deshalb gleich nach Kriegsbeginn angefangen, die Produktion zu drosseln. Das ist zunächst nicht weiter in Erscheinung getreten, weil die Vorräte ein gutes Jahr und länger eine ausreichende Versorgung des Verbrauchers gestatteten. Erst in diesem Jahre wurde dann die Zuteilung soweit eingeschränkt, daß sie zur Zeit nur noch etwa ein Viertel der im Frieden angelieferten Mengen ausmacht, auf den Durchschnitt der Monate April bis September 1939 berechnet. Dieses Kontingent soll auch weiterhin aufrechterhalten werden, obwohl im laufenden Jahr nur etwa 75 Prozent der ursprünglichen Brennrechte erhalten blieben. Durch eine allgemeine Qualitätsangleichung hofft man jedoch noch einige Reserven im wahrsten Sinne des Wortes flüssig zu machen. So besteht seit dem 1. März d. Js. die Bestimmung, daß die Brennereien 50 Prozent ihrer Gesamtproduktion zu billigen Konsumschnäpsen verarbeiten und auch von den restlichen 50 Prozent im Verhältnis ihrer früheren Herstellung zu einem guten Teil Konsumbranntweine herausbringen. Die Firmen sind weiter verpflichtet, vier Fünftel ihrer Kri[illegible] produktion an ihre alten Bezieher weiterzuleiten. [illegible] die restlichen 20 Prozent können sie frei verfügen, [illegible] eigenem [illegible] also auf bestimmte Mangel[illegible] verteilen. Aehnliche Bestimmungen gelten auch [illegible] Korn- und Obstschnapsbrennereien. [illegible]ie im Rahm[illegible] Gesamtproduktion allerdings nur noch etwa 10 Prozent beisteuern.

Einschränkungen lassen sich also nicht vermeiden. Doch wer möchte darüber sich ereifern! Es gibt ja schließlich [illegible]

Der Mangel an Schnaps in jenen Tagen war beängstigend und bedenklich. Da hatte das Nazi-Regime eine wichtige Seite menschlichen Lebens nicht bedacht und nicht durchorganisiert. Wer ein Volk in Elend und Trauer stürzt, muß auch für Möglichkeiten des Trostes sorgen. So war Tante Lina nicht die einzige, die Schnaps zu Hause brannte, was selbstverständlich streng verboten war.

In den Zeitungen wurde in schauerlichen Artikeln gewarnt vor dem Selbstgebrannten. Blind würde man davon werden und impotent. Drastische Strafen waren angedroht. Aber es waren doch nur wenige, die erwischt wurden.

Die Wirte versuchten den Mangel auf ihre Weise zu beheben. Sie streckten den Schnaps, der ihnen zugeteilt wurde, mit Bitterlikör und Wasser. Und wurden auch bestraft.

Das neue »Volksgetränk«, das sie ausschenken sollten, hieß »Leichtbier« und wurde zum Beispiel aus Zuckerrübenschnitzeln hergestellt. Es gab auch noch andere Produktionsmethoden.

Sie würden gern wissen, wie Tante Lina Schnaps gebrannt hat? Ein Rezept? Ich kann das natürlich erklären. Aber der Vorgang ist sehr kompliziert, und Sie werden ihn zu Hause bei sich kaum nachvollziehen können, schon deswegen, weil Sie keinen Kuszmierz haben, der Ihnen einen Destillationsapparat mit Kühlschlange baut.

Lassen Sie mich stattdessen zwei von Tante Linas Rezepten verraten, die auch eine gewisse Berühmtheit erlangt haben: ihren Johannisbeerenwein und ihr Champagner-Bier.

Für den Johannisbeerenwein pflückt man rote Johannisbeeren, wenn sie gut ausgereift sind. Man zupft sie ab und zerquetscht sie mit einem Stößel. Die zerquetschten Beeren läßt man zwei Tage in einem Holzgefäß oder einem Steintopf stehen und rührt sie von Zeit zu Zeit um. Dann preßt man den Saft durch ein leinenes Tuch. Auf die Rückstände gießt man Mineralwasser.

Am nächsten Tag gießt man durch das leinene Tuch ab und vermischt nun beide Säfte, und zwar einen Liter von dem zuerst gepreßten auf zwei Liter des zuletzt gewonnenen Saftes. Zu dieser Mischung kommt ein Kilo Zucker.

Gut umrühren und, wenn man hat, in ein Faß abfüllen. Sollte das nicht vorhanden sein, kann man auch einen Krug nehmen, der aber voll gefüllt werden und eine größere Öffnung haben muß, so daß man während des Gärvorganges täglich das, was sich absetzt, wegnehmen kann. Wenn der Wein so behandelt und leicht mit einem Leinentuch bedeckt wird, mehrere Wochen an einem kühlen Platz gestanden hat und hell ist, wird er in Flaschen gefüllt, gut zugepfropft und an einem kühlen Ort aufbewahrt.

Manchmal gibt es heftige Explosionen; aber keine Angst! Es sind nur Flaschen oder deren Korken. Dann wurde etwas falsch gemacht. Uns ist das übrigens auch passiert.

Doch zum Champagner-Bier, das allerdings wenig mit Bier und noch weniger mit Champagner zu tun hat.

Vier Liter Wasser werden mit einem Pfund Zucker aufgekocht. Wenn das abgekühlt ist, kommen 45 Gramm Hefe hinein. Damit muß es eine Nacht zugedeckt stehen. Am nächsten Tag wird die Hefe abgeschöpft und das Bier vorsichtig abgegossen, so daß die Rückstände im Behältnis bleiben. Nun gibt man eine Stange Zimt, 48 Gewürznelken und den Saft und die abgeriebene Schale zweier ungespritzter Zitronen hinein, läßt es zugedeckt noch einige Stunden stehen, zieht es auf Flaschen, korkt sie zu und stellt sie in den Keller.

Nach vier Tagen bereits (wenn nicht oben erwähntes Ereignis eintritt, das alle Mühen zunichte macht) ist das Bier trinkbar. Es schmeckt nicht uninteressant..

Zu dem Johannisbeerwein ist noch eine Episode nachzutragen.

Es begab sich im Dezember 1943, daß mitten in die Weihnachtsvorbereitungen, mitten in die Tabakproduktion Brunhilde platzte. Wie nicht anders zu erwarten mit Meyer, ihrem Gauleiter.

Meyer hatte von Tante Linas sagenhaftem Obstwein gehört, und den wollte er jetzt probieren. Was sollte Tante Lina tun? Ihm das abschlagen? Man wußte nie, wozu ein Gauleiter ihr noch nütze sein konnte. Also probierte Meyer, und er probierte sehr zum Ärger von Tante Lina Flasche um Flasche. Und der Alkohol begann zu wirken. Langsam, aber grausam. Und schließlich lag Meyer, ein deutscher Gauleiter und Oberpräsident, lallend auf dem Fußboden und verlangte von Tante Lina, sie solle ihm die Zukunft voraussagen. Man habe gehört, sie könne das, sie sei eine alte Hexe und müsse das tun, sonst würde sie verbrannt und so weiter und so weiter, bis Tante Lina ihm schließlich den Gefallen tat. Man wußte schließlich nie, wozu ein Gauleiter..., aber das erwähnte ich ja bereits.

Und dann holte Tante Lina ihre Tarot-Karten zwischen dem Nähzeug hervor und löschte das Licht im Wohnzimmer bis auf eine Lampe, die über dem Tisch brannte, denn eine richtige Stimmung mußte schließlich auch sein. Der Gauleiter wurde mit Brunhildens Hilfe auf einen Stuhl gehievt. Und dann legte Tante Lina dem Herrn Meyer die Karten und sagte ihm seine Vergangenheit, die kannte sie zur Genüge, ins Gesicht und analysierte die Gegenwart, die war schlimm genug.

Und als sie bei der Zukunft angelangt war, da legte sie einen der großen Arkanen mit aus. Ich bin sicher, sie hat da ein wenig nachgeholfen, denn auch später noch versuchte sie, wenn sie mit mir Karten spielte, zu betrügen.

Die Karte, die sie auslegte, heißt im Tarot-Spiel »der Tod«, und sie zeigt im allgemeinen den indischen Gott Shiva, der auf Friedhöfen tanzt und auf Verbrennungsplätzen von Leichen. Sein gespenstisches Gefolge macht Musik mit menschlichen Knochen, bestreut sich mit Asche und spielt mit Totenschädeln.

Der Reichsstatthalter wurde ob dieser Visionen von Grauen ergriffen und lief wie von Furien gehetzt aus Tante Linas Haus. Er soll – und eben diese Wirkung schreibt man jenem Johannisbeerenwein zu – auch später immer wieder im Traum von den durch Tante Lina beschworenen Bildern heimgesucht worden sein. So berichtet wenigstens Brunhilde, und die muß es ja wohl wissen. Im Mai 1945 beging Meyer Selbstmord.

Sie haben jetzt sicher einen falschen Eindruck von Tante Lina bekommen. Da wurde nun beileibe nicht jeden Tag gesoffen und gepafft. Tante Lina konnte in dieser Zeit auch andere Getränke zubereiten, solche, die als »Heißgetränke« in die Kriegs- und Nachkriegsgeschichte eingegangen sind.

TANTE LINAS GETRÄNKEREZEPTE

Zitronengrog

Zutaten: Zwei Zitronen, zehn bis zwölf Stück Würfelzucker, drei Tassen Rotwein, eine Tasse Arrak, ein Liter schwarzen Tee.

In ein Bowlengefäß den Würfelzucker geben. Die Zitronen auspressen und zerkleinern. Mit dem ausgepreßten Saft den Zucker hinzufügen. Rotwein heiß werden lassen. Ebenfalls in das Gefäß schütten.

Zum Schluß den aufgebrühten und abgeseihten Tee und den Arrak darübergießen. Sehr heiß servieren.

Die nächsten Rezepte sind ohne Alkoholzusätze, denn es war zu normalen Zeiten im Jahr für Privatkäufer (es sei denn auf dem schwarzen Markt) fast unmöglich an Rotwein, Rum oder Arrak zu kommen. Tee trat an seine Stelle: ein immerhin anregender Ersatz.

Glühwein

Zutaten: zwei Flaschen Kirschmost (roter Trauben-, Johannisbeer- oder Brombeersaft können auch genommen werden), ½ Liter Wasser, Schale und Saft einer halben Zitrone, etwas Zimt.

Wasser mit Zitrone und Zimt aufkochen. Den Most dazugeben und noch einmal heiß werden lassen.

Teepunsch

Zutaten: ein Liter Süßmost (am besten nimmt man Apfel-, Kirsch- und Johannisbeermost gemischt), den Saft und die Schale einer Zitrone, ein Liter heißen Tee (schwarzer Tee oder auch Fruchttee aus Apfelschalen oder Hagebutten).

Süßmost, Zitronenschale und -saft heiß werden lassen. Den heißen Tee dazugeben. Im Wasserbad fünf bis zehn Minuten ziehen lassen.

Um die Sache abzurunden zwei Rezepte, die das Neujahrfest berauschender machen sollten und zu diesem Zwecke auch die Sonderzuteilung an Alkohol zum Einsatz brachten. »Wir werden den letzten Tag des Jahres diesmal still feiern«, hieß es in den Tageszeitungen. »Aber das werden wir uns doch nicht nehmen lassen, wenn das alte Jahr Abschied nimmt, auf ein siegreiches neues Jahr anzustoßen.«

Familienpunsch

Zutaten: ½ l heißer Tee, 250 g Zucker, eine Flasche Rotwein, ¼ l Rum.

Tee aufbrühen, ziehen lassen und dann abgießen in ein Bowlengefäß, das auf einer Herdplatte warm steht. Zucker zugeben. Auflösen. Rum und Rotwein hinzuschütten. Der Punsch soll heiß werden, darf aber nicht kochen.

Sellerie-Bowle

Zutaten: zwei Sellerieknollen, ½ l Rum oder Arrak, zwei Eßlöffel Zucker, zwei Flaschen Weißwein, eine Flasche Rotwein.

Mit der Schale weichgekochte, zarte Sellerieknollen werden mit kaltem Wasser übergossen. Schälen. In zwei Zentimeter dicke Scheiben schneiden und in ein Bowlengefäß geben. Nun übergießt man die Scheiben mit Rum und fügt den Zucker zu. Gut zugedeckt drei bis vier Stunden ziehen lassen. Dann gießt man zwei Flaschen Weißwein und eine Flasche Rotwein darüber und setzt das Bowlengefäß auf geschlagenes Eis. Sehr kalt servieren.

Apropos Silvester und Jahreswende. Hören wir uns doch zum Schluß dieses Kapitels an, was Josefine Schultz den deutschen Frauen in »Die Welt der Frau« dazu zu sagen hat: »Deutschlands Frauen grüßen das neue Jahr. Wir wissen alle, daß es schwere Aufgaben für uns bereithält, gerade für uns Frauen. Die Jahreswende ist die Zeit der guten Vorsätze und der notwendigen starken Entschlüsse. Die Jahreswende des Krieges aber ruft gerade die Frauen zu Entschlossenheit, zum Durchhalte- und Siegeswillen auf!«

1944

»Die deutsche Niederlage wurde 1944 an allen Fronten offenkundig; der Ring der Gegner zog sich enger und fester um Deutschland, das, von Hitler und seinen Genossen brutal vergewaltigt, keinen Ausweg aus seinen Leiden sah, nachdem der Versuch am 20. Juli, den Tyrannen zu beseitigen, gescheitert war und von diesem mit unvorstellbarer Grausamkeit gerächt wurde...,« so oder so ähnlich wird das Jahr 1944 in unseren Geschichtsbüchern beschrieben.

Zwischen Worten voller Pathos wird die Meinung publiziert, 1944 hätte Deutschland, hätten »die Deutschen« begriffen, daß der Krieg verloren war, daß Hitler »und seine Genossen« Verbrecher waren. Das stimmt so nicht.

Am 3. Januar steht die Rote Armee an der ehemaligen polnischen Ostgrenze. Am 22. Januar landen alliierte Truppen bei Anzio und Nettuno im Rücken der deutschen Front in Italien. Im Mai räumen die Deutschen die Krim, am 4. Juni Rom.

Am 6. Juni, dem sogenannten »D-Day«, beginnt die Operation »Overlord«, die Landung der Alliierten in Nordfrankreich.

Im Juni beginnt auch die sowjetische Sommeroffensive mit Angriffen an der finnischen Front, mit Angriffen zwischen den Pripjetsümpfen und Düna. Im Juli marschieren Rotarmisten in Südpolen und Galizien ein und dringen bis zur Weichsel vor.

Am 15. August landen die Alliierten an der französischen Mittelmeerküste, die Sowjets marschieren in Rumänien ein, Griechenland wird geräumt, Belgien erobert.

Ende September stehen die Engländer und Amerikaner an der deutschen Reichsgrenze:

Daten und Fakten, die auch in deutschen Zeitungen zu lesen waren, verklausuliert, aber doch erkennbar. Und man sollte meinen, nun endlich wäre verstanden worden. Die Geschehnisse in Deutschland zeigen Gegenteiliges.

Hinter dem Attentat auf Hitler am 20. Juli standen nur einige wenige Leute, ein paar tausend vielleicht. Und nur wenige waren es, die Widerstand gegen das Nazi-Regime leisteten. »Die Deutschen« – und das mögen 70 oder 75 Millionen Menschen gewesen sein –, sie standen zu ihrem »Führer« Adolf Hitler oder ließen ihn zumindest gewähren. Die Männer zwischen 16 und 60 Jahren ließen sich zum »Deutschen Volkssturm« einberufen, ein letztes Aufgebot »aller waffenfähigen Männer«. Die Frauen bauten in den Rüstungsbetrieben Panzerfäuste und Maschinengewehre. Und alle glaubten an irgendwelche ominöse »Wunderwaffen«, die »das Ruder noch einmal herumreißen würden«. Wunderwaffen wie Raketen, die V 1 und die V 2, Raketenflugzeuge, Ein-Mann-Torpedos und andere wundertätige Dinge, über die man gar nicht sprechen durfte, so geheim waren sie. Per »Mundpropaganda« wurden diese Dinge verbreitet – Herr Goebbels verstand sein Handwerk.

Und als am 16. Dezember in den Ardennen eine deutsche Offensive begann, glaubten auch alle wieder an den deutschen Sieg.

ICH GLAUBE FEST
AN DEUTSCHLANDS SIEG!

Ich glaube fest an Deutschlands Sieg,
an deutsches Mark, an deutschen Stolz,
mag noch so furchtbar dieser Krieg
aufrichten vor dem letzten Sieg
das allergrößte Marterholz.

Du deutsches Volk, dein Führer führt,
und du und ich, wir folgen ihm;
ihn hat die deutsche Not gerührt,
er hat es selbst zutiefst verspürt,
als alles schon verloren schien.

Noch blutest du, den Helden gleich;
dein Schwert geführt von starker Hand,
zerbricht jedoch des Feindes Streich.
An Siegen groß, an Narben reich,
bleibst ewig du, mein deutsches Land!

ENGELBERT THIELE

Die deutschen Frauen wurden an »Deutsche Notzeiten« erinnert. An Jena und Auerstedt. In der »NS Frauen-Warte« schrieb Lydia Reimer-Ballnet 1944: »Wir brauchen nicht an Wunder zu glauben, wenn wir es verstehen, in dem Buch unserer geschichtlichen Vergangenheit richtig zu lesen... Nicht in den großen Erfolgen lag das Bewundernswerte. Das Größte,war es nicht die Überwindung der Not, das Wiederaufsteigen aus einer Tiefe, in der schon alles zu versinken schien? Wir dürfen dankbar sein, daß es im Werdegang unseres Volkes neben den Erfolgen auch viele Notzeiten gab. Denn sie sind uns heute Vorbilder. Sie schenken uns immer wieder, gleich wo wir stehen, die Kraft zu glauben und auszuharren.«

Und die Nazi-Schreiberin Juga Krannhals-Russell mahnte an gleicher Stelle mit fast alt-testamentarisch anmutenden Worten: »Wer in diesen Tagen des Gerichtes lebt und hebt nicht seines Wesens beste Kraft aus seiner Tiefe – der entschied sich für seinen Tod!«

So muß eine Soldatenfrau denken!

Ich besuchte kürzlich eine mir befreundete junge Soldatenfrau. Ihr Mann war vor einiger Zeit verwundet aus dem Felde zurückgekehrt und ist nun bald wieder KV. „Hoffentlich wird Ihr Mann noch nicht so schnell felddienstfähig, und Sie können ihn noch länger bei sich behalten," meinte ich im Lauf des Gesprächs, ohne mir über die Bedeutung dieser Redensart Gedanken zu machen. Ich staunte daher, als ein Schatten sich bei diesen Worten über der Frau Gesicht legte. Ach, die arme Frau, dachte ich, ist sie so empfindlich geworden, daß man vor ihr nicht einmal das Wort felddienstfähig in den Mund nehmen darf? Ich entschuldigte mich daher und sagte, daß ich ihr mit diesen Worten wirklich nicht habe wehetun wollen.

Die Frau aber sah mich groß an und sagte: „Ja, Sie haben mich beleidigt, weil Sie so niedrig von uns Frauen denken. Freilich sind Sie nicht die Einzige! Als mein Mann noch im Felde war, sagten die Leute oft zu mir: ‚Ach, wenn er doch so einen kleinen Heimatschuß bekäme, so einen leichten Arm- oder Beinschuß, dann käme er heraus aus der Geschichte, und Sie hätten ihn wieder.' Mir gab das jedesmal einen Stich ins Herz — ich konnte so nicht denken, wollte so nicht denken! Ich sagte mir: Der Krieg ist da. Und wenn sich auch alles in einem aufbäumen möchte, der Krieg ist da und er kam gegen den Willen unseres Führers. Der Kampf geht um unsere Existenz! Wäre ich nun ein Mann, gesund und kräftig genug, mitkämpfen zu können, so würde ich mir sagen: so lange du selbst kämpfen kannst, sollen nicht andere für dich kämpfen und bluten! So würde ich als Mann denken, und als Frau schöpfe ich daraus die Kraft, meinen Mann, von dem ich dieselbe Gesinnung voraussetzen darf, ziehen zu lassen.

Die Sache ist doch einfach: Es muß doch ausgehalten werden. Sollen andere für meinen Mann aushalten? Sehen Sie, das Schicksal fordert von meinem Mann das Opfer, sein Leben einzusetzen! Nun verstehen Sie vielleicht, weshalb mich Ihr Wunsch verstimmt hat. Ich brauch' es Ihnen nicht zu sagen, wie mir zu Mute ist, wenn mein Mann wieder fort muß ins Feld. Das ist meine Sache, die niemand etwas angeht. Aber ich wünsche nicht, daß mein Mann möglichst lange nicht felddienstfähig bleibt. Ich wünsche nur, daß er als deutscher Mann die Kraft haben möge, das Opfer, das ihm auferlegt wird, bringen zu können."

B.

Die Frauen wurden aufgefordert, sich zum Kriegseinsatz zu melden, wenn das noch nicht geschehen war. Die Kriegswerkstätten der NS-Frauenschaft boten ein reiches Betätigungsfeld. Und damit das auch funktionierte, wurden zahlreiche Ratschläge erteilt, wie die »Hausarbeit noch mehr zu vereinfachen« sei.

Das freilich bedurfte keiner weisen Ratschläge – es gab kaum noch etwas »hauszuhalten«.

Zu Jahresbeginn begann »eine Vitamin-C-Aktion für die Bergleute im Ruhrgebiet«: die Gemüse-Wochenration – war eine Rolle Vitamin-Drops mit Zitronengeschmack. Bei der 58. Zuteilungsperiode konnten für 90 Gramm Butterschmalz 250 Gramm Schweinefleisch bezogen werden ohne entsprechenden Ersatz. Und Eingeweihte wußten, die Fettration würde bald knapp werden, für die Schweine war kein Futter mehr da.

Als die »Ukraine verloren ging« und die Felder der russischen Bauern nicht mehr geplündert werden konnten, wurde die Lage kritisch. Der Reichsnährstand behauptete allerdings weiter: »Deutschlands Ernährungslage stabil« und feierte »fünf Jahre Vollkornbrotaktion« mit den Worten: »Vollkornbrot ist kein Kriegsbrot, Vollkornbrot ist Gesundheitsbrot«. Doch wer bekam schon noch Vollkornbrot?

Vor den »Gefahren des Schwarzen Marktes« warnte der Reichsfinanzminister Graf Schwerin-Krosigk. Und wer auf die Warnungen nicht hören konnte oder wollte, mußte mit schweren Strafen rechnen, oft mit dem Todesurteil wegen Kriegswirtschaftsverbrechen. Viele Richter, die solche Urteile fällten, durften auch später noch in unserem Staate »Recht« sprechen.

Auf die Reichsfettkarten in der 62. und 63. Zuteilungsperiode wurde an Stelle von Butterschmalz eine neue Fettsorte ausgegeben: Fleischschmalz, ein Gemisch aus 50 Prozent Schweinefett und 50 Prozent Schweinefleisch »ohne jeglichen Salzzusatz«.

Das Fleischschmalz sollte als Fett zum Kochen oder zur Herstellung von Brotaufstrich verwertet werden. Dabei ergab »187 Gramm rohes Fleischschmalz ausgebraten (15 Minuten) 60 Gramm reines Fett und etwa 55 Gramm Grieben... ausgelassen (10 Minuten) 135 Gramm Fleischschmalz«. Pro Kartenabschnitt wurden 80 Gramm Fleischschmalz abgegeben und der Rat erteilt, Gemüse künftig ohne Fett zuzubereiten.

Todesstrafe für Feldpostpäckchendiebstahl

Essen. Wenn die Androhung der Todesstrafe für den Diebstahl von Feldpostpäckchen nicht wirkungslos bleiben soll, dann muß gegen Angeklagten, die sich solcher Verbrechen schuldig gemacht haben, auch die Todesstrafe verhängt werden. Das entspricht dem Sühneverlangen der Front wie der Heimat. Mit diesen Worten schloß der Vorsitzende des Essener Sondergerichts die Urteilsbegründung nach einer Verhandlung gegen die 25 Jahre alte, schuldig geschiedene Frau Margarete Schneider aus Essen-Karnap, Hasebrinkstraße 5, die in der Paketannahme des Postamtes in Karnap als Hilfsangestellte beschäftigt war und in dieser Stellung von April 1943 bis Mai 1944 nach eigenem Eingeständnis 60 bis 70 Feldpostpakete und Feldpostpäckchen gestohlen und deren Inhalt für sich verbraucht hatte. Im vorigen Jahre waren unter diesen Feldpostsendungen, die sämtlich von der Heimat an die Front gehen sollten, noch zahlreiche Pakete im Gewicht von einem Kilogramm gewesen, von denen die Diebin ebenfalls zahlreiche gestohlen hatte; sie litt keine Not und lebte in auskömmlichen Verhältnissen. Die Angeklagte hat die den gestohlenen Feldpostsendungen entnommenen Tabakwaren, auf die mancher Soldat an der Front wartete, in ihrem Freundeskreise verschenkt. Ein Zeichen dafür, daß die Angeklagte für Rauchwaren nicht einmal Verwendung hatte, war auch die vor Gericht festgestellte Tatsache, daß sie ihre eigenen Raucherkarten ebenfalls verschenkte. Die Diebin wird manches an lieben Heimatgaben, die für einem Soldaten an der Front bestimmt waren, nicht haben gebrauchen können, aber sie hat, und wahrscheinlich gerade deshalb, ihre gemeinen Diebstähle fortgesetzt. Wenn eine solche Diebin schon selbst 60 bis 70 Fälle zugibt, dann weiß jeder in kriminellen Dingen Erfahrene, daß es in Wirklichkeit ein Mehrfaches dieser Zahl ist. Das Gericht war nicht imstande, der Angeklagten irgendwelche Milderungsgründe zuzubilligen. Der Umstand, daß sie noch nicht vorbestraft war, konnte angesichts ihrer schweren Verbrechen nicht in die Waagschale fallen. Weil Verbrecher dieser Art eine große Gefahr für die kriegswichtige Verbindung zwischen Front und Heimat darstellen, mußte hier auf die schwerste Strafe erkannt werden. Die Angeklagte wurde zum Tode verurteilt.

Wie Tante Linas Rammler in den Kaninchenhimmel transportiert wurde

Irgendwann zu Anfang habe ich geschrieben, daß Tante Lina während ihres langen Lebens unverheiratet blieb. Das stimmt auch. Im Prinzip. Es gab allerdings eine Zeit, in der sich Tante Lina doch im sogenannten »heiligen Stand der Ehe« befand, wenn auch nur auf Grund der Verhältnisse in diesem Jahr 1944.

Begonnen hatte alles mit dem Gerücht über eine »Kaninchenverordnung«, ein »on-dit«, das über dunkle Kanäle, sprich Bruder Bruno, an Tante Linas Ohren gelangt war.

Wer Kaninchen zur Zucht und zum Schlachten groß zog, sollte für jede Person, die »zum Haushalt gehörte, nur jeweils ein Tier halten und verwenden dürfen«. Der Rest sollte abgegeben werden. Die Zahl der »Balkonschweine« hatte sich seit Kriegsbeginn von acht Millionen auf 34 Millionen Stück erhöht. Die Kaninchen, so hieß es, würden sich nicht nur mit Kartoffelschalen und Speiseresten zufrieden geben, sie hätten Nahrungsmittel erhalten, die der menschlichen Ernährung zugute kommen müßten. Und »es geht nicht an, daß der Einzelne der Ernährungswirtschaft des gesamten Volkes ein Schnippchen schlägt«.

Was immer das heißen sollte, die Bedeutung dieser Worte war für Tante Lina sofort klar: Mit den abzugebenden Kaninchen sollte die katastrophale Ernährungslage verbessert werden.

Tante Lina betrachtete ihren Rammler Hannibal und traf die Entscheidung, selbige zu erwartende Verordnung für sich erst gar nicht in Kraft treten zu lassen. Hannibal und einige seiner Nachkommen sollten ihr Leben nutzbringend beenden und gebraten in den Mägen der Bewohner von Tante Linas Haus landen. Die Gute tröstete sich mit dem Gedanken, daß den Tieren auf diese Weise ein Weiterleben ermöglicht würde, auch nach ihrem Tode – aber ich will diese Gedanken nicht weiterspinnen, denn sie legen den Verdacht nahe, Tante Lina sei einer Art Kannibalismus verfallen, und davon war sie sicher weit entfernt.

Die Kaninchen waren in den Kriegsjahren zu einem bedeutenden Wirtschaftsfaktor geworden. Sie dienten nicht nur der Fleischerzeugung, auch die Felle hatten ihre Bedeutung und mußten an extra eingerichteten Kriegsfellsammelstellen abgegeben werden. Wolle wurde daraus gewonnen. Die Felle wurden gegerbt und als Leder weiterverarbeitet. Doch zurück zu Tante Lina.

Ein Anlaß mußte gefunden werden, anläßlich dessen die Kaninchen würdig in eine andere Daseinsform überführt werden konnten, ein feierlicher Anlaß selbstverständlich: Kuszmierz' 50. Geburtstag, den es im Januar zu feiern galt. Einige Kaninchen freilich – das war noch kein Geburtstagsmenü. Und ein solches plante Tante Lina – mit mehreren Gängen, eines 50. Geburtstages würdig. Was fehlte, waren die weiteren Zutaten.

Der Reichsernährungsminister sollte Tante Lina aus ihren Schwierigkeiten helfen. Er hatte nämlich für Familienfeiern eine Sonderzuteilung von Lebensmitteln verfügt. Zwölf Personen durfte die Festgesellschaft umfassen, pro Person gab es 150 g Fleisch, 50 g Butter, 200 g Brot oder Mehl, 100 g Zucker extra und noch viele andere schöne Sachen, die im allgemeinen schwer zu erhalten waren. Gewährt wurden diese Sonderrationen für Familienfeiern nur aus Anlaß von Hochzeiten: Trauungen, Silbernen, Goldenen, Diamantenen und Eisernen Hochzeiten.

Ich frage Sie, was blieb Tante Lina übrig? Sie bestellte das Aufgebot! Und auch Martha Varenholt wurde überredet zu heiraten, einen gewissen Kabitz, den sie nie vorher gesehen hatte, einen von Kuszmierz' Kollegen. Aber Gefühle durften jetzt keine Rolle spielen, jetzt ging es darum, zu leben und zu überleben.

So wurde Kuszmierz an seinem 50. Geburtstag eine wirkliche Überraschung bereitet. Denn er war von Tante Lina wohlweislich nicht vorher informiert worden. Sein Gesicht hätten Sie sehen sollen! Aber er wäre nicht Kuszmierz gewesen, wenn er die Notwendigkeit des »Ja-Sagens« hier nicht eingesehen hätte. Und das anschließende Festmahl, dessen Zusammensetzung nun folgt, entschädigte für vieles. Tante Linas Gäste (zu denen niemand aus ihrer eigenen Verwandtschaft gehörte – es waren nur Freunde eingeladen) konnten zwischen zwei Vorspeisen wählen. Die folgenden Rezepte sind für zehn bis zwölf Personen ausgelegt.

Husarensalat

Zutaten: ein kg Pellkartoffeln, 500 g gekochte rote Rüben, zwei Sellerieknollen, drei Eßlöffel Öl, zwei Zwiebeln, eine Stange Lauch, 80 g Mehl, ¼ l Gemüsebrühe, Essig, Salz, Pfeffer.

In einer Pfanne das Mehl anrösten. In eine Schüssel geben. Aus Essig, Öl, Salz, Pfeffer und etwas Brühe eine Tunke bereiten. Das Mehl unterrühren. Pellkartoffeln, rote Rüben und Zwiebeln sehr fein würfeln, Lauch in dünne Ringe schneiden, die rohen Sellerieknollen raspeln. Alles auf die Tunke geben und vorsichtig unterheben. Über Nacht stehen lassen.

Falscher Eiersalat

Zutaten: 500 g Bandnudeln, zwei Essiggurken, zwei Zwiebeln, zwei Tomaten, Essig, Öl, Salz, Pfeffer, zwei hart gekochte Eier.

Die gekochten Nudeln kalt abspülen. Mit einem Messer dann Nudeln, Gurken, Zwiebeln und Tomaten klein hacken. Die hartgekochten Eier in feine Streifen schneiden und untermischen. In einer Tunke aus Essig, Öl, Salz und Pfeffer anrichten.

Tante Linas (falsche) Forellensuppe

Zutaten: zwei Bücklinge, eine Knoblauchzehe, ½ Teelöffel Dill, ein Eßlöffel gehackte Petersilie, 50 g Margarine, ein Eßlöffel Tomatenmark, 1½ l Gemüsebrüh, eine fein gehackte Zwiebel, Salz, Pfeffer, ein Glas Weißwein, etwas Sahne oder Molke.

Von den Bücklingen die Filets auslösen und zerpflücken. Die Margarine in einen Topf geben, die zerdrückte Knoblauchzehe und die Zwiebel darin anrösten. Den Fisch dazugeben, mit der Brühe auffüllen. Mit Gewürzen, Kräutern und Tomatenmark abschmecken. Etwa 10 Minuten köcheln lassen. Mit Wein und Sahne abrunden.

In den Kriegsjahren war es im allgemeinen schwer, an Fisch heranzukommen. Die Fanggründe waren durch Kriegsschiffe der Alliierten verschlossen, die Fischdampfer als Vorpostenboote einberufen. Wenn es aber Fisch gab, dann in Gelsenkirchen – die Stadt war so etwas wie eine Fischzentrale im Ruhrgebiet. Meist gab es nur Heringe. Tante Lina konnte daraus die herrlichsten Speisen zubereiten.

Aber zunächst ein Zwischengang.

Lauchpastete

Zutaten: zwei kg gekochte Kartoffeln, ein kg Lauch, 50 g Margarine, 100 g Speck, drei Eßlöffel Mehl, ein l Gemüsebrühe, Salz, ein Teelöffel Majoran.

Die gewaschenen Lauchstangen werden in ein bis zwei Zentimeter dicke Ringe, die Kartoffeln in Scheiben geschnitten. Das Lauch kurz andünsten. In eine gefettete Auflaufform die Hälfte der Kartoffelscheiben schichten. Die Lauchringe darauf. Speck in sehr dünne Scheiben schneiden und in einer Pfanne anrösten. Auf die Lauchringe legen. Darauf die andere Hälfte der Kartoffeln geben. Majoran in der Speckpfanne mit Mehl anrösten, mit der Brühe ablöschen. Würzen. Einmal aufkochen lassen. Über die Pastete gießen.

Die Pastete wird bei 250 Grad etwa eine Stunde im Ofen überbacken.

Grüne Kräuter-Heringe

Zutaten: zwölf Heringe, zwei Tassen kleingehackte frische Kräuter (Petersilie, Dill, Schnittlauch, wenig Rosmarin), Salz, drei Eßlöffel Mehl, etwas Fett, Öl zum Backen.

Heringe säubern und so entgräten, daß der Rücken zusammenbleibt. Salzen. Die Kräuter in Fett andämpfen. Die Heringe damit füllen. Mit einer Rouladen-Nadel zustecken. In Mehl wenden. In heißem Öl backen.

Damit wären wir beim Hauptgericht. Beim Kaninchen. Und auch hier handelt es sich nicht um ein einfaches schlichtes Allerwelts-Kaninchen, zur Feier des Tages gibt es Tokayer-Kaninchen (ohne Tokayer) und dazu Zwiebelknödel mit Sauerkraut. Zu letzterem kann ich mir das Rezept ersparen; es steht in vielen Kochbüchern.

Tokayer-Kaninchen

Zutaten: zwei Kaninchen, ½ l Rotwein, ½ Tasse Essig, vier Lorbeerblätter, 16 Wacholderbeeren, fünf Gewürznelken, zehn Pfefferkörner, ein Teelöffel Rosmarin, zwei große Zwiebeln, zwei Knoblauchzehen, ein Eßlöffel Paprika, drei Eßlöffel Tomatenmark, Salz, etwas sauere Sahne, ½ l Brühe, 100 g Speck.

Kaninchen vorbereiten, waschen und in Stücke zerlegen. Brühe mit Essig, Lorbeerblättern, Wacholderbeeren, Nelken, Pfefferkörnern und Rosmarin einmal aufkochen lassen. Wein dazugießen. Salzen. Abkühlen lassen. Die Marinade über die Kaninchenteile geben und das Fleisch 24 Stunden darin stehenlassen. Die Flüssigkeit muß das Fleisch bedecken.

Am nächsten Tag Speck würfeln und in einer Pfanne auslassen. Das gut abgetropfte Fleisch darin anbraten, die gehackten Zwiebeln und die Knoblauchzehen dazugeben. Mit anschmoren lassen. Würzen. Mit Marinade ablöschen. Auf kleinem Feuer gar schmoren, dabei mit der Marinade nach und nach auffüllen.

Die Kaninchenteile herausnehmen. Die Soße durch ein Sieb gießen. Mit Tomatenmark, Salz und Paprika abschmecken.

Zwiebelknödel

Zutaten: 1½ kg Zwiebeln, 500 g altbackenes Brot, ¼ l Milch, eine Tasse Semmelbrösel, zwei Eßlöffel gehackte Petersilie, Salz, eine Prise Muskat, drei Eier, zwei Eßlöffel Mehl, ein Eßlöffel Kartoffelmehl, etwas Fett.

Das Brot wird in Milch eingeweicht und ausgedrückt. Die Zwiebeln schneidet man in Scheiben und röstet sie mit Bröseln und der Petersilie im Fett hellgelb.

Die Zwiebelmasse mit dem Brot durch den Fleischwolf drehen. Wer es etwas herzhafter mag, dreht nur das Brot durch. Brot und Zwiebeln mit Eiern, Mehl und Gewürzen verkneten.

In heißes Salzwasser einen Probekloß geben und bei kleiner Flamme etwa 30 Minuten gar ziehen lassen. Ist er zu weich, Mehl zufügen und die übrigen Klöße kochen lassen.

Schon satt? Tante Linas Gäste wußten, daß nach dem Nachtisch das Beste noch bevorstand: Tante Linas Kürbistorte aus eingemachten Kürbisstücken. Hier das Dessert:

Weinauflauf

Zutaten: drei Eier, ¼ l Wein, ½ l Obstsaft, ein Päckchen Vanillezucker, 100 g Zucker, zwei Eßlöffel Marmelade, 300 g Weißbrot oder Graubrot.

Die Eier mit Vanillezucker und Zucker verquirlen. Wein und Obstsaft dazugießen. Weißbrot in feine Scheiben schneiden und in der Hälfte der Marinade das Brot einweichen. Die Hälfte des Brotes legt man in eine gut gefettete Auflaufform und bestreicht sie mit Marmelade. Diese mit dem Rest des Brotes bedecken. Die übriggebliebene Marinade darübergießen. Man backt den Auflauf eine halbe Stunde bei guter Mittelhitze.

Tante Linas Torte

Zutaten: drei Tassen Mehl, eine Tasse Zucker, 100 g Butter oder Margarine, drei Eier, 100 g Zucker, 750 g Kürbis in Würfeln, eine Prise Salz, Nelkenpulver, Muskat, etwas Ingwer, ein Teelöffel Zimt, ein Gläschen Rum, zwei Teelöffel Kartoffelmehl, zwei Eßlöffel gehackte Nüsse, ⅛ l Schlagsahne, etwas Fett.

Fett und Zucker schaumig rühren. Mehl darangeben und einen Streuselteig machen. Eine gefettete Springform damit auslegen, dabei einen Rand bis zur halben Höhe der Form machen.

Kürbis in Wasser gar kochen, abgießen, erkalten lassen und pürieren. Eigelb, Zucker und Gewürze untermischen, zuletzt die Nüsse und das Kartoffelmehl. Eiweiß sehr steif schlagen und vorsichtig unterziehen. Kürbismasse auf den Streuselteig füllen und glattstreichen. Wenn man will, mit Walnußhälften belegen. Im vorgeheizten Backofen bei 220 Grad 45 Minuten backen. Erkalten lassen. Mit geschlagener Sahne garnieren.

Übrigens – bevor ich's vergesse. Tante Lina ließ sich natürlich wieder scheiden. Gleich nach Kriegsende. Das hatte nichts mit Kuszmierz zu tun. Die mochten sich weiterhin. Es war mehr eine prinzipielle Sache. Martha Varenholts Ehe dagegen sollte viele Jahre lang halten und soll sehr glücklich gewesen sein. Tja, wenn Tante Lina Schicksal spielt...

Um Ihnen nicht vorzuenthalten, was Bruder Bruno an diesem feierlichen Tag zu sich genommen haben mochte – er war ja nicht eingeladen und vollkommen unwissend, daß seine Schwester einem Mann ihr Ja-Wort gegeben hatte – und um Sie wieder in das Jahr 1944 zurückzuholen, hier die Speisekarte einer Gelsenkirchener Gaststätte vom 12. Januar 1944:

Bahnhofshotelbetriebe

INHABER: B. MEISTERFELD

Fernsprecher: Büro 23838 / Restaurant Oefftl. F. 25734

HOTEL-RESTAURANT

BUNTE BÜHNE

TROCADERO-PILSSTUBE

Küche und Keller

Hotel-Restaurant

GELSENKIRCHEN, DEN Mittwoch, den 12. 1. 44

Tag m/Fleischgerichten :

Stammgericht Rm o,65 : – markenfrei –
Steckrüben bürgerlich

Gedeck Rm 1,1o : – 5o g Fl.,1o g F.–
Legierte Suppe
Mettwurst m/Wirsing bürgerlich

Gedeck Rm 1,6o : – 1oo g Fl.,1o g F.–
Legierte Suppe
Schweinebratem m/Kohlrabi u. Salzkartoffeln

Gedeck Rm 2,– : – 1o g Fett –
Legierte Suppe
Hühnerfrikasse m/Salzkartoffeln

Gedeck Rm 2,– : – 1oo g Fl., 15 g F.–
Legierte Suppe
Zunge in Aspic m/Bratkartoffeln

....

ab 16 1/2 Uhr

Tasse Tagessuppe o,3o
Tasse O.Schwanzsuppe o,4o
Appetithappen o,2o
5o g Brot
Schn.-Lachspaste o,5o
5o g Brot
Schwedenhappen 1,oo
1oo g Brot
Muscheln in Aspic m/Kart.Salat.o,8o
Muscheln marin. m/Salzkart.....o,9o

Portion Heringssalat o,5o
Wurstschnittchen o,6o
5o g Fl., 5o g Brot
Restaurationsschnittchen 1,oo
5o g Fl., 5o g Brot

Ersatzgerichte :

Ende 1944 waren auch die »Gaststätten im Kriegseinsatz«. Personal, soweit entbehrlich, wurde zu Wehrmacht, Volkssturm oder in Rüstungsbetriebe kommandiert. Die Gäste sollten sich selbst bedienen. Ausländischen Zwangsarbeitern, die sich in manchen Gaststätten das Stammgericht als markenfreie Zusatzverpflegung holten, wurde das Betreten »deutscher Gaststuben« verboten. Eine »Nationalisierungsmaßnahme«. Musik, »soweit sie nicht aus dem Rundfunk stammt«, war auch verboten. Ausdrücklich auf Erlaß des Reichspropagandaministeriums.

Wie Tante Lina den Ersten Mai feierte

Den 1. Mai 1944 feierte Tante Lina in Holland, in Amsterdam. Dort war sie hingefahren, wohl um für Kuszmierz und seine Leute wieder einmal einen Botendienst zu machen. Genaueres darüber weiß ich nicht. Wie sie diesen Tag verbrachte, hat Tante Lina in Tagebuchform in ihrem Kochbuch niedergeschrieben, einfach so, ohne Erklärungen, unter der Überschrift »1. Mai 1944 in Holland«. Die Tante-Lina-Geschichten in diesem Buch sind alle nacherzählt, diese hier hat Tante Lina selbst niedergeschrieben, und so will ich sie auch wiedergeben:

»Amsterdam. Uralte Linden spiegeln sich hier im Wasser der Kanäle, die wunderschönen alten Giebel der Patrizier- und Handelshäuser leuchten in der Abendsonne. Ganz westlich, an der Peripherie der Stadt, liegt die Orteliusstraat, wo ich untergekommen war.

Wir waren sechs Frauen und zwei Männer. Von vier Frauen waren die Männer nach Deutschland teils zwangsverschleppt oder wurden dort in Konzentrationslagern festgehalten. Die anwesenden beiden Holländer lebten »illegal«, ohne Papiere. Sie wollten nicht in Deutschland arbeiten und helfen, den Krieg zu verlängern. Trotz aller Bangnis vor der Grünen Polizei feierten wir den 1. Mai. Die Frauen hatten von den Lebensmittelrationen etwas Brot, Mehl und Fleisch gespart, um den Tag festlich begehen zu können. Seyß-Inquart, der Kriegsverbrecher, hatte befohlen, daß kein Amsterdamer nach 20 Uhr mehr auf der Straße sein darf. Wir trafen uns daher mit Kindern, Bettzeug und Musikinstrumenten in einer Wohnung. Die Kinder hatten wir frühzeitig zu Bett gebracht. Über dem Raum lag eine feierliche Stimmung. Wir Frauen hatten uns ›sonntäglich‹ angezogen. Auf dem Tisch lag ein frisches Tischtuch, in der Mitte stand eine Vase mit langen, roten Tulpen.

In der Küche bereitete die Hausfrau etwas Leckeres. Die neuesten illegalen Berichte wurden leise vorgelesen; wir waren ganz nahe zusammengerückt. Jeder kleine Vormarsch der Alliierten und jeder Erfolg der Widerstandsbewegung erfreute uns. Meine Freunde dachten an das baldige Ende ihrer Leiden, und ich sah Deutschland schon befreit von den Hitlerbanden.

Nach dem Essen wurde gespielt, gesungen, erzählt. Einer der Männer trug eine fröhliche, unvergessliche Melodie vor, die wir alle mitsummten. Nico, der in Spanien gekämpft hatte, erzählte uns vom 1. Mai in Spanien. Ich erzählte natürlich von Deutschland.

Wir sangen und lachten, nicht zuletzt angeregt durch Gre's Zaubereien in der Kochkunst. So saßen wir bis kurz nach Mitternacht zusammen. Dann suchten wir unser Nachtlager auf. Die beiden Holländer wurden versteckt für den Fall, daß lästiger Besuch kommt. Es war ein schöner 1. Mai!

Um drei Uhr früh jagten uns Scheinwerfer und Gebrüll in deutscher Sprache von der Straße her aus dem Schlaf. Die Kinder fingen an zu weinen. Razzia! Menschenjagd in der Orteliusstraat! Wir hörten das Stapfen von eisenbeschlagenen Stiefeln holländischer SS-Männer und Grüner Polizei durch die Straßen hallen.

Vorsichtig spähten wir am Fenster. An die Türen wurde gehämmert und das wohlbekannte ›Aufmachen‹ geschrien. Junge Männer wurden aus den Wohnungen geholt.

An unserer Tür gingen Polizei und SS wie durch ein Wunder zweimal vorbei. Eine Stunde dauerte die Razzia.

Wann wird es sein, daß ich den 1. Mai in einem befreiten Deutschland feiern kann? Bald wohl!

Und dann werde ich mich der fröhlichen holländischen Melodie erinnern, die wir am 1. Mai 1944 gesungen haben.«

KÜRBISREZEPTE

Von Tante Linas Kürbiskuchen ist berichtet worden. Die Kürbiszucht war überhaupt eine von ihren Spezialitäten. Sie wußte, daß Kürbisse nicht nur durch ihre imponierende Größe beeindrucken konnten, sie schmeckten auch.

1944 erfuhr ihre Kürbiszucht dann auch eine gewisse regionale Anerkennung. Die Kreisbauernschaft des Kreises Emscher-Lippe, der auch die Gelsenkirchener Gärtner angehörten, verlieh ihr eine Ehrenurkunde »wegen ihrer Verdienste um den deutschen Gemüseanbau«. Kreisfachwart Fatzkemper selbst tauchte mit einem Schriftführer zwischen zwei Bombenalarmen bei ihr auf und überreichte die Auszeichnung einer erstaunten Tante Lina, die nicht einmal wußte, wer sie vorgeschlagen hatte. Nur als Kuszmierz, der »ganz zufällig« auch gerade Freischicht hatte, sein Lachen ob der pathetischen Worte des Kreisfachwartes nicht mehr verbergen konnte, war klar, wer da seine Hände im Spiel haben mußte.

Heute wissen nur noch die Älteren, was man mit Kürbissen alles anfangen kann. Für uns Grund genug, ein paar von Tante Linas Rezepten wiederzugeben.

Kürbissuppe

Zutaten: 500 g Kürbisfleisch, 20 g Fett, eine gehackte Zwiebel, eine Tasse roh geraspelter Sellerie, ¾ l Brühe, zwei Tassen Milch, eine Gewürznelke, ein Lorbeerblatt, Salz, Zitronensaft.

Kürbis zu Würfeln schneiden. Mit Nelke und Lorbeerblatt weich kochen. Gewürze entfernen. Kürbis durch ein Sieb streichen und mit Gemüsebrühe auffüllen. Zwiebel und Sellerie in Fett andünsten. Dazu geben. 15 Minuten köcheln lassen. Mit Milch, Salz und etwas Zitronensaft abschmecken, mit gerösteten Brotwürfelchen auftragen.

Kürbisauflauf

Zutaten: ein kleiner Kürbis, eine Zwiebel, zwei Tomaten, ein Teelöffel Kartoffelmehl, Salz, ein Teelöffel Kümmel, ein Teelöffel Paprika, ein Ei, fünf bis sechs geriebene Kartofeln, zwei Eßlöffel Haferflocken, 50 g Fett, ein Eßlöffel geriebener Käse.

Kürbis schälen, entkernen und in kleine Stücke schneiden. Tomaten und Zwiebel fein hacken. Kürbis, Tomaten und Zwiebel in einer Pfanne mit Fett andünsten, so daß ein Brei entsteht.

Aus gekochten, geriebenen Kartoffeln, Haferflocken und dem Ei einen Teig kneten.

Eine gefettete Auflaufform mit der Hälfte der Kartoffelmasse auslegen. Die gar gedünstete Kürbis-Zwiebel-Tomaten-Mischung mit den Gewürzen abschmecken, auf die Kartoffeln schichten. Mit dem Rest des Kartoffelteigs überdecken. Mit Käse bestreuen. 40 Minuten bei 200 Grad im Backofen überbacken.

Gefüllter Kürbis

Zutaten: ein länglicher Kürbis, Salz, Pfeffer, 250 g Hackfleisch, eine Zwiebel, zwei Brötchen (oder Brot), etwas Zitronensaft, ein Teelöffel Majoran, ein Eßlöffel Tomatenmark, ein Eßlöffel Essig, Knoblauch, Dill, Basilikum, Thymian, Fett zum Braten.

Der Kürbis wird geschält und in der Mitte auseinandergeschnitten. Alle weichen Teile und Kerne entfernen. Den Kürbis reibt man nun gut mit Salz ein, beträufelt ihn mit Zitronensaft, gießt etwas heißen Essig darüber und läßt ihn einige Zeit stehen.

Inzwischen bereitet man eine Fülle aus dem Hackfleisch, das man mit eingeweichten Brötchen, gehackter Zwiebel, zerdrücktem Knoblauch und den feingewiegten Kräutern vermischt.

Man füllt sie in die marinierten Kürbishälften, fügt diese wieder zusammen und umbindet mit einem Faden. In Fett auf allen Seiten anbraten. Unter Zugabe von etwas Wasser, in das Majoran und Tomatenmark eingerührt ist, garschmoren. Man muß den Kürbis während des Schmorens häufig mit dieser Tunke übergießen.

Kürbisbrot

Zutaten: 650 g Mehl, 15 g Hefe, 375 g Kürbis, 40 g Fett, drei Eßlöffel Zucker, die abgeriebene Schale und den Saft einer Zitrone.

Das Mehl sieben, die Hefe fein zerkrümeln, den Kürbis reiben. Fett oder Margarine zerlassen und mit den übrigen Zutaten zu einem Teig verarbeiten. In eine Kastenform geben. Gehen lassen. 50 bis 60 Minuten bei mittlerer Hitze backen.

Das Kürbisbrot kann man gut zum Frühstück essen.

Warme Kürbisspeise

Zutaten: ein kleiner Kürbis, ein Eßlöffel Zitronensaft, zwei Eßlöffel Zucker, ein Teelöffel Zimt, drei Eßlöffel Zwiebackbrösel, ein Päckchen Vanillezucker, zwei Eiweiß.

Den Kürbis schälen, entkernen und würfeln. Den Zitronensaft darübergießen, mit Zucker und Zimt bestreuen. Ziehen lassen.

Durch ein Sieb passieren. Zwiebackbrösel untermischen. In eine gefettete Auflaufform füllen. Eiweiß mit dem Vanillezucker steif schlagen. Darüber geben.

Bei 200 Grad 15 bis 20 Minuten im Ofen überbacken lassen.

Marmelade aus Kürbis und gelben Rüben

Zutaten: ein kg geschälter und entkernter Kürbis, 750 g geschälte gelbe Rüben, eine Tasse Wasser, 650 g Zucker.

Kürbis- und Rübenstücke durch einen Fleischwolf drehen. Mit Zucker und Wasser weich und steif kochen. Marmeladenprobe machen, wie auf Seite 98 beschrieben.

Noch heiß in Gläser füllen und verschließen.

Daß Kürbiskerne ein von Vögeln geschätztes Winterfutter sind, das weiß man heute gerade noch. Aber getrocknet hat Tante Lina die Kerne auch zum Backen verwendet als Ersatz für Nüsse.

Überhaupt – Kürbisse sind ein guter Ersatz für alles mögliche. In den Kriegsjahren gab es beispielswise kaum Zitronat zum Backen zu kaufen. Tante Lina hat Zitronat damals aus Kürbissen gemacht.

Die Herstellung ist einfach. Ein Kilogramm Kürbis – am besten eignen sich hierzu grüne Sorten – wird geschält. Das weiche innere Mark wird mit einem Löffel herausgeschabt.

Das feste Kürbisfleisch wird dann in längliche Stücke geschnitten und mit einem halben Liter Weinessig und einem halben Kilo Zucker sechs bis acht Minuten gekocht.

Nach dieser Zeit werden die Kürbisstücke aus der süßen Flüssigkeit herausgenommen und in ein Glas gelegt. Der zurückbleibende Saft wird bis zur Sirupdicke gekocht und über die Kürbisstücke gegossen, sobald er abgekühlt ist.

Der auf diese Weise eingekochte Kürbis hält sich ohne weiteres längere Zeit. Nach einer Weile trocknet der süße Saft immer mehr ein: Die Kürbisstücke liegen bald ganz ohne Flüssigkeit im Glase. Dieses falsche Zitronat ist grün glasig und kompakt, vorausgesetzt, daß es nicht zu weich gekocht wurde.

Es läßt sich wie das echte Zitronat in Scheiben schneiden oder wiegen und Süßspeisen zufügen.

Seit Mitte 1944 beherrschten alliierte Flugzeuge den Luftraum über Deutschland. Beinahe jeden Tag und jede Nacht wurden Bombenangriffe geflogen. Von einer Luftabwehr durch Jagdflugzeuge und Flakgeschütze war immer weniger zu spüren, bis die Abwehr im Januar 1945 ganz daniederlag: Von 7.815 eingesetzten Flugzeugen verloren die Alliierten in diesem Monat nur 106.

Es gab kaum eine Stadt in Deutschland, die nicht Ziel von Luftangriffen geworden wäre. Und diese Luftangriffe bei Tag und bei Nacht hatten das Leben in Deutschland entscheidend verändert.

Schon zu Beginn der immer massiver werdenden Bomberflüge 1942 war begonnen worden, die Kinder aus den bombengefährdeten Städten zu evakuieren, ins »Protektorat«, in die Berge der »Ostmark«.

Kinder-Land-Verschickung hieß die Aktion. Kinder wurden in Lagern zusammengefaßt, gingen dort zur Schule, wurden »nationalsozialistischer Erziehung« teilhaftig.

Brief einer Mutter an ihr Kind in einem KLV-Lager, abgedruckt in der »NS Frauen-Warte«: »... Du mußt leben, denn dafür hat Dein Vater als Soldat sein Leben geopfert... Je mehr Du darüber nachdenkst, wirst Du Eure Unterbringung in einem KLV-Lager, Eure Sicherung vor feindlichen Terrorangriffen als eine heilige Pflicht ge-

LEICHTE BOMBENSCHÄDEN BESEITIGEN WIR SELBST

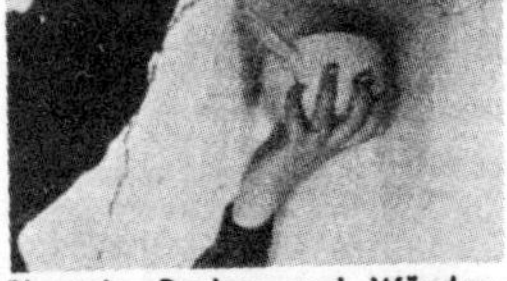

Risse in Decken und Wänden werden zuerst mit einem Spachtel oder einem scharfen, spitzen Gegenstand ausgekratzt, damit der Riß breit genug ist, um den Gipsbrei aufzunehmen. Dann werden die Rißstellen gründlich mit einem Pinsel oder Schwamm befeuchtet. Man kann gut einen alten Rasierpinsel dazu benutzen.

Der Gips wird in einer Konservenbüchse eingesumpft; dabei soll nicht Wasser in Gips geschüttet werden, sondern man ertränkt den Gips in Wasser und darf nicht lange rühren. Der Brei wird mit Spachtel oder breitem Messer in die feuchten Risse gestrichen. Hinterher noch mit nassem Pinsel gut glätten.

Abgespaltene Holzflächen an Türrahmen werden dünn mit Tischlerleim bestrichen, ehe sie wieder zusammengesetzt werden. Lassen sie sich mit den Händen nicht zusammenpressen, nimmt man einen schweren Hammer, schützt aber die Schlagfläche durch ein mehrfach zusammengefaltetes Tuch vor Schlagschäden.

genüber jedem Soldaten erkennen. An ihrem Einsatz und an ihrem Opfer gemessen... werden Eure Sorgen... und unerfüllbaren Wünsche belanglos sein.«

In den kurzen Zeiten zwischen den Luftalarmmeldungen, dem Aufheulen der Sirenen, sollte in den Städten das alltägliche Leben weitergehen. Zunächst mal hieß das allerdings, die Bombenschäden zu beseitigen, Brände zu löschen, Trümmer wegzuräumen und Vorsorge zu treffen für den nächsten Angriff. »Schützt eure Fenster«, hieß es. »Zwar ist der Einsatz des Glaserhandwerks gut organisiert, aber eine gewisse Wartezeit verstreicht doch, bis der Schaden behoben werden kann...«

Die Wahrheit ist, es gab keine Glaser, es gab nicht einmal genügend Luftschutzhelfer und Feuerwehrmänner, um Brände zu löschen und Verschüttete zu bergen.

Schützt eure Fenster! / Auch Glasschäden können wesentlich eingeschränkt werden

In den von britischen Terrorangriffen heimgesuchten Städten zeugen heute vielfach provisorisch vernagelte Fenster von Glasschäden, die sich vielleicht hätten vermeiden lassen. Zwar ist der Einsatz des Glaserhandwerks gut organisiert, aber eine gewisse Wartezeit verstreicht doch, bis der Schaden behoben werden kann, und es ist gewiß kein Vergnügen, tagelang in einer so vernagelten Wohnung zuzubringen.

Es liegt deshalb im Interesse jedes Volksgenossen, wenn er alles tut, um Glasschäden zu vermeiden, ganz abgesehen von dem Material- und Arbeitsaufwand, der dadurch gespart werden kann. Von den zuständigen Stellen sind auf Grund der Erfahrungen der letzten Wochen einige

Ratschläge für vorbeugende Maßnahmen

zusammengestellt worden, die in allen Wohnungen, in Betrieben und Behörden zur Beachtung empfohlen werden, um den Umfang der Glasschäden einzuschränken.

Bei Doppelfenstern läßt sich ein vorbeugender Schutz besonders in der warmen Jahreszeit in einfachster Weise dadurch herbeiführen, daß die inneren Fensterflügel herausgenommen und an geeigneter Stelle gelagert werden. Bei etwaigen Zerstörungen der äußeren Fenster können dann die Räume durch Einhängen der inneren Fensterflügel sogleich wieder benutzbar gemacht werden. Auf entrümpelten Dachböden dürfen die Fensterflügel selbstverständlich nicht gelagert werden. Ebenso sind für die Lagerung alle feuchten Räume ungeeignet, da das Holz dann quillt und die Fenster nicht mehr eingesetzt werden können.

Jeden Abend oder wenigstens bei Fliegeralarm sollten die Verschlüsse, die Riegel der Fenster, geöffnet werden, ohne jedoch die Fensterflügel zu öffnen oder festzustellen.

Ueberall dort, wo Fenster- und Balkontüren einen zusätzlichen äußeren Schutz erhalten können, sollte dies durch Herablassen von Jalousien und Rolläden oder durch Schließung von Klappläden erfolgen.

Vorhänge und Gardinen werden zweckmäßig zurückgezogen, damit sie weniger der Gefahr ausgesetzt sind, von Glassplittern zerschnitten zu werden.

Vielfach wird noch angenommen, daß Fensterscheiben durch Bekleben mit Papierstreifen geschützt werden können. Das stimmt nicht und verursacht nur unnötigen Arbeits- und Materialaufwand.

Selbstverständlich ist, daß die Verdunkelung durch Maßnahmen zum Schutze der Fensterscheiben nicht etwa behindert oder aufgehoben werden darf.

Wenn alle Volksgenossen, alle Betriebe und Behörden diese Ratschläge beachten, dann kann der Umfang der Glasschäden bei Luftangriffen wesentlich verringert werden. Jeder sollte sie sich deshalb zu eigen machen!

Für die Leute, die aus dem Luftschutzkeller kamen und statt ihres Hauses oder ihrer Wohnung nur noch rauchende Trümmer vorfanden, wurde ein neuer Begriff geprägt.

Es waren »Ausgebombte«. Um ihnen ein »Dach über dem Kopf« zu geben, wurden Notunterkünfte gebaut. Aber das waren seltene Einzelfälle. In der Regel wurden sie bei Leuten einquartiert, deren Wohnung noch intakt war.

Hertha von Gebhardt fordert in der »Berliner Hausfrau« 1944: »Nehmen sie diese Leute nicht als ›Gäste‹ auf, geben Sie ihnen nicht nur ein ›Quartier‹! Ich weiß, schon das ist viel. Sie selber sind nun auf lange Sicht in Ihrer Wohnung nicht mehr allein, Sie müssen zusammenrücken, Sie müssen mancherlei Rücksichten nehmen. Aber denken Sie daran, was diese Menschen verloren haben – geben Sie ihnen ein Zuhause!«

22 Quadratmeter Notbehelf

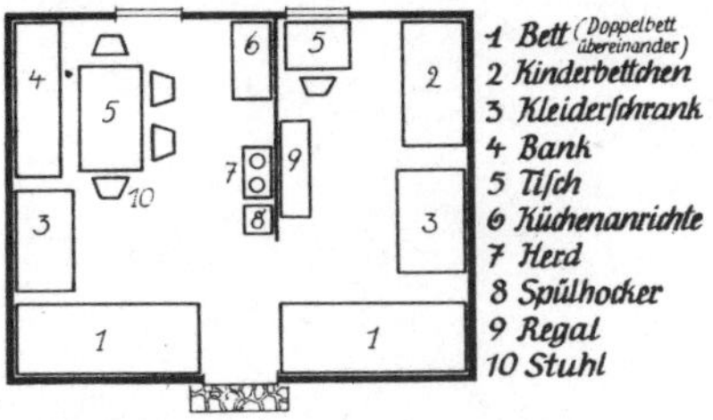

Oben: Grundriß vom Reichstyp des Behelfsheims mit Vorschlag für richtige Ausnutzung der Räume durch praktisches Aufstellen der notwendigen Möbel.

Links oberes Foto: Behelfsheim mit Satteldach und an das Haus angebautem Abstellschuppen.

Links unteres Foto: Wohnecke mit Eckbank, Tisch und Hockern. Diese Möbel sind vom Wohnungsinhaber, der über handwerkliche Kenntnisse verfügte, nach eigenen Entwürfen gearbeitet worden.

Fahrbare Volksküche für 24000 Mann

Gesicherte Verpflegung — Organisierte Soforthilfe löst Luftkriegsprobleme

Welche Opfer und Belastungen der Luftterror der Heimat auferlegt, wissen wir. Um beurteilen zu können, ob der Gegner sein Ziel erreicht oder nicht, kommt es darauf an, mit seinen Augen zu sehen. Sein vornehmlichstes Ziel, einen politischen Zusammenbruch herbeizuführen, hat er nicht erreicht. Ist es ihm aber gelungen, durch weitgehende Zerstörung von Wohnvierteln deutscher Städte und durch die Störung der Versorgungsmöglichkeiten der Bevölkerung die Arbeit in den Betrieben zu unterbinden? Auch diese Frage müssen wir verneinen. Wenn solche Störungen durch Luftterror eintreten, werden Maßnahmen ergriffen, die sofort Abhilfe schaffen, damit jedermann weiter seiner Arbeit nachgehen kann. Arbeiten können unsere Männer und Frauen schließlich nur dann, wenn auch ihre Verpflegung gesichert ist. Die schon lange vor dem Kriege — damals unter der Parole „Warmes Essen im Betrieb" — eingeführte Werksverpflegung hat in größtem Umfange die Voraussetzungen für eine Verpflegung der Rüstungsschaffenden im Betrieb selbst herbeigeführt. Werksküchen und Fernverpflegungsküchen entlasten den Schaffenden weitgehend. Zehntausende von Frauen und Männern haben sich auch im Gau Westfalen-Nord auf die Betriebsverpflegung eingestellt. Es kann nun nach Luftangriffen geschehen, daß die örtlichen Verpflegungsmöglichkeiten vorübergehend ausfallen. Es heißt also, in solchen Fällen auf dem schnellsten Wege Ersatz dafür zu schaffen.

Irgendwo in Westdeutschland wartet ein Sonder-Güterzug, von der Deutschen Reichsbahn auf Anregung des DAF.-Einsatzstabes „Rhein-Ruhr" gebaut. Acht moderne Wagen sind es. Es hat mit diesem Güterzug eine besondere Bewandtnis. Ein Wagen dient als Schlafwagen, wenn er auch einen Vergleich mit dem Komfort eines Schnellzugsschlafwagens nicht aushält. In einem zweiten finden sich Akten, Ordner und ein Operationstisch. Zweifellos herrscht hier die Verwaltung und der Arzt. Drei weitere Wagen tragen je drei große schwere Kochkessel, in den restlichen drei lagern Lebensmittel. Die Bewohner dieses Zuges arbeiten irgendwo in den Betrieben. Erst auf ein Stichwort, das von einer bombardierten Stadt durch den Aether gejagt wurde, stellen sie sich ein; werden sie alarmiert, ein Zugführer, drei Köche oder Köchinnen und 18 Mädels als Hilfspersonal. Schon bei seinem ersten Einsatz bewährte sich dieser Hilfsverpflegungszug — denn darum handelt es sich — hervorragend. Nach der Alarmierung sammelte sich die Zugbelegschaft, teilweise durch Kuriere der HJ. herbeigeholt. Und bald entwickelte sich in den acht Güterwagen ein eifriges Leben und Schaffen. Während die starke Lokomotive die schweren Wagen spielend über die Schienen riß und draußen Station auf Station vorbeijagte, füllten sich die großen Kessel mit einer Erbsensuppe, die selbst höchsten Ansprüchen gerecht wurde. Als der Tag graute, stand die Suppe in den Warmhaltegefäßen, den sogenannten Thermophoren, bereit. An seinen Standort gelotst, war der Verpflegungszug durch eine Reihe von Tagen eine improvisierte fahrbare Volksküche. Völlig unabhängig von der jeweiligen Versorgungslage kann er drei Tage lang 8000 Menschen verpflegen, denn für diese Zeit reichen die im Zug mitgeführten Lebensmittelvorräte. Gewiß, es erscheint im ersten Augenblick ungewöhnlich, über Hunderte von Kilometern das Essen herbeizuschaffen. Aber in der Beweglichkeit, mit der man sich den durch den Luftkrieg auftretenden Problemen angepaßt hat, liegt die außerordentliche Stärke einer Abwehrfront, von der bisher sehr wenig berichtet wurde. Das Beispiel des Verpflegungszuges mag daher eines für viele sein.

Fritz Hagemann.

Die Luftalarme, das ständige Ticken des Drahtfunks, das Heulen der Sirenen zerrte an den Nerven der Menschen. Sie hatten Angst.

Georg Friedrich wußte in der letzten Ausgabe von »Das Blatt der Hausfrau« (die Zeitschrift stellte im September 1944 »im Rahmen der notwendigen Maßnahmen« ihr Erscheinen ein) unter der Überschrift »Wie werde ich alarmfest« Rat:

»Zuerst einmal das innere Aufbegehren zur Ruhe schicken, das Sich-nicht-fügen-wollen in den neuen Zustand. Der Landser fand dafür das schöne Wort: erst mal den inneren Schweinehund abwürgen! Es ist keine Schande einzugestehen, daß man gerne lebt! Aber lebt denn der Mensch für sein kleines, gernegroßes Ich? Was ist schon so ein Menschenkind für sich allein?... Wer den Alarm als etwas Gewohntes hinnimmt, der gliedert ihn in das Alltagsdasein ein und nimmt ihm seinen teuflischen Glanz. Anständig und vernünftig zu handeln, ist Pflicht, dabei sollte man aber immer dessen eingedenk sein: alles, was geschieht, ist Schicksal – wir können es nicht ändern. Wie Gott will, halte still!«

Die alliierten Flugzeuge warfen bald nicht nur Bomben ab, sie ließen auf die fatalistischen Volksgenossen auch Flugblätter herabfallen und Lebensmittelmarken.

Wurden Flugblätter im allgemeinen noch abgegeben bei der Kriminalpolizei oder der Gestapo, wenn auch gelesen, aber nicht verstanden – die Lebensmittelmarken, meist Fleischmarken, wurden benutzt. Trotz Androhung von Sondergerichtsverfahren und der Todesstrafe.

Die Lage auf dem Lebensmittelmarkt war mehr als schlimm. Daran änderten auch versprochene Sonderrationen wenig. Im Dezember 1944 sollte es 125 Gramm Fleischwaren zusätzlich geben. Allerdings – »wer keine Abschnitte mehr hat, erhält die doppelte Ration nicht«. Und wer hatte am Ende einer Zuteilungsperiode noch seine Fleischmarken aufbewahrt.

Die Lebensmittel verschwanden auch in diesem Falle in irgendwelchen Parteibüros oder bei den Kaufleuten selbst, die in Gelsenkirchen untereinander einen schwunghaften Tauschhandel betrieben. Sehr zum Ärger der Leute, die davon wußten!

Wie in Japan
Fenster aus Papier

Der ausgehobene Fensterrahmen wird mit Schmirgelpapier oder einer Feile aufgerauht, damit der Kleister, mit dem man das Papier anklebt, gut haftet. Glas und Kitt vorher entfernen, Anleitung in Heft 9, 1943.

Der käuflich erworbene oder noch im Haushalt vorrätige Kleister wird gleichmäßig auf den aufgerauhten Holzrahmen aufgetragen, bevor man das sorgfältig abgemessene Papier darüberspannt und fest andrückt.

Zum Bekleben nimmt man irgendein möglichst durchscheinendes Papier, auch Packpapier. Man kann sogar Seidenpapier nehmen, wenn man es bekommt. Es läßt sich, feucht aufgeklebt, sehr straff spannen.

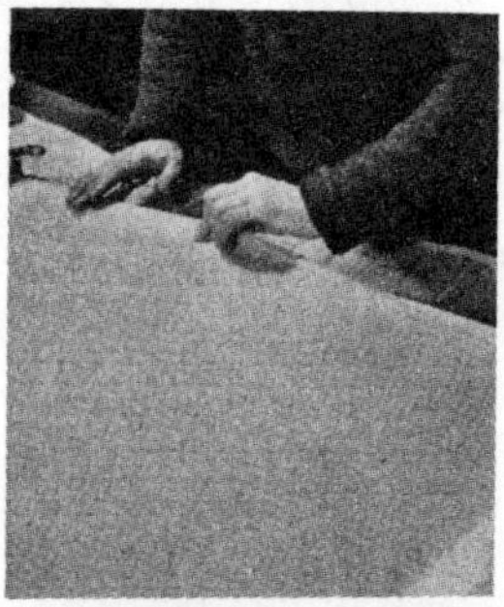

Die Papierscheibe wird beim Festdrücken gleichzeitig gespannt. Der überstehende Rest wird zum Schluß sorgfältig abgeschnitten. Schneidet man das Papier etwas reichlicher zu, läßt es sich auch besser spannen.

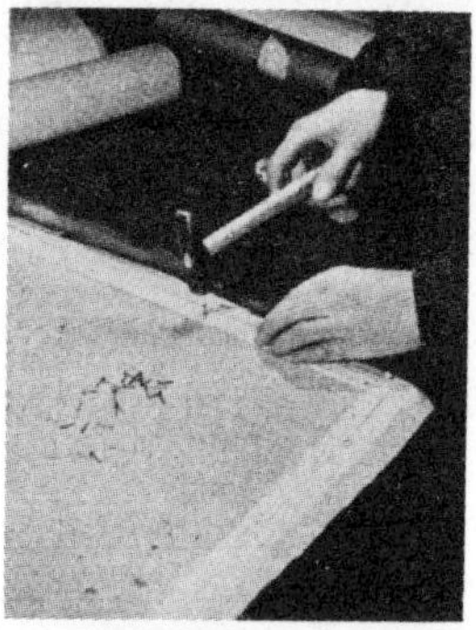

Bei Außenfenstern, die stark der Feuchtigkeit ausgesetzt sind, ist es ratsam, einen Pappstreifen über die festgeklebte Papierscheibe zu legen und ihn mit möglichst breitköpfigen kurzen Nägeln festzunageln.

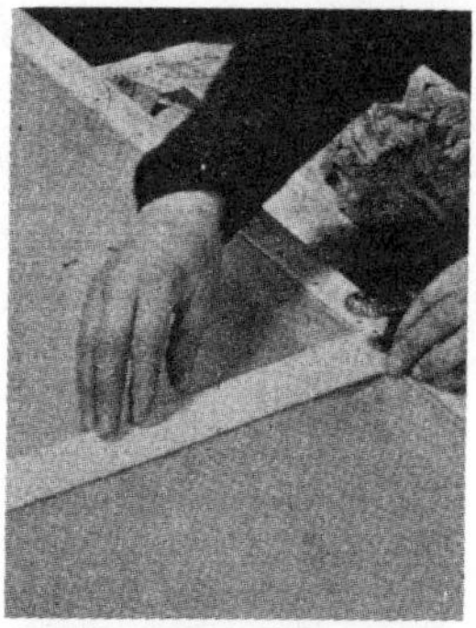

Hat man besonders große Fenster, so unterteilt man die Papierfläche durch einen oder mehrere Pappstreifen, damit sie eine Stütze erhält. Man klebt den Streifen auf Papier fest, am Fensterholz nagelt man ihn an.

Das „papierverglaste" Fenster wird wieder eingehängt. Die Seite, auf der sich die Scharniere befinden, stützt man von unten, während man die offene Seite mit der freien Hand in der Mitte faßt. Mit leiser Pendelbewegung hilft man beim Gleiten der Scharniere.

Fotos: C. Bieling

Wie Tante Lina den dicken Bohnert mit seinen eigenen Messern ans Messer lieferte

Bernhard Bohnert war ein unangenehmer Mensch, und seine Frau Helene stand ihm in Sachen »sympathisches Wesen« nicht nach. Bernhard Bohnert war Kaufmann im Stadtteil Buer auf der Hochstraße. »Haushaltswaren« stand an seinem Ladenlokal zu lesen. Aber das Innere des Geschäfts glich eher einem Trödelladen, ein buntes Sammelsurium aller möglichen Dinge: Kerzen, Schreibpapier, Schuhe, Lebensmittel...

Das sollte ihn uns eigentlich sympathisch machen, uns für ihn einnehmen. Doch Bernhard Bohnerts Geschäftslokal spiegelte nicht das Wesen seines Besitzers wider. Das heißt, wohl doch, wenn aus Geiz, Gier und Raffsucht schließlich unübersehbare Unordnung entsteht. Gleich 1933 war Bernhard Bohnert in die NSDAP eingetreten, nach dem Machtwechsel, denn er war ein Opportunist. Und als solcher war er in der Partei auch zu gewissen Ehren gelangt, bekleidete im Laufe der Zeit den einen oder anderen Posten in der örtlichen Parteiorganisation.

Das Geschäftslokal, das er damals sein eigen nannte, hatte einem jüdischen Mitbürger gehört, den Bohnerts braune Genossen in ein KZ verschleppt und dort elend zu Tode gequält hatten.

Bernhard Bohnert war das, was man in Gelsenkirchen einen Polbürger nennt, einer, dessen Familie schon seit einigen Generationen in der Stadt ansässig ist. Die Gelsenkirchener Polbürger bestimmen auch heute noch die Politik, die in ihrer Stadt gemacht wird, nicht in Parteiversammlungen oder im Rat der Stadt, nein, an den Stammtischen und in den Kaffee-Häusern werden Geschäfte gemacht, Grundstücke untereinander verscherbelt, oder es wird das betrieben, was man sonst noch für Politik hält.

Doch seit Bohnert in der Nazi-Partei war, schloß man ihn von diesen intimen Runden weitgehend aus und war vorsichtig in seiner Gegenwart. Bohnert merkte das, aber es störte ihn nicht sonderlich. Er hatte andere Freunde gefunden.

Freunde, die ihm ein schönes Ladenlokal besorgt hatten, ihm zum Besitz einer ganzen Straßenecke verholfen hatten, Freunde, die ihn auch in den Kriegsjahren stets ausreichend mit Waren versorgten und es ihm ermöglicht hatten, der Front fernzubleiben.

Wie Tante Lina auf Bohnert aufmerksam wurde, ist schwer zu sagen. Vielleicht kaufte sie hin und wieder bei ihm. Vielleicht lernte sie ihn bei ihrem Bruder Bruno kennen. Besonders gemocht dürfte sie ihn nie haben.

Aufgefallen sein muß ihr etwas zunächst sehr Widersprüchliches. Je länger der Krieg dauerte, desto weniger Waren konnte man in seinem Laden entdecken, desto armseliger wurden seine Schaufensterauslagen. Im Inneren des Haushaltswarengeschäftes herrschte plötzlich Ordnung, das heißt, es war nichts mehr da, was durcheinander kommen konnte. Und doch war, beobachtete man den Laden längere Zeit, ein ständiges Kommen und Gehen von Kunden zu bemerken. Und sah man näher hin, so entdeckte man an Mantelkrägen und Rockrevers der Leute, die das Bohnert'sche Geschäft aufsuchten, das runde Abzeichen der Nazi-Partei. Und dann waren da natürlich die Gerüchte, die in der Stadt weitergetragen wurden: der Bohnert, der konnte alles besorgen, schlichtweg alles, wenn man nur...

Für Tante Lina muß das nicht unbedingt den Ausschlag zum Handeln gegeben haben. Es war mehr Zufall, daß sie mit Bohnert in Kontakt kommen sollte. Es war Herbst, Erntezeit, und Tante Lina wollte Obst einmachen und brauchte dringend ein neues Messer. Das wollte sie kaufen und ging dazu in ein Haushaltswarengeschäft, eben zu Bohnert. Und da nahm das, was der dicke Bohnert wohl als »Schicksal« bezeichnet haben würde, seinen Lauf.

Tante Lina betrat also den Laden und staunte erst einmal über die vollkommene Leere, die hier herrschte. Hinter der Ladentheke stand Helene Bohnert und betrachtete sie von oben bis unten. Helene Bohnert war eine kleine dürre Frau mit einem giftigen Gesicht.

Ihre Beschau von Tante Linas Äußerem mußte sie nicht sonderlich befriedigt haben. Ihr Gesicht blieb verschlossen, und sie fuhr ihre Kundin ziemlich unfreundlich an:

»Was wollen Sie?«

Tante Lina stellte fest, daß der Kunde bei Bohnerts offenbar nicht König war, beschloß aber, nicht weiter darauf einzugehen, sondern ihre Wünsche vorzutragen.

»Zwei Messer will ich. Ein großes und ein kleines Küchenmesser. Etwa so...!« Und sie zeigte mit den Händen die Größen an.

Die Bohnertsche bewegte sich keinen Schritt, machte auch keine Anstalten, ihre Kundin zu bedienen. Sie keifte:

»Haben wir nich! – Kriegen wir auch nich wieder rein!« Und starrte weiter Tante Lina an, stur und frech.

Nun wußte Tante Lina, daß es schwer war, in dieser Zeit überhaupt an metallene Gegenstände heranzukommen (Sie erinnern sich, selbst Kupferkessel waren beschlagnahmt worden!), aber von Bohnert hieß es doch, daß er alles Erdenkliche verkaufte. Und da Tante Lina noch unschlüssig, ob sie Krach machen oder gehen sollte, in der Ladentür stand, kam aus einem der hinteren Räume der dicke Bohnert in den Laden. Strahlend lächelte er Tante Lina an, trat zu seiner häßlichen Frau, legte ihr wie ein verliebter junger Ehemann die Hand um die Schulter und sagte begütigend zu ihr:

»Aber Helene, – das ist doch die Schwester unseres Herrn Untergruppenführers!«

Und Helene Bohnert errötete tief und knickste, pflichtschuldigst eine Entschuldigung murmelnd.

Der dicke Bohnert wandte sich Tante Lina zu: »Was soll's denn sein, gnädige Frau?«

Tante Lina schaute interessiert von Bernhard Bohnert zu Helene Bohnert und wiederholte ihre Kaufwünsche. Helene schob den Arm ihres Angetrauten weg, wieselte in die hinteren Ladenräume und war gleich wieder da – mit den verlangten Messern in richtiger Größe, beste Solinger Vorkriegsqualität.

Der dicke Bohnert kramte höchstselbst unter der Ladentheke ein Stück Packpapier (Packpapier – wo gab es das schon noch zu dieser Zeit?) hervor und drehte die Messer darin ein.

»Zweihundertachtzig Mark!«

Sagte er. Das war der Preis. Und als Tante Lina ihn erst ungläubig, dann erschüttert anschaute, fügte er hinzu: »Das ist erstklassige Ware. So was bekommen Sie nur bei mir.«

Und lächelte.

Tante Lina muß in diesem Moment ihren Entschluß blitzschnell gefaßt haben, und glücklicherweise hatte sie gerade Geld von der Sparkasse geholt. Jedenfalls zahlte sie die geforderte Summe, ohne mit der Wimper zu zucken, nahm ihre Messer und verließ den Laden, von den besten Wünschen beider Bohnerts begleitet.

Ihr nächster Weg führte sie zu Saatmann, dem Mann mit dem hohen SS-Dienstgrad, Freund von Neffen Ottomar, der auf der Durchreise von Front zu Front schnell seine Mutter besucht hatte. Ihm erzählte sie, was sie erlebt hatte. Die Wahrheit. Und dieser aufrechte Kämpfer für seinen »Führer« Adolf Hitler war über so viel unvölkisches Verhalten ehrlich empört, griff zum Telefon und verständigte einen Parteifreund bei der Gelsenkirchener Gestapo.

Dieser Mann wiederum war noch nicht lange in Gelsenkirchen, kannte mithin die Verhältnisse nicht und handelte sofort. Umgehend, wie er versprach.

Tante Lina verabschiedete sich mit einem strammen »Heil Hitler!« – so was kam ihr bei gewissen Anlässen durchaus über die Lippen – und machte sich auf zu ihrem zweiten Besuch, den sie vorhatte.

Mit den Worten: »Sie wissen, wer ich bin?!« betrat sie die Redaktionsräume des »Westfälischen Beobachters« in Gelsenkirchen. Der anwesende Redakteur wußte natürlich. Und Tante Lina informierte ihn »im Auftrage« – so nannte sie das – von einer Gestapo-Aktion gegen einen Kriegswirtschaftsverbrecher auf der Hochstraße.

Der Mann verstand sofort. Über Verfahren gegen Kriegswirtschaftsverbrecher sollte in den Zeitungen bevorzugt berichtet werden. Also schnappte er sich einen Fotografen und machte sich auf den Weg mit Tante Lina im Gefolge.

Der Stein rollte, die Aktion war kaum noch zu stoppen.

Und richtig – vor dem Bohnertschen Geschäft auf der Hochstraße stand bereits ein unauffälliger Wagen der geheimen Nazi-Polizei. Bei Bohnert wurde ein riesiges Warenlager entdeckt: 20 Kochherde, 19 Waschmaschinen, Kisten voller Inletts, Damast, Säcke voller Bettfedern, mehrere Hundert Küchenwaagen, Tausende von Kochtöpfen aus Nickel und Kupferkessel, Metallbettstellen, Waffeleisen, Zehntausende von Tellern, Einmachgläsern, aber auch Kaffee (Bohnenkaffee!), Lacke, Damenstrümpfe – Tante Lina gingen die Augen über.

Immer neue Funde wurden gemacht: unter dem Dach, in den Etagen, hinter Wandverschlägen, in zugemauerten Kellern...

Der dicke Bohnert stand bleich und schwieg beharrlich. Tante Lina gelang es in dem Durcheinander, ihr Geld wiederzubekommen, ihre Messer jedoch zu behalten.

Der Prozeß gegen die Bohnerts fand recht schnell statt. Tante Lina wurde nicht als Zeugin geladen, und als sie das Urteil hörte, wußte sie warum. Drei Monate Gefängnis für ihn, zwei Monate Gefängnis für sie, ein paar tausend Mark Geldstrafe für beide.

In der Zeitung erschien nach einem groß aufgemachten Bericht über die erfolgreiche Gestapo-Aktion nur noch eine kleine einspaltige Meldung über das Urteil.

Die Nazi-Genossen hatten dem dicken Bohnert schützend die Hand vor den Hintern gehalten. Zuviel Schmutz von ihnen selbst wäre zutage getreten.

Tante Lina und die Gelsenkirchener Bevölkerung konnte sich mit den gehorteten Waren eindecken, die beschlagnahmt waren. Wenigstens mit dem Teil, der nicht schon wieder in unerforschlichen Kanälen verschwunden war.

Andere Leute mußten damals ihre Haushaltsgegenstände selber machen: Ein Mehlsieb aus einer Konservendose mit Gardinentüll bespannt, aus Konservendosen eine Kartoffelreibe, aus Konservendosen Tassen, Suppenkellen und Durchschläge. Heute werden Konservendosen weggeworfen.

WILDGEMÜSE
WILDKRÄUTER
WILDFRÜCHTE

»Was der deutsche Boden bringt, muß heute mehr denn je bis ins letzte verwertet und ausgenutzt werden. Wir haben einen großen Reichtum an unseren Wildpflanzen, an dem wir nicht vorüber gehen sollten. Wildpflanzen beanspruchen kein Ackerland, sie brauchen nicht gesät und gepflegt zu werden, wir brauchen sie nur zu ernten. Wildgemüse, Wildfrüche, Wildkräuter und deutsche Teepflanzen bieten uns eine gesunde zusätzliche Ernährung, die wir nicht außer acht lassen wollen.« So heißt es im Vorwort einer Schrift, die 1944 vom »Reichsausschuß für Volkswirtschaftliche Aufklärung« herausgegeben wurde.

Auch in der Lebensmittelversorgung werden die letzten Reserven mobilisiert. Die »totale Kriegsführung« soll auch in den Küchen beginnen, denn wie wurde 1939 proklamiert: »Am Kochtopf wird der Krieg gewonnen.«

Kinder und Frauen wurden angehalten, wild wachsende Gemüse und Beeren zu sammeln. Die Reichsfrauenführung lieferte die entsprechenden Rezepte dazu. Nicht nur Kochrezepte.

Roßkastanien und Efeublätter konnten zum Wäschewaschen benutzt werden und sparten Seife ein. Und solche Tips gab es mehr, mit denen will ich Sie aber verschonen.

Auch für das Sammeln wurden Ratschläge erteilt: »Das Pflücken geschieht am besten am Spätnachmittag, nachdem die Pflanzen den ganzen Tag der Sonnenbestrahlung ausgesetzt waren. Nehmt von einer Pflanze nicht zuviel Blätter und knickt nicht die jungen Triebe, damit die Pflanze weiterwachsen kann.«

Ja, die Rezepte! Die will ich natürlich weitergeben. Und Sie werden sich wundern! Manches, was damals in großer Not zu essen empfohlen wurde, gilt heute in Nobel-Restaurants als Delikatesse und muß teuer bezahlt werden.

Sauerampfersuppe

Zutaten: 250 g Sauerampfer, 50 g Fett, ein l Gemüsebrühe, zwei Eßlöffel Sahne, Salz, zwei Kartoffeln.

Kartoffeln in der Brühe weichkochen. Zerstampfen. Die geputzten Sauerampferblätter werden fein nudelig geschnitten und in Fett angeröstet. In die Brühe geben, aufkochen lassen. Mit Salz und Sahne abschmecken.

Löwenzahnsalat

Zutaten: 300 g Löwenzahnblätter (man sammelt die Blätter am besten vor der Blüte und nimmt nur junge Blätter), 20 g Speck, eine Stange Lauch, ein bis zwei gekochte Kartoffeln, Salz, ein Eßlöffel Essig, ½ Tasse Milch, eine kleine Zwiebel.

Speckwürfel in einer Pfanne auslassen. Lauch und Zwiebel in Ringe schneiden und dazugeben. Die gekochten Kartoffeln in die Pfanne reiben. Mit Milch, Essig und Salz alles gut verrühren. In die lauwarme Tunke gibt man die feingeschnittenen Löwenzahnblätter und läßt gut durchziehen.

Der Salat sollte dann kalt serviert werden.

Hopfensprossensalat

Zutaten: 500 g Hopfensprossen (Vom wilden Hopfen nimmt man die jungen Triebe, die noch nicht grün sein sollten. Man bekommt heute auch Sprossen von Zuchthopfen zu kaufen), eine Tasse Buttermilch, ein Teelöffel Zitronensaft, Salz, ein Teelöffel Dill.

Die geputzten Sprossen werden in zwei bis drei Zentimeter lange Stücke geschnitten und mit wenig Wasser fast weich gekocht. Wasser abgießen. Aus der Buttermilch, Zitronensaft und Salz eine Marinade bereiten. Über die Sprossen gießen. Dill darüberstreuen. Ziehen lassen. Vor dem Servieren noch einmal untermischen.

Gänseblumensalat

Zutaten: zwei Tassen Gänseblumenblätter (nur die jungen zarten Blätter nehmen), zwei Tassen in Würfel geschnittene Pellkartoffeln, zwei Teelöffel gehackte Petersilie, ein Eßlöffel Öl, ein Teelöffel Essig, Salz.

Gänseblumenblätter und Kartoffelwürfelchen mit den Gewürzen gut mischen. Salzen. Petersilie darüberstreuen. Eine Stunde ziehen lassen.

Eintopf aus Vogelmiere

Zutaten: 500 g Vogelmiere (gesammelt wird das blühende Kraut ohne Wurzeln), 150 g Haferflocken, ein kg Kartoffeln, zwei l Gemüse oder Fleischbrühe, 50 g geräucherter Speck, Salz.

Vogelmiere waschen, klein hacken. Kartoffeln schälen und würfeln. Gemüse, Kartoffeln und Haferflocken werden in der Brühe weich gekocht. Ein Viertel des rohen gehackten Gemüses wird zurückbehalten und erst an das gargekochte Gericht gegeben.

Mit gerösteten Speckwürfeln und Salz abschmecken.

Brennesselauflauf

Zutaten: 1½ kg Brennesseln (die jungen Triebe mit zarten Blättern, an denen man sich auch kaum verbrennen kann), 250 g Brot, 40 g Fett, eine Zwiebel, eine dünne Stange Lauch, Liebstöckel, Dill, Bohnenkraut, Basilikum, ein Ei, Salz.

Man läßt die gut gewaschenen Brennesselblätter in wenig Salzwasser weichkochen, gießt ab und dreht sie durch die Fleischmaschine. Das Brot in feine Scheiben schneiden. In Fett anrösten. Zwiebel und Lauch kleinhacken und ebenso wie die gewiegten Kräuter zugeben. Schließlich schlägt man das Ei darüber und rührt alles miteinander gut ab. Salzen.

Die Masse wird in eine gefettete Auflaufform gefüllt und bei guter Mittelhitze etwa 30 Minuten im Ofen gebacken.

Über Pilze gibt es genügend Publikationen, aber zwei Pilzrezepte haben wir doch noch. Vielleicht zum Nachkochen.

Brühe mit Pilzklößchen

Zutaten: 1¼ l Gemüse- oder Knochenbrühe, 250 g Pilze, Salz, 1 Ei, 1 Brötchen, 1 Teelöffel Zitronensaft, ½ Teelöffel Majoran.

Die Pilze sorgfältig putzen und waschen. Mit dem eingeweichten Brötchen durch den Fleischwolf drehen. Mit Zitronensaft, Salz, Majoran und dem Ei zu einem Teig verkneten. Mit einem Teelöffel aus der Masse kleine Klößchen formen, in die Brühe geben und darin etwa 10 Minuten ziehen lassen.

Pilzkuchen

Zutaten: 250 g Mehl, 50 g Fett, 1 Eigelb, Salz, 1 Messerspitze Backpulver, ½ Tasse Milch, 500 g Pilze, 1 Stange Lauch, 1 Ei, zwei Eßlöffel Haferflocken, 1 Eßlöffel gehackte Petersilie, 1 Teelöffel Tomatenmark, Pfeffer.

Aus Mehl, Fett, Eigelb, Salz, Milch und Backpulver einen Teig bereiten und eine gefettete Springform damit auslegen.

Für den Belag werden die geputzten und gewaschenen Pilze grob gehackt, das Lauch in feine Ringe geschnitten und mit Ei, Haferflocken, Tomatenmark, Salz und Pfeffer und der gehackten Petersilie vermischt. Auf den Teigboden geben und bei 220 Grad 45 bis 50 Minuten lang backen. Der Pilzkuchen wird heiß gegessen.

Wir trinken deutschen Tee

Bisher kannten wir als deutschen Tee nur Pfefferminz- oder Kamillentee, und zwar als Heiltee und sie wurden nur getrunken, wenn man krank war. Haustee sollen Nähr- und Genußmittel sein. Diese Tees sind am besten zubereitet in der Mischung, doch soll man auch hierin immer wieder eine Abwechslung bringen. Unsere deutschen Tees soll man nicht kochen, außer Hagebuttenkerne und Apfelschalen. Durch das Kochen wird das Getränk herb oder bitter, da zu viele Gerbstoffe ausgezogen werden. Für das Aroma ist es am feinsten, wenn man die Mischung in das kochende Wasser hinein gibt und umrührt oder das kochende Wasser darüber gießt, zugedeckt dann drei bis fünf Minuten ziehen läßt. Wer kräftigen Geschmack liebt, kann den Tee etwa zehn Minuten ziehen lassen. Auf ein Liter Wasser rechnet man zwei bis drei Eßlöffel Tee. Nach dem Aufbrühen wird der Tee sofort durchgesiebt. Eine Scheibe Zitrone verfeinert den Geschmack. Aufgegossene Tees dürfen nicht in Metalltöpfen aufbewahrt werden.

Mischung: 1. ein Drittel Ebereschenblätter, ein Drittel Lindenblätter, ein Drittel Brombeerblätter. 2. Erdbeer-, Himbeer- und Brombeerblätter (zu gleichen Teilen). 3. Lindenblätter, wenig Pfefferminzstengel, wenig Quecke. 4. Schwarze Johannisbeerblätter, Brombeerblätter, Lindenblätter, Hagebutten (zu gleichen Teilen). 5. Heidekrautblüten und Blätter, Apfelschalen, als Würzzusatz Heidelbeerbläter, Minze und Tymian. All diese Tees können wir selbst auf unseren Spaziergängen sammeln.

Nicht nur der Verbrauch von Wildgemüse wurde propagiert, nicht nur Ratschläge zur Zubereitung »deutschen Tees« gegeben, auch Wildfrüchte sollten gesammelt und verzehrt werden.

Heidelbeeren, Preiselbeeren, die kennt man auch heute und kann sie auf den Märkten kaufen, und Brombeeren natürlich. Aber mit Berberitzen oder Ebereschen wird kaum jemand etwas anzufangen wissen. Und auch damals klagten die Lebensmittelpropagandisten, daß Hagebutten und Holunderbeeren an den Sträuchern ungenutzt »verkommen« würden.

Einwendungen wie »Was nützen einem die Beeren, wenn man keinen Zucker mehr hat!« wurde mit Ratschlägen begegnet, wie man Marmelade auch ohne Zucker herstellen kann.

Zu den beiden letztgenannten Früchten hier einige Rezepte:

Hagebuttensuppe

Zutaten: 125 g getrocknete Hagebutten, ¾ l Wasser, ½ l Milch, eine Stange Zimt, eine Zitronenschale, ein Eßlöffel Kartoffelmehl, vier Eßlöffel Zucker, 50 g Margarine, ein Brötchen.

Hagebutten waschen und über Nacht in ¾ l Wasser einweichen. Mit dem Einweichwasser unter Zugabe von Zimt und abgeriebener Zitronenschale weich kochen. Durch ein Sieb streichen.

Mit Milch auffüllen. Kartoffelmehl mit etwas Wasser anrühren und dazugeben. Zucker einstreuen. Mit gerösteten Brotwürfelchen auftragen.

Holundersuppe

Zutaten: 500 g Holunderbeeren, ½ l Wasser, ½ l Milch, ein Eßlöffel Kartoffelmehl, drei Eßlöffel Zucker.

Die Holunderbeeren in Wasser weich kochen. Kartoffelmehl mit etwas Milch anrühren und dazugeben. Zucker einrühren. Mit Milch auffüllen. Man kann die Suppe kalt oder warm essen.

Aus den Holunderbeeren kann man natürlich auch Saft gewinnen. Dazu werden die Beeren gewaschen, von den Stielen abgekämmt, knapp mit Wasser bedeckt und langsam gar gekocht. Durch einen

Saftbeutel (oder ein sauberes Leinentuch) läßt man die Masse ablaufen. Der Saft wird mit Zucker vermischt aufgekocht, dabei rechnet man auf ein Liter Saft etwa 200 g Zucker. Abschäumen, den kochend heißen Saft in vorbereitete Flaschen füllen und sofort verschließen.

Holunderbeergelee

Zutaten: ein l Holunderbeerensaft, 600 g Zucker.

Der Saft wird, wie oben beschrieben, gewonnen und mit dem Zucker gekocht, bis die Masse geliert. Damit das Gelee klar bleibt, muß ständig abgeschäumt werden.

Besonders interessant vom Geschmack her wird das Gelee, wenn man mit den Holunderbeeren Äpfel kocht und/oder an den gewonnenen Saft etwas Calvados gibt.

Noch ein Wort zur Haltbarmachung. Vorhin war von getrockneten Hagebutten die Rede. Und auch Holunderbeeren kann man natürlich trocknen. Sie können dann etwa wie Korinthen verwendet werden.

Überhaupt ist das Trocknen von Obst und Gemüse die billigste Art des Einmachens, doch kaum jemand beherrscht heute noch das Verfahren.

Für den Trocknungsprozeß baut man sich Holzrahmen, die in den Backofen passen und die mit Gaze überspannt werden. Man kann aber auch das Backblech benutzen.

Bei Hagebutten halbiert man die Früchte, entkernt sie und läßt sie bei mäßiger Wärme im Backofen trocknen. Dabei sollte die Backröhre etwas geöffnet bleiben, damit die Feuchtigkeit entweichen kann.

Holunderbeeren müssen an den Stielen getrocknet werden, da sonst zuviel Saft verloren geht. Man trocknet sie zuerst an der Sonne, reiht sie später an Schnüren im Hause auf. Möglichst nicht im Ofen trocknen. Erst nach dem völligen Trocknen kann man die Dolden abbeeren.

Pilze – sie dürfen keine Druck- oder Faulstellen haben – werden geputzt, aber nicht gewaschen. In Längsscheiben schneiden und auf Schnüre fädeln. Will man sie im Ofen, nicht an der Luft trocknen, dauert die Trocknung etwa zwei Stunden bei 60 Grad. Die Pilze sind fertig, wenn sie innen nicht mehr feucht sind.

Unkraut wird salonfähig

Interessantes aus einer Heilpflanzen-Sammlung

In den letzten Wochen des Herbstes erreicht die Heilpflanzensammlung ihren Höhepunkt. In diesem Jahr ist das Ergebnis der Sammlung besonders hoch, weil die Natur so freudig spendete, wie kaum in einem anderen Jahr. In den Sammelstellen türmen sich Dutzende von schweren, prallen Säcken, Kartons, unzählige Tüten, Beutel und Pakete aller Größen vor uns auf. Es wird sortiert, umgeschüttet, neu gefüllt, gewogen und kontrolliert. Die Leiter der Sammelstellen und ihre Mitarbeiter sind eifrig bemüht, alles Sammelgut an den richtigen Platz zu bringen; um Ordnung zu halten, schreiben sie Inschriftenfähnchen, Frachtbriefe, Begleitzettel, führen Listen und machen die erforderlichen Eintragungen. Was fertig ist, wird zugebunden, plombiert und dann zum Güterbahnhof geschafft. „Was sammeln Sie denn eigentlich hauptsächlich?" fragen wir. „Unkraut!" kommt die verblüffende Antwort. „Sehen Sie hier selbst unser Sammelgut und vergleichen Sie die Aufstellung des Ergebnisses im Vorjahr." Wir erhalten eine kleine Liste; auf ihr sind alle Blätter- und Blütendrogen verzeichnet, daneben die Ergebnisse der Hagebutten-, Vogelbeeren-, Holunder- und Kastaniensammlung. Während die dünnen, leichten Blätter der Blütendrogen nur einige hundert Kilogramm eingebracht haben, ergeben die Mengen der Hagebutten- und Kastaniensammlung viele hundert Zentner und Tonnen. Große Mengen an Säcken und Kartons waren hierfür notwendig.

Was wird aus dem Unkraut?

Vielseitig ist der Nutzen, vielfältig sind die Mischungen, die Anwendungsmöglichkeiten aller dieser Blüten, Blätter und Früchte in der Heilkunde. Merken wir uns das wichtigste: Die Kastanien werden nicht nur Wildfutter, sondern aus ihnen gewinnt die chemische Industrie Schaumstoffe für die Seifenherstellung. Bucheckern liefern Speiseöl. Zu Marmeladen verarbeitet werden Holunder, Hagebutten, Vogelbeeren, auch zu Säften. Es ist bekannt, daß die Hagebutte nach der finnischen Muntebeere die vitaminreichste Frucht bei uns ist. Huflattich und Spitzwegerich helfen gegen Husten und Verschleimung und befinden sich deshalb auch im „Brusttee". Linden- und Holunderblüten sind schweißtreibend, Schafgarbe, auch Zinnkraut genannt, ist ein Nierenheilmittel. Das Gänseblümchen wirkt abführend, krampfstillend und blutreinigend. Und jeder weiß sicher, was man alles von der Kamille Gutes hat. Sie vertreibt uns Magen- und Bauchstörungen, läßt Entzündungen heilen, hilft gegen Husten, Mandelentzündung, Rachenkatarrh genau so wie Salbei, mit der man sie oft mischt. Fingerhut ist zur Zeit die wichtigste Arzneipflanze, aus ihren Blättern gewinnt die chemische Industrie ein wertvolles Herz-Heilmittel, das einen erstaunlich großen Ausfuhrposten darstellt.

Wir verbrauchten einst 800 000 kg Kamille

bezogen sie zu 99 v. H. aus Ungarn, obgleich sie bei uns wild wächst, bezahlten dafür 1,6 Millionen RM. Ebenso bezogen wir einst 150 000 Klgr. Brennesselblätter (für Haarpflege), 250 000 Klgr. Huflattich, sogar 450 000 Klgr. Schachtelhalm (Nierenheilmittel), so daß fast der ganze deutsche Bedarf an Arzneipflanzen aus dem Auslande gedeckt wurde. Da sieht wohl jeder die Notwendigkeit und den Segen der Schulsammlungen ein.

„Himbeer-, Brombeer-, Haselnuß- und Birkenblätter werden mit neuzeitlichen Fermentierungsmaschinen zu einem hervorragenden Tee verarbeitet, der in Aussehen und Geschmack dem schwarzen chinesischen Tee nahekommt," erklärt der Leiter der Sammelstelle, die wir besuchten. Das aber bezweifeln wir doch und lächeln nachsichtig. Aber als dann ein Glas Tee vor uns stand und duftete, als wir das dem chinesischen Tee verblüffend ähnliche Aroma einatmeten, dann einen köstlichen Trank schlürften, der tatsächlich dem des chinesischen Tees fast gleichkommt, geben wir uns besiegt. Auch die kleine Probe des fermentierten, gerollten dunklen Tees sieht schon trocken dem asiatischen gleich. „Das ist der wichtige Beitrag unserer Wildblätter für die Wehrmachternährung," sagt unser Gastgeber, „noch können wir diesen Tee nicht frei kaufen, aber unseren Soldaten ist er köstlich, erfrischend und unentbehrlich!" Da lachten wir fröhlich auf und meinen: „Ihr Unkraut wird ja salonfähig!" ips.

1945

Aus der Kapitulationsurkunde:
"Der Unterzeichnete, handelnd im Namen des deutschen Oberkommandos, erklärt hiermit die bedingungslose Kapitulation aller Streitkräfte zu Lande, zu Wasser und in der Luft, welche sich in diesem Augenblick unter deutscher Kontrolle befinden, gegenüber dem Obersten Befehlshaber der Alliierten Expeditionsstreitkräfte und gleichzeitig gegenüber dem Oberkommando der Sowjettruppen.
Das deutsche Oberkommando wird sofort an alle deutschen Kommandostellen der Land-, See- und Luftstreitkräfte und an alle unter deutscher Kontrolle stehenden Streitkräfte Befehle erteilen, Kampfhandlungen um 23 Uhr 01 mitteleuropäischer Zeit am 8. Mai einzustellen und in den zu dieser Zeit besetzten Stellungen zu verbleiben."

Das Jahr 1945 war das Ende des »tausendjährigen« Reiches.

Die Rote Armee, die alliierten Truppen marschieren auf dem Gebiet des »Großdeutschlands«. Und bei ihrem Vorrücken treffen sie immer wieder auf Zeugnisse von Greueltaten der brauen Verbrecherhorden: Auf Anlagen von Konzentrationslagern, auf Massengräber, auf verhungerte KZ-Häftlinge. Die wenigen, die entkommen konnten, oft in einem erbärmlichem Zustand, kaum noch menschenähnlich sind doch eher Menschen als ihre Henker. In den Städten finden die »Besetzer« überall Gehenkte, Wehrmachtsangehörige, die Hitlers Befehlen zur Zerstörung aller Verkehrs-, Nachrichten-, Industrie- und Versorgungsanlagen oder zur Verteidigung deutscher Städte nicht Folge geleistet hatten.

Am 5.3. wird als letztes Aufgebot der Jahrgang 1929 einberufen zur Wehrmacht, und auch noch Jüngere dienen in der grauen Uniform: Kinder. Ende März beginnt im Ruhrgebiet die Schlacht um den »Ruhrkessel«. Und der Oberbefehlshaber der eingeschlossenen Heeresgruppe, Generalfeldmarschall Model, tönt während der Kämpfe:

»Wer nichts erfindet, nichts organisiert, nichts um sich herum anders und seinem Wesen angemessen gestaltet, der hat noch keine Not gekannt, der besitzt keine Triebkraft und der hat keine Berechtigung, einen Anspruch auf Führertum zu erheben...«

Am 18. April kapituliert auch er, am 21. April löst er seine Heeresgruppe auf und begeht Selbstmord.

Am 25. April treffen amerikanische und sowjetrussische Truppen bei Torgau an der Elbe zusammen.

Am 30. April begehen Hitler, Goebbels und andere »Führer« des »Dritten Reiches« in Berlin Selbstmord.

Am 2. Mai wird Berlin der Roten Armee übergeben.

Vom 4. Mai bis 8. Mai 1945 kapitulieren die verbliebenen deutschen Truppen an allen Fronten.

Der Krieg ist vorbei, die Nazi-Führer sind gestürzt.

Das sind die Fakten. Aber sie sagen wenig aus über das, was wirklich geschehen ist, über das, was da zuende gebracht wurde, über die Menschen, die daran teilhatten.

Wir haben ein kleines, vielleicht banales Dokument gefunden, das Aufschluß gibt über die Bewußtseinslage in der deutschen Bevölkerung. Mehr als Zeitungsberichte und die Worte kluger Historiker, die heute Rückschau halten.

Die Postkarte eines Kindes. Wir haben sie in einem der Kriegskochbücher gefunden, das wir auf einem Berliner Flohmarkt erstanden. Eine Kriegspostkarte. Die Briefmarke hat irgendein Sammler wohl abgelöst. Hier schreibt mit Datum vom 3.4.1945 ein Kind aus einem KLV-Lager seiner Mutter nach Berlin; schreibt unter anderem: »... Es sieht zwar jetzt sehr brenzlig aus, aber wir werden es doch schaffen...«

Ein Kind. Eines von vielen, die bis zum Ende an »ihren Führer« glaubten und die letztendlich für diesen Mann in den Krieg zogen und für ihn starben. Ein Kind. Vielleicht hat es überlebt und hat gelernt.

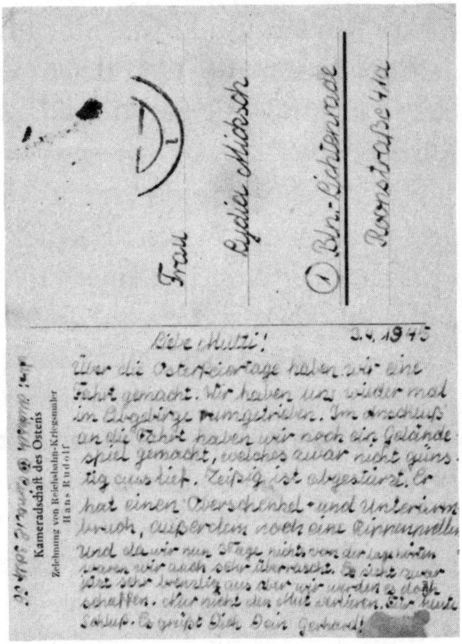

REZEPTE DES LETZTEN KRIEGSJAHRES

Tante Linas Rechenheft endet mit ihren Eintragungen im Jahre 1944. Sie hat in den letzten Monaten des Krieges keine Notizen mehr gemacht.

Wir haben aus unterschiedlichen Publikationen für Frauen, die in diesem letzten Kriegsjahr noch gedruckt wurden, eine Auswahl von Kochrezepten zusammengestellt, die einigermaßen typisch zu sein scheinen. Meist sind es Rezepte für Suppen, die veröffentlicht wurden.

Gebräunte Mehlsuppe

Zutaten: vier Eßlöffel Mehl, 1¼ l Wasser, 20 g Fett, Salz, Pfeffer, Muskat.

Mehl in einem Topf braun werden lassen. Das Fett dazugeben. Mit Wasser ablöschen und aufkochen lassen. Mit Salz, Pfeffer und Muskat abschmecken.

Schikoree-Suppe

Zutaten: 500 g Schikoree, 20 g Fett, ein l Wasser oder Gemüsebrühe, 40 g Mehl, ein Eßlöffel gehackter Schnittlauch, Salz, ⅛ l Milch.

Schikoree waschen, putzen und in Scheiben schneiden. Die Scheiben in etwas Fett anrösten, mit Wasser oder Brühe auffüllen. Das Mehl in kalter Milch anrühren. Dazu geben und aufkochen lassen. Mit Schnittlauch und Salz würzen.

Hefe-Suppe

Zutaten: 15 g Hefe, eine Tasse Magermilch, 30 g Fett, 40 g Mehl, eine Zwiebel, ein l Brühe, ein Eßlöffel Semmelbrösel, Salz.

Die Hefe in der Milch auflösen. Von Fett, Mehl und der kleingeschnittenen Zwiebel eine Einbrenne machen. Milch, Hefe und Brühe dazugeben. Aufkochen lassen. Semmelbrösel in etwas Fett bräunen, darüber streuen. Salzen.

Radieschen-Suppe

Zutaten: 500 g Radieschen, 10 g Fett, ein Eßlöffel Mehl, zwei rohe Kartoffeln, 1¼ l Wasser, ein Teelöffel gehackte Petersilie, Salz.

Radieschen putzen, waschen und in Scheiben schneiden. In einem Topf die Radieschenscheiben mit Mehl bestäuben und mit etwas Fett anrösten. Mit Wasser auffüllen. Die geschälten Kartoffeln in Würfel schneiden, dazugeben und in der Suppe weich kochen lassen. Mit Salz und Petersilie abschmecken.

Falsche Krebssuppe

Zutaten: ein l Wasser, etwas Fett, zwei große Möhren, ein Stück Sellerie, zwei Eßlöffel Tomatenmark, etwas Mehl zum Andicken.

Das Waser wird auf die geraspelten und im Fett angedünsteten Gemüse gegeben. Dann die Suppe mit Mehl sämig machen und gut salzen. Solange kochen lassen, bis das Gemüse eben weich ist.

Kriegsallerleisuppe

Zutaten: zwei l Wasser, 50 g Fett, ein Kopfsalat, eine Tasse Sauerkraut, die Blätter von zwei Rettichen, die Blätter von einem Blumenkohl, drei große Kartoffeln, eine Stange Lauch, eine Möhre, ein Eßlöffel Mehl, Salz, 10 g Hefe, eine Zwiebel.

Zwiebel klein schneiden, in dem Fett anrösten. Mehl darüber stäuben, braun werden lassen. Mit Wasser ablöschen. Salz und Hefe zugeben. Die Kartoffeln schälen und würfeln. Salat, Möhren, Lauch, Blumenkohl- und Rettichblätter nach dem Waschen mit dem Sauerkraut fein hacken. Zusammen mit den Kartoffeln an die Brühe geben.

Etwa 40 Minuten kochen lassen.

Hirsekoch

Zutaten: 250 g Hirse, ½ l Wasser, ½ l Magermilch, zwei Eßlöffel Zucker, Zitronenaroma, drei Äpfel.

Hirse waschen, in dem Wasser weich kochen lassen. Die Äpfel schälen und in Würfel schneiden. Mit der Milch dazugeben. Mit Zucker und Zitronenaroma abschmecken. Danach noch 10 Minuten zugedeckt stehen lassen.

Mädel an der Gulasch-Kanone

Eine Einsatzschar des BDM betreut 150 Hitlerjungen / Auch den Flick- und Gesundheitsdienst übernommen

Sie haben alle Hände voll zu tun, die zehn Mädel einer Einsatzschar des BDM, denn ihnen wurde die Betreuung von 150 Hitlerjungen übertragen, die im Rahmen des Volkssturms für den Ernstfall ausgebildet werden und nun geschlossen in einem Jugendwohnheim untergebracht sind. Das Tagewerk der Mädel ist lang: Früh um fünf kommen die ersten, um unter der gewaltigen Gulaschkanone einzuheizen, damit der Morgenkaffee rechtzeitig gekocht ist, und nach der Abendmahlzeit gibt es noch immer alle Hände voll zu tun, um das Geschirr abzuwaschen und die Vorbereitungen für den nächsten Tag zu treffen.

Aber die Mädel sind mit einem Eifer und einer Begeisterung ohnegleichen bei der Sache. Da steht eine mit geröteten Wangen, die Küchenschürze über der Dienstkleidung des BDM, im Hof an der Gulaschkanone und strengt sich an, den Kohlrübentopf zu stampfen. Sie lacht und wischt mit dem Handrücken einmal über die Stirn: „Zu Haus ist das ja ein Kinderspiel, aber so ein 250-Liter-Kessel hat es in sich!"

Sie erzählt, daß die Jungen doch nicht immer nur Eintopf bekommen können. Da sie aber die Küche des Jugendwohnheimes am Tage nicht mitbenutzen können — das Heim sei auch noch mit anderen Jugendlichen belegt —, hätten sie sich neulich abend zu dritt hingestellt und die ganze Nacht hindurch Kohlrouladen für die 150 Kameraden gewickelt und dann in der Küche gekocht. Der schönste Lohn sei am anderen Tage die Ueberraschung beim Mittagstisch gewesen und die Anerkennung der Jungen, die nichts auf das Kochkünste ihrer Kameradinnen vom BDM kommen lassen.

Aber die bereits vorher in den Arbeitsgemeinschaften des BDM-Werks erworbenen Kochkünste sind nicht die einzigen Fähigkeiten, die die Mädel aufweisen können. Ein Zimmer des Wohnheims wurde zu einer Nähstube eingerichtet, und hier geht es ständig aus und ein.

„Ach bitte, näh mir doch die Armbinde auf", meint der eine Hitlerjunge.

„Und mir ein neues Schulterstück" — der andere.

„Ich hab' mir auf dem Sportplatz meinen Aermel aufgerissen", kommt der dritte, und wieder wird ein Faden eingefädelt.

Was sie denn vorher getan haben, fragen wir die Mädel. Die eine ist kaufmännischer Lehrling und von ihrem Betrieb für drei Wochen zum Einsatz beurlaubt, die andere besuchte ein Kindergärtnerinnenseminar, das jetzt geschlossen ist, sodaß sie ständig für die Einsatzschar bereitsteht.

Ein Stockwerk höher ist das Krankenzimmer, der Bereich der Gesundheitsdienstführerin und ihrer Helferinnen. Eben hat sie Fieber messen lassen, es sind keine ernsten Krankheitsfälle, ein paar Erkältungskrankheiten, ein bei der militärischen Ausbildung verstauchtes Bein — sonst ist der Arzt, der jeden Morgen zur Visite kommt, mit dem Gesundheitszustand der Hitlerjungen sehr zufrieden.

Daß die 150 Jungen sich hier wohlfühlen, daß es ihnen gut geht und ihnen mundet, was auf den Tisch kommt — ein keineswegs zu unterschätzender Faktor für ihre Dienstfreudigkeit und Einsatzbereitschaft — ist das Verdienst dieser zehn Mädel der Einsatzschar, die freiwillig eine nicht immer leichte Aufgabe erfüllen.

B. Nadolny.

Einfache Feuerstellen – selbst erbaut

Zum Bau einer provisorischen Feuerstelle werden 26 Mauersteine gebraucht, die man folgendermaßen aufbaut.

Auf dem Erdboden werden drei Reihen von je zwei Steinen hochkant so gestellt, daß dazwischen ein kleiner, etwa halbfingerstarker Spalt bleibt. Links und rechts davon sind je zwei Mauersteine flach daneben zu legen. Auf diese Steine kommt noch eine Lage von je zwei Steinen, so daß die links und rechts liegenden Steine genau so hoch

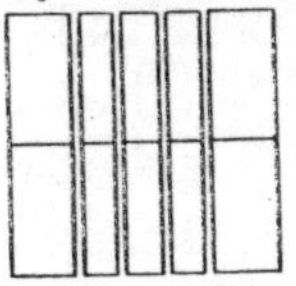

Draufsicht 1. Schicht

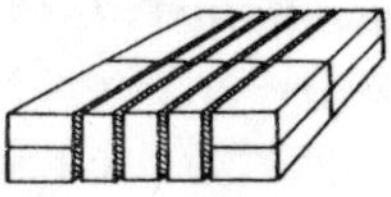

Ansicht 1. Schicht

werden, wie die drei nun in der Mitte stehenden, hochkant gestellten Steine. Es ist durch die drei hochkant stehenden Steine eine Art Rost entstanden, auf den nachher das Holz oder die Briketts gelegt werden können.

Auf die bisher hingestellten Steine kommt nun die zweite Schicht, die vorn und hinten mit je zwei flach gelegten Steinen die „Roststeine" überdeckt; zwei weitere Steine werden links und rechts auf die bereits flach liegenden Steine ebenfalls flach gelagert. Die dritte und vierte Steinschicht, die nun verlegt wird, besteht aus je zwei Steinen in jeder Schicht rechts und links und einem Stein, der an der Hinterseite flach gelegt wird.

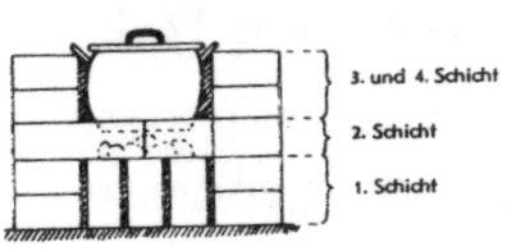

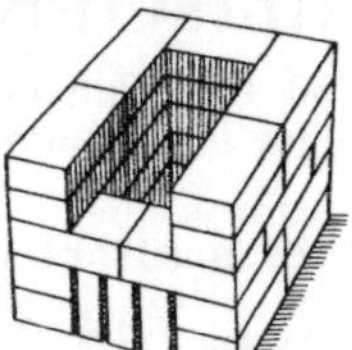

Damit ist die Notfeuerstelle fertig. Wenn man sie von vorn betrachtet, sieht man unten zwischen den hochkant stehenden Steinen den Lufteintritt. Dadurch, daß in der dritten und vierten Schicht die Steine vorn fortbleiben, kann man das Holz nachlegen, ohne den Topf fortnehmen zu müssen. Ein normaler Kochtopf kann in dieser Feuerstelle an den Henkeln so eingehängt werden, daß zwischen Topfboden und der Oberfläche der „Roststeine" genügend Raum für den Brennstoff ist.

Bei stärkerem Wind empfiehlt es sich allerdings, auch die obere vordere Öffnung durch zwei flach gelegte Steine zu schließen, so daß die Luft nur unten durch die Schlitze der hochkant stehenden Steine eintreten kann.

Die einfachste Notfeuerstelle

besteht aus ein paar Mauersteinen, auf die man den Kochtopf so stellt, daß möglichst viel vom Topfboden freibleibt. Zwischen die Steine wird das Holz geschoben. Die Flammen schlagen bei den Öffnungen zwischen den Steinen heraus und berühren so auch die Topfwand.

Für eine Kochgrube

legt man einen Kanal an, der etwa so breit ist wie der Topf und etwas tiefer. Hierbei muß man beachten, daß die Grube nach der Windseite abgeschrägt wird, dami die Luft guten Zutritt zum Holz hat. Hinten sticht man den Grubenrand senkrecht ab, wodurch die Flammen gezwungen sind, hochzuschlagen und den Topf richtig zu umfassen. Die Henkel legt man auf seitlich hochkant gestellte Steine auf, so daß der

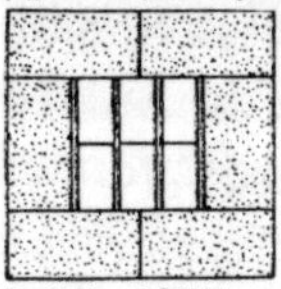

Draufsicht 2. Schicht vorn

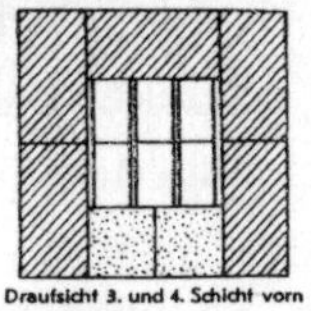

Draufsicht 3. und 4. Schicht vorn

Topf frei über dem brennenden Holz hängt. Damit diese Steine nicht nach der Seite ausweichen, wirft man von der Seite Erde an. Weht der Wind nicht stetig von einer Seite, sondern dreht häufig und springt um, womit man gerade auf freien Plätzen, die von, womöglich brennenden Häusern umgeben sind, rechnen muß, so zieht man nicht einen Graben, sondern zwei über Kreuz und hängt den Topf am Schnittpunkt auf.

Ratsam ist es jedoch stets, die Feuerstelle nicht als Kochgrube einzurichten, sondern sie über der Erde aus Mauersteinen oder aus gestochenen Rasenstücken aufzubauen, da Grabenfeuer stets sehr viel Hitze brauchen und erfahrungsgemäß langsamer zum

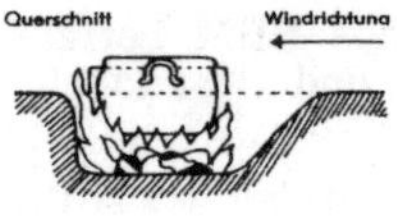

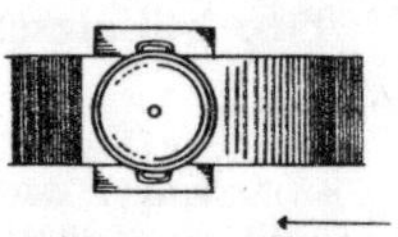

Draufsicht Windrichtung

Kochen führen. Die über der Erde aufgebauten Feuerstellen sind nun am zweckmäßigsten, wenn das Feuer so weit wie möglich eingeschlossen ist und von allen Seiten den Topf umstreichen kann.

Für das Kochen auf einer Notfeuerstelle eignen sich fast ausschließlich Eintopfgerichte.

Bei der Festlegung der Feuerstelle ist erste Voraussetzung, daß der dafür bestimmte Platz von allem brennbaren Material befreit wird und in erreichbarer Nähe nichts Feuergefährliches ist.

Für die luftbedrohten Gebiete sind diese Feuerstellen sehr brauchbar, da sie ausreichen, um kleinere Mengen Essen zu kochen und vor allem zur Bereitung von heißem Wasser.

Entnommen wurde dieser bebilderte Artikel dem im Heft 11/XII. Jahrgang besprochenen Heft „104 mal Massenverpflegung".

Gemüsesülze

Zutaten: ein Schweineohr oder eine Schweinepfote, ½ Kohlrabi, ½ Sellerieknolle, zwei Möhren, eine Stange Lauch, ¼ Blumenkohl, eine saure Gurke, ¼ Wirsing, Salz, ¾ l Wasser, sechs Eßlöffel Essig, Pfeffer.

Gemüse putzen und waschen. Kohlrabi, Sellerieknolle, Möhren und Wirsing in feine Scheiben schneiden. Blumenkohl zu kleinen Röschen zerpflücken. Das Gemüse im eigenen Saft fast weich schmoren lassen. Kalt stellen.

Das Schweineohr und/oder die Schweinepfote in Salzwasser sehr weich kochen lassen. Das Fleisch herausnehmen. Die Brühe mit Essig, Pfeffer, Salz und Gurkenwürfelchen mischen.

Das Gemüse in eine flache Schüssel geben. Die Brühe darübergießen. Kalt stellen. Wenn es erkaltet ist, stürzen.

Steckrübeneintopf

Zutaten: 1½ kg Steckrüben, 500 g Kartoffeln, eine Zwiebel, eine Knoblauchzehe, Salz, ein Teelöffel Majoran, ein Eßlöffel gehackter Schnittlauch, ½ l Wasser oder Brühe, ein Eßlöffel Mehl, 100 g Speck.

Steckrüben schälen, in Würfel schneiden und in der Brühe fast weich kochen. Die geschälten und gewürfelten Kartoffeln zugeben und auch weich kochen lassen. Den gewürfelten Speck in einer Pfanne auslassen. Darin die klein geschnittene Zwiebel und die zerdrückte Knoblauchzehe anbraten. Mehl darüber stäuben und braun werden lassen. Zu dem Gemüse geben und noch einmal kurz aufkochen lassen.

Wie man sieht, war das nicht gerade üppig, was es noch zu essen gab. Da wurde geröstetes Vollkornbrot als Fleischersatz gepriesen. Es sollte zu Salat und Gemüse gereicht werden.

Und dann sollte auch auf bisher ungenutzte Ressourcen zurückgegriffen werden. In der »NS Frauen-Warte« wurde ein Wettbewerb ausgeschrieben »zur Ermittlung eines Verfahrens zur Entbitterung der wilden Eberesche«. Eintausend Reichsmark sollte erhalten, wem das »unter möglichster Schonung, wenn nicht überhaupt Erhaltung aller Inhaltsstoffe« gelang.

Die »NS-Frauenschaft« gab Eichelkochbücher heraus. Mit Eichelmehl sollte gekocht werden. Es hieß dort: »Die Eichel ist als Nahrungsmittel heute neu entdeckt. Rösten Sie reife Eicheln leicht in einer zugedeckten Pfanne, bis die Schalen platzen. Schälen Sie sie bis auf den Kern und kochen Sie sie 2 bis 3 Minuten in Salzwasser (60 g auf 1 l). Die so entbitterten Eicheln drehen Sie trocken und zerkleinert mehrmals durch den Wolf und sieben sie. Sie erhalten so ein hochwertiges nicht unangenehm schmeckendes Mehl, das Sie bis höchstens zur Hälfte jedem anderen Mehl beifügen können, wobei es mindestens 10 Minuten der Koch-, Back- oder Brathitze ausgesetzt sein muß.«

Ganz ungiftig dürfte also dieses Eichelmehl nicht gewesen sein. Rezepte wollen Sie? Sollen Sie haben. Aber ohne Garantie. Die haben wir nicht ausprobiert.

Eichelblutwurst

Zutaten: vier Tassen Magermilch oder Molke, eine Tasse Eichelmehl, zwei rohe Kartoffeln, eine kleingehackte Zwiebel, Salz, Pfeffer, ein Teelöffel Majoran, 500 g Weißbrot.

Milch zum Kochen bringen. Eichelmehl einrühren. Zehn Minuten kochen lassen. Mit den roh geriebenen Kartoffeln binden. Mit Gewürzen scharf abschmecken. Weißbrot in kleine Würfel schneiden und in ein schmales, hohes Glas füllen. Die Eichelmasse darüber gießen, so daß das Brot fest umschlossen ist. Zwölf Stunden stehenlassen. Stürzen.

Eichelnougat

Zutaten: eine Tasse Malzkaffee, drei Eßlöffel Grieß, eine Tasse grob gehackter Eichelstückchen, drei Eßlöffel Zucker, einige Tropfen Bittermandelaroma.

Kaffee aufkochen, Grieß einstreuen und so lange kochen lassen und dabei rühren, bis sich die Masse vom Topfboden löst. Eichelstücke, Zucker, Gewürz und, falls vorhanden, etwas Fett darunterkneten. Kugeln formen. Trocknen lassen.

Eichel-Knäckebrot

Zutaten: 250 g abgezogene Pellen von Pellkartoffeln, 125 g Eichelmehl, zwei Eßlöffel Haferflocken, ein Teelöffel Selleriesalz, ein Teelöffel gemahlener Kümmel.

Die Kartoffelschalen werden durch den Fleischwolf gedreht. Mit Eichelmehl, Haferflocken und den Gewürzen zu einem Teig verkneten. Auf bemehltem Brett dünn ausrollen. In Stücke schneiden. Auf ein leicht bemehltes Backblech legen. Zehn bis fünfzehn Minuten bei 220 Grad knusprig backen lassen.

Abschrift!

Telegramm! Landesernährungsamt Abt.B Münster Westf.

II B 1 - 256

Die 72. und 73. Zuteilungsperiode werden um insgesamt eine Woche verlängert. Demgemäss müssen die Verbraucher mit den Rationen der 72. und 73. Zuteilungsperiode eine Woche länger reichen. Die Lebensmittelkarten der 72. Zuteilungsperiode verfallen also am 11. März 45 (statt 4. März 45) und die Lebensmittelkarten der 73. Zuteilungsperiode am 8. April 45 (statt 1. April 45).
Dies gilt auch für die Lebensmittelkarten der Teil- und Vollselbstversorger. Bei den Selbstversorgern in Butter hat die Butterrücklieferung in der Woche vom 2.-8. April zu unterbleiben. Landbutterhersteller haben in der 73. Zuteilungsperiode entsprechend mehr Butter abzuliefern. Bei den Selbstversorgern in Fleisch und Schlachtfetten verlängert sich die Anrechnungszeit um eine Woche. Anordnungen zur Durchführung dieser Vorschrift behalte ich mir vor.

Ausländische Zivilarbeiter erhalten in der 73. Zuteilungsperiode nur drei AZ-Wochenkarten.

Gemeinschaftsverpflegungseinrichtungen müssen mit den Lebensmitteln die ihnen für die 72. und 73. Zuteilungsperiode zustehen, bis zum 8. April 45 reichen.

Die Regelung gilt nicht für den Bezug von Vollmilch und entrahmter Frischmilch. Für Speisekartoffeln erfolgt ein besondere Regelung Zucker wird in der 74. Zuteilungsperiode aus Ersparnisgründen nicht ausgegeben.
Reichseinheitliche Pressenotiz erfolgt durch mich.

Reichslandwirtschaftsministerium
gez. H. Backe

Wie Tante Lina den ersten Augenblick der Freiheit erlebte

Erwarten Sie jetzt bitte keine spektakuläre Geschichte. Es gibt keine. Und ich will keine hinzuerfinden.

Es war an einem Apriltag, als es seltsam still wurde in der Stadt. Auch in Gelsenkirchen war noch geschossen und gekämpft worden. Aber jetzt – gar nichts mehr.

Tante Lina verließ ihren Keller und ging nach draußen auf die Straße. Sie hatte sich nicht getäuscht. Es wurde nicht mehr geschossen. Kaum Menschen auf den Straßen. Neben dem Rathaus ein Panzerwrack, das lange dort liegen sollte. Ich habe es noch gesehen und darin gespielt. Irgend etwas war anders. Und Tante Lina brauchte einen Moment, um zu wissen, was sich da verändert hatte.

Es war der 20. April 1945, des »Führers« Geburtstag, und nirgendwo war geflaggt, nirgendwo hingen Hakenkreuz-Embleme. Und da wußte Tante Lina, daß der Krieg vorbei war und daß Frieden sein würde und daß das Ende der Herrschaft der Nazi-Verbrecher gekommen war.

Das war der erste Augenblick der Freiheit.

Ich habe sie später einmal gefragt, was sie empfunden habe. Und sie hat lange gezögert mit ihrer Antwort. »Eigentlich nichts«, hat sie gesagt, »vielleicht so etwas wie Leere, Erleichterung. Aber glücklich war ich wohl nicht. Nach all dem, was geschehen war, konnte man wohl Glück nicht mehr empfinden...«

Was aus den anderen wurde? Nun – mit Kuszmierz hatte Tante Lina noch lange zusammengelebt. Martha Varenholt hatte ja geheiratet, eine glückliche Ehe war das, nach allem, was ich weiß. Die Varenholt hatte etwas gelernt.

Andere hatten nichts gelernt. Bruder Bruno baute weiter Häuser, aber wenig erfolgreich. Er starb irgendwann in den fünfziger Jahren.

Mein Vater Ottomar wurde eingesperrt und kam erst 1948 oder 49 nach Hause, wurde Bauingenieur und baute Kirchen und häßliche Häuser.

Saatmann kehrte nach Deutschland zurück und ist bis zu seinem Tod ein strammer Nazi geblieben. In der OdeSSA, der »Organisation ehemaliger SS-Angehöriger«, war er einer der führenden Köpfe.

Und heute? – Tante Lina hat immer gewarnt! – Heute gibt es schon wieder junge Nazis, Kriegstreiber, Faschisten. Als ich in Verdun einen Film drehte, legten Jugendliche einer faschistischen deutschen Organisation dort im Fort Douaumont Kränze nieder mit Aufschriften wie »Euer Tod – unser Vorbild«. Das ist jetzt zwei Jahre her. Und wenn ich an den einen meiner Brüder denke...

Sie meinen, die Lebensmittellage sei nun besser geworden. Jetzt, da der Krieg vorbei ist. Nein, es sollte noch schlimmer kommen. Die Not in Deutschland sollte die Bevölkerung noch stärker in Mitleidenschaft ziehen als in der Kriegszeit. 1948 bei der 110. Lebensmittelzuteilungsperiode gab es in Gelsenkirchen für den Normalverbraucher 321,4 g Brot, 35,7 g Nährmittel, 4,4 g Kaffee-Ersatz, 17,8 g Fisch, 7,1 g Fleisch, 2,2 g Käse, 8,9 g Zucker und 16,1 g Marmelade pro Tag. Aber ich habe nie erlebt, daß Tante Lina sich darüber beschwert hätte. Doch das ist schon wieder eine neue Geschichte und Stoff für ein anderes Buch.

Noch etwas:

Ein Buch wie dieses muß Stückwerk bleiben. Vieles kann nicht behandelt, nicht besprochen werden. Das merkt besonders jemand, der die Zeit selbst miterleben mußte. Mancher hat diese Zeit eben anders durchgestanden, als Tante Lina sie in Gelsenkirchen erfahren hat.

Viele Themen blieben unerwähnt: die Hunderttausende sowjetischer Kriegsgefangener, die wir Deutschen ganz bewußt verhungern ließen, um dieses Volk auszurotten. Über die wir lachten, als sie sich Würmer aus der Erde klaubten, um überleben zu können. Untermenschen für uns. Für die sogenanntes »Russenbrot« gebacken wurde, das sie essen mußten, aus Sägemehl und Strohhäcksel. Auch das gehört zur Lebensmittellage im Kriege wie die Greueltaten in den KZ's und vieles mehr.

Auf die erste Seite ihres unscheinbaren Rechenheftes hatte Tante Lina geschrieben:

WIR DÜRFEN DAS NIEMALS VERGESSEN

Register der Rezepte